두려움 너머의 삶

두려움 너머의 삶

지은이 · 이상준
초판 발행 · 2016. 11. 14
20쇄 발행 | 2025. 3. 26
등록번호 · 제1988-000080호
등록된 곳 · 서울특별시 용산구 서빙고로65길 38
발행처 · 사단법인 두란노서원
영업부 · 2078-3333 FAX 080-749-3705
출판부 · 2078-3331

책값은 뒤표지에 있습니다.
ISBN 978-89-531-2685-5 03230

편집부에서 독자의 의견을 기다립니다.
tpress@duranno.com   http://www.duranno.com

인생 가시에 찔려 고통하는 영혼을 위한 9가지 해법

두려움
너머의 삶

이상준 지음

두란노

두려움을 호흡하는
시대에 살면서

　　두려움은 그림자와 같다. 빛 가운데 서 있어도 드리워지는 그림자와 같다. 그림자가 두려워서 도망갈수록 그림자도 미친 듯이 쫓아온다. 사람들이 그렇게 자신의 실루엣에 놀라고 자신의 발자국 소리에 놀라며 산다. 그것은 등잔불을 환하게 밝힐수록 반대로 어두워지는 등잔 밑과 같다. 인생의 갈망이 클수록 절망에 대한 두려움도 커진다. 두려움은 갈망의 변주곡이고 동전의 이면이다. 세상에는 갈망 없는 인생이 없듯이 두려움이 없는 사람도 없다.

　시인 김소연이 쓴《마음사전》에는 이런 내용이 있다.

　"걱정은 유대의 힘을 엄청나게 발휘한다… 해결책이 나오면 안 된다. 영원히 보류되는 해결책 아래에서 그 유대가 지속되기 때문이다… 이 걱정은 속수무책이고 대안이 없고 영원히 지속된다."

걱정과 두려움은 만국공용어이고 인간의 보편적인 감정이다. 두려움은 나만 겪는 어려움이 아니다. 종류가 다르고 정도가 다를 뿐 두려움에서 완전히 자유로울 수 있는 사람은 없다. 마치 지구상의 모든 물체가 중력에 붙들려 있는 것처럼, 모두가 두려움에 붙들려 있다. 오히려 이 동질감 때문에 사람들은 서로 위로를 얻는다.

우리는 이렇듯 두려움을 호흡하며 살고 있다. 대입 수험생은 수능을 잘 못 봐서 원하는 대학에 가지 못할까 봐 두렵다. 취업 준비생은 수십 번째 보낸 지원서가 또 거절당할 것이 두렵고, 청년들은 9포 인생의 굴레에서 영영 벗어나지 못할 것이 두렵다. 아버지들은 열심히 일군 사업이 경제난으로 부도가 날까 두렵고, 어머니들은 혼신의 힘을 다했는데 자식을 성공시키지 못할까 봐 두렵다.

대학만 가면 행복할 줄 알았는데 취업이 걱정이고, 취업만 하면 행복할 줄 알았는데 결혼이 걱정이고, 결혼만 하면 행복할 줄 알았는데 육아가 걱정이고, 명퇴가 걱정이고, 노후가 걱정이다. 적신호를 보이는 건강이 걱정이고, 유학 보낸 딸과 군대 보낸 아들이 걱정이고, 더 이상 개선되지 않는 위태로운 부부관계가 걱정이고, 그나마 위로받으려고 갔다가 실망하게 된 교회까지도 걱정이다.

이 두려움 때문에 우리는 더 열심히 살고 더 부지런을 떤다. 그러나 우리의 성실과 근면으로 이룩한 도시 문명은 이제 하나의 커다란 두려움의 공동체가 되어 버렸다. 너무 빠르고 너무 화려하고 너무 기계화된 도시는 갈망의 실현이자 두려움의 실체다. 시골 쥐에게 맛난 성찬을 자랑하다가 주인에게 잡혀 죽을 뻔한 서울 쥐처럼 세상은 우리가 그토록 바라마지 않던 갈망의 실체이면서도 동시에 죽을 힘을 다해 도망치고 싶은 절망의 실체다.

가난과 굶주림과 열악함과 실패를 벗어나기 위해 쉼 없이 페달을 밟았더니 이제 가속도가 붙어 버려 페달이 멈추지 않고 살인적인 속도로 달리는 것이 두렵다. 안전한 토대를 만들고자 한 것이 도리어 인류에게 덫이 된 것이다.

빈발하는 대지진과 쓰나미가 두렵고, 대형화되는 교통사고와 비행기 사고가 두렵고, 도시에 출현하는 싱크홀이 두렵고, 국경을 초월한 메르스와 지카 바이러스의 확산이 두렵다. 그런 거시적인 문제 말고도 내 주변에서 일어나는 묻지 마 폭행과 흉악 범죄, 스토킹과 금융사기 등이 언제 나에게 닥칠지 몰라 두렵다. 세상에 드리운 세기말적인 공포는 더 이상 미래를 희망적으로 바라보지 못하게 만들고 있다. 현대인은 벼랑 끝에 선 것처럼 불안하기만 하다.

불안하고 두려울수록 우리의 선택은 지혜와 멀어진다. 하나님의 구원을 선택해야 하는데 사탄의 거짓말을 선택한다. 첫 사람 아담과 하와가 뱀의 거짓에 넘어가는 꼴이다. 뱀이 무슨 거짓말을 했던가?

"너희, 하나님과 같아지고 싶지? 열등해지는 것이 두렵잖아."

뱀은 이렇듯 인간의 갈망과 두려움을 동시에 자극해서 아담과 하와를 혼란에 빠뜨렸다.

"내가 도와줄게. 내가 이건 전문가거든. 너희가 하나님한테 속을 뻔한 걸 알려 주는 거라고. 선악과를 먹으면 하나님처럼 돼. 절대 죽지도 않아."

그 순간 진리는 거짓이 되고 거짓은 진리로 둔갑해 버린다. 아담과 하와는 갈망 뒤에 가려진 두려움의 덫에 빠져서 얼른 선악과를 따 먹고 말았다. 아담과 하와의 선택은, 하나님의 말씀에 기초하지 않고 사탄의 거짓에 기초한 것이었다. 그러자 그들이 갈망하던 하나님의 임재는 빼앗기고 그들이 두려워하던 열등한 존재로 타락하고 말았다.

"근심하는 마음은 최악의 상태를 상상하게 만든다. 좋은 것을 생각지 않고 항상 부정적이고 절망적이며 파괴적인 것을 생각하게 만든다. (그리고) 그 생각에 골몰해 있다가 스스로 죽음을 택하게 한다."(하용조, 《설교 사전》)

믿음은 최선의 상태를 상상하게 만들고 두려움은 최악의 상태를 상상하게 만든다. 믿음이 비현실적인 것 같아도 믿음대로 되게 만드는 힘이 있다. 그러나 두려움은 매우 합리적인 것 같아도 벗어나고 싶은 현실에 더 깊이 빠지게 만드는 힘이 있다.

믿음 위에 집을 세우겠는가, 두려움 위에 집을 세우겠는가? 말씀 위에 인생을 세우겠는가, 거짓말 위에 인생을 세우겠는가?

사탄은 풍랑이 온다면서 우리 마음에 조급함과 두려움을 일으켜 우리 인생을 모래 위에 세우게 만든다. 처음엔 그럴듯해 보여도 곧 폭풍우가 치고 풍랑이 오면 순식간에 무너져 버린다.

반면에 말씀 위에 집을 지으려면 참 지난한 시간을 통과해야 한다. 빠른 시간에 그럴듯하게 집을 지은 주변의 인생들을 보면 내가 미련하고 어리석게 느껴진다. 하지만 그렇게 어렵게 반석 위에 세운 집은 폭풍우가 치고 풍랑이 몰려와도 끄떡하지 않는다.

2011년 3월 11일 오후 2시 46분경 발생한 강도 9.0의 동일본 대지진은 최대 높이 38.9m에 달하는 어마어마한 해일을 발생시켰고, 후쿠시마 제1원자력 발전소를 파괴시켰다. 이 지진으로 1만 5000여 명이 사망했고, 동일본의 약 440만 세대에 전력 공급이 차단되었다.

나는 쓰나미 직후 청년들과 함께 일본 동북 지역 가마이시에 들어가 피해 지역 복구 작업에 참여했다. 당시 초토화된 해안 지역의 모습은 너무나도 충격적이었다. 그곳에서 그 어마어마한 피해상황 중에도 유일하게 피해를 입지 않은 마을 이야기를 듣게 되었다. 해안이 어업 조건은 좋지만 해일의 위험이 있으니 고지대에 집을 지으라는 선조의 충고를 받아들여 고지대에 집을 지은 덕이었다.

우리도 마찬가지다. 세상의 경쟁에서 뒤처질까 봐 두려워 해안 모래밭에 집을 짓고 살아가고 있는 격이다. 그러나 하나님은 우리가 안전하고 견고한 반석 위에 집을 세우기 원하신다.

어느날 성경을 읽다가 한 구절에 시선이 고정되었다. 그 말씀은 하나님을 믿으면서도 여전히 두려움이 많은 나 자신에게 주시는 하나님의 특별한 해법이었다.

> "하나님께서 우리에게 주신 것은 두려움의 영이 아니라 능력과 사랑과 절제의 영이다"(딤후 1:7, 우리말성경).

이 말씀은 사도 바울이 자신의 마지막 서신인 디모데후서에서 믿음의 아들 디모데에게 남긴 말이었다. 디모데가 두려움에 빠져 있었기 때문이다.

당시 디모데는 대형 교회 에베소교회를 목회하면서 거짓 교사들과 싸우느라 힘에 겨웠고, 배도자들로 인해 심한 압박감을 느꼈다. 더구나 스승 바울은 두 번째로 투옥되어 죽음을 앞두고 있었고, 네로의 박해는 나날이 악랄해져 갔다. 디모데는 위장병을 앓을 만큼 안팎으로 위협에 시달리고 있었다.

그런 디모데를 위해 사도 바울은 편지를 보내면서 두려움의 실체와 그것을 이겨 낼 해법을 제시하고 있다. 이것이 이 책의 내용이다.

1부에서는 두려움의 정체가 심리적이면서도 영적인 것임을 설명할 것이다. 그리고 2~4부에서는 두려움을 극복하는 세 가지 해법을 제시할 것이다.

첫째는 능력, 둘째는 사랑, 셋째는 절제다. 능력은 일에 대한 두려움을, 사랑은 사람에 대한 두려움을, 절제는 자신에 대한 두려움을 극복하게 해준다.

나는 목회자로서 요즘 부쩍 두려움에 사로잡힌 사람들을 많이 만난다. 그들을 위해 기도해 주고 권면하면서 고통과 절망에 빠진 사람들을 위한 안내서가 필요하겠다는 생각을 하게 되었다. 물론 전문적인 치료는 상담가와 정신과 의사의 도움을 빌려야 하겠지만, 성경은 그보다 더 근본적인 치료 방법을 제시한다.

세상의 시선이 두려워서 아무한테도 말하지 못한 당신의 두려움을 주님 앞에 내려놓으라. 두려움의 중력에서 자유로울 수 있는 인생은 아무도 없다. 그러나 비행기가 믿음으로 진리의 활주로를 내리달려 은혜의 창공으로 비상하면 더 이상 두려움의 그림자가 드리워지지 않는 고도까지 올라갈 수 있다. 그때는 그림자를 신경 쓸 필요가 없을 만큼 자유해진다. 이제 우리를 두려움에서 해방시키는 영적 여정을 시작해 보자.

양재 우면산 자락에서
이상준 목사

모든 사람들이 알지 못하는 사이 사로잡히는 문제가 두려움이다. 죄의 첫 열매는 두려움이다. 범죄한 인간은 하나님 앞에서 두려워 숨었다(창 3:10). 죄로 말미암아 생겨난 두려움은 또 다른 죄를 짓게 만든다. 역사의 비극들은 인간이 두려움을 다른 방법으로 해결해 보려고 했을 때 일어났다. 두려움은 불필요한 아이디어들을 만들어 내서 인생을 낭비하게 한다.

가나안 땅 앞에 도착한 이스라엘 백성은 두려워서 들어가기를 원치 않았다. 하나님은 두려워 말고 그 땅을 차지하라고 말씀하셨지만 백성들은 정탐꾼을 먼저 보내 알아보자고 제안하였다(신 1:21-22). 그 결과 여호수아와 갈렙을 제외한 열 명의 정탐꾼들이 두려움에 사로잡힌 보고를 하여 이스라엘 백성은 40년간 광야를 방황하게 되었다. 그 땅을 보았기 때문에 두려워진 것이 아니라 두려움의 눈으로 보았기 때문에 그 땅을 정복할 수 없을 것 같았던 것이다. 정탐 자체가 하나님의 아이디어가 아니라 두려움에서 나온 아이디어였다.

우리 사회에 만연한 분노도 두려움 때문이다. 분노가 과할수록 두려움이 많은 사람이다. 죄로 인한 상처에서 온전히 회복하지 못한 감정에는 두려움이 많다.

십자가와 복음의 능력은 두려움을 몰아낸다. 옛 사람이 십자가에서 죽고 죄를 떠나 살아가는 인생은 두려움을 모른다. 어린아이처럼 천진난만하게 살아가며 오직 하나님만을 두려워한다. 하나님을 두려워하는 인생은 아무것도 두려워하지 않는다. 마땅히 두려워해야 할 대상을 두려워하지 않을 때 모든 것이 두려워지는 것이다.

이상준 목사님이 두려움의 문제를 성경적이고 실제적으로 다룬 책을 쓰신 것은 시대적으로 매우 적절하다. 책 전반에 흐르는 실제적인 예들은 두려움의 문제가 얼마나 우리 삶 속에 깊이 뿌리내려 있는지를 보여 주며, 말씀과 기도 속에서 두려움이 얼마나 신속히 치유될 수 있는지를 확신하게 해준다. 귀한 동역자가 하나님의 지혜를 책으로 풀어내는 은혜를 주신 하나님께 감사하며, 이 책이 많은 분들의 두려움을 치유하는 도구가 되기를 기도드리며 추천한다.

이재훈 목사(온누리교회 담임목사)

두려움은 인간이 가장 싫어하는 감정이다. 이 두려움은 인간이 위기에 처했을 때 엄습해 온다. 어린아이들은 엄마가 보이지 않으면 비명을 지르듯이 운다. 두려움 때문이다. 위험하다고 느끼기 때문이다. 그런데 이런 불안을 아이들만 느끼는 것은 아니다. 어른이 된 후에도 원인 모를 두려움에 시달리는 사람들이 많다. '공황장애'가 대표적인 예다.

이상준 목사님의 《두려움 너머의 삶》은 이 두려움에 대한 처방이다. 특히 성서적 처방이다. 알 수 없는 불안에 시달리는 분들에게 명약이 될 것이다.

이무석 교수(정신분석가)

.

두려움의 문제를 해결하도록 도와주는 탁월한 책이다. 저자는 두려움을 피하지 말고 담대히 대면하라고 권면한다. 저자는 두려움의 정체를 밝힘으로 두려움의 원인과 허상을 깨닫도록 도와준다. 그리고 두려움이 아니라 믿음을 붙잡을 것을 권면한다. 두려움에 압도당하지 않고 은혜에 압도당하는 삶을 살 것을 권면한다.

이 책은 엄밀한 의미에서 두려움에 대한 책이 아니다. 두려움을 극복하도록 도와주시는 하나님에 대한 책이다. 능력과 사명과 사랑을 통해 두려움을 정복하도록 도와주시는 하나님에 대한 이야기다. 절제할 수 있는 힘을 공급해 주시는 성령님에 대한 이야기다.

이 책은 두려움의 영에 사로잡힌 종의 삶이 아니라 사랑의 영에 사로잡힌 하나님의 자녀의 삶을 살도록 도와준다. 두려움 때문에 들었던 창을 내려놓고 사랑의 수금을 연주하도록 도와준다. 하나님께 초점을 맞춤으로 두려움을 극복하는 삶을 살도록 도와준다. 진리의 보드와 믿음의 보드를 가지고 두려움의 파도를 타도록 도와준다.

디모데후서 1장 7절, 한 절의 말씀을 가지고 두려움을 극복하는 길을 이 한

권으로 제시한 저자의 내공과 필력에 힘찬 박수를 보낸다.

이 책을 두려움 때문에 고통 받는 모든 분들에게 추천하고 싶다. 두려움 때문에 힘들어하는 자녀를 돕고 싶은 부모님들께 추천하고 싶다. 두려움 너머에 기다리고 있는 풍성한 삶을 살기 원하는 모든 분들에게 추천하고 싶다.

강준민 목사 (L.A. 새생명비전교회 담임목사)

이상준 목사는 나의 사랑하는 동역자이며 신실한 하나님의 사람이다. 밴쿠버에서 사역할 때 자주 교제를 했는데, 한국과는 많이 다른 환경에서도 하나님 나라 확장을 위해 전심으로 일하는 모습을 가까이 지켜볼 수 있었다. 이번에 《두려움 너머의 삶》을 출간하여 많은 분들에게 용기를 줄 것을 생각하니 너무나 감사하며 기쁘다.

두려움은 인간이 평생 씨름해야 하는 대상인 것 같다. 어릴 적에는 어두운 것이 무섭고, 혼자 있는 것이 무서웠는데, 성인이 되어서는 그 두려움의 대상이 더 많아지는 것 같다. 어린아이는 두려움이 올 때 부모를 찾는다. 부모 품에 안겨 있으면 모든 것이 편안하다. 그와 마찬가지로 두려움이 몰려 올 때 하나님을 찾아야 한다. 우리의 두려움은 하나님을 선택할 것인가, 세상의 방법을 선택할 것인가의 기로에 서게 한다. 잠시 하나님을 접어 두고 세상 방식대로 살아야 이 세상의 치열한 경쟁에서 뒤처지지 않을 것 같아 고민하게 하는 것이 두려움의 역할이다.

이 책은 세상 모든 두려움 속에서 하나님을 먼저 선택하고 그분 품에 안겨 이 세상을 바라보는 여유로움을 갖게 해준다. 왜냐하면 하나님의 사랑은 우리가 두려워하는 모든 상황을 넉넉히 이기게 하실 수 있기 때문이다.

한 번도 살아보지 못한 인생을 살아가야 하기에 이 세상에 사는 우리는 두렵고 떨릴 수밖에 없다. 이 책에는 우리가 그 두려움을 떨치고 어떻게 승리하는 삶을 살 수 있는가에 대한 귀한 해답이 있어 적극 추천한다.

권준 목사 (시애틀 형제교회 담임목사)

단숨에 반을 읽었다. 다음 일정이 없었다면 분명 멈추지 않았을 것이다. 두려움이라는 주제에 관한 깊고 섬세한 탐구력과 지적 성실함을 느끼게 해주는 책이다. 거기에 목회자로서 경험한 많은 사례들과 일상의 이야기들이 그 깊은 묵상과 지식을 쉽고 친숙하게 풀어 준다. 좋은 글이다. 말씀의 능력에 대한 감탄과 작가에 대한 고마움으로 책을 덮게 될 것이다.

권혁빈 목사 (얼바인 온누리교회 담당목사)

뉴욕 맨해튼에서 11년간 목회하며 느낀 것은 모두가 성공과 실패로 인한 두려움의 문제를 안고 산다는 것이다. 이상준 목사는 화려한 도시 뒤 두려움의 그림자를 걷고 있는 나의 이야기를 써 주었다. 높은 빌딩, 최고의 학교, 고액의 연봉, 힘과 권력, 무기력함, 우울증, 스트레스 등 다양한 형태로 다가오는 두려움은 우리의 이야기이기도 하다. 지금 나의 두려움은 무엇인지 질문하며 이 책을 읽는다면, 책 속에서 하나님의 지혜와 해답을 찾게 될 것이다.

마크 최 목사 (뉴저지 온누리교회 담당목사)

《두려움 너머의 삶》은 참 좋은 책이다. 누구도 예외가 될 수 없는 두려움에 대한 하나님의 마음을 알려 주기 때문이다. 하나님은 우리를 두려워하는 존재로 창조하지 않으셨다. 두려움은 죄의 결과로 사람에게 찾아온 상한 감정이다. 《두려움 너머의 삶》은 두려움의 원인과 정체, 대상을 진단하고, 두려움을 어떻게 극복하고 이겨 나갈 수 있는지를 쉽고도 명쾌하게 설명해 주고 있다. 단순한 이론이나 추상적인 내용이 아니라 상담과 사건, 간증을 통해서 명확한 정의와 구체적인 예, 성경을 통한 대안을 분명하게 제시하고 있다. 저자의 탁월한 묵상을 따라 성경의 인물들이 어떻게 두려움에 무너지고 어떻게 극복했는지를 좇아가다 보면 어느새 두려움 너머의 삶으로 우리를 초청하시는 주님을 만나게 된다. 이 책은 가까이에 두고 읽고 실천하며 묵상해야 할 하나님의 선물이다. 꼭 읽고 은혜를 받아 두려움에서 자유할 수 있기를 기도하며 적극 추천한다!

박종길 목사(서빙고온누리교회 담당목사)

두려움에서 자유로울 수 있는 사람이 있을까? 모든 인간은 절대적으로 완악하고 치명적으로 연약하다. 그래서 인간은 태어날 때부터 죽는 순간까지 언제나 두려움 가운데서 살아가게 된다. 이 책의 강점은 영적이면서도 실제적이라는 것이다. 인간이 느끼는 두려움의 다양한 영적 원인과 이를 극복할 수 있는 실제적인 해법을 매우 설득력 있게 제시하고 있다. 탁월한 설교자요 헌신적인 목회자답게, 저자는 성경이 말하는 핵심적인 영적 지침들을 목회 현장에서 건져 낸 살아있는 간증과 예화들로 잘 빚어 내고 있다.

오늘 이 시대에 수많은 사람들이 두려움의 덫과 굴 속에서 빠져나오지 못하고 있다. 하나님은 우리가 자유하길 원하신다. 그런 모든 사람들에게 큰 선물이 될 것을 확신하며 이 책을 강력히 추천한다.

안광복 목사(청주상당교회 담임목사)

모든 사람이 피할 수 없는 감정 중 하나가 두려움이다. 이 두려움은 우리의 일상 가운데 깊이 뿌리 내리고 있어서 평소 인지조차 되지 않는다. 그러나 이 두려움은 우리의 건강한 활동을 방해하고, 세상을 올바로 볼 수 없게 하며, 영적인 성장을 하지 못하게 할 뿐 아니라, 온전한 사랑에 이르지 못하게 만든다.

세상에는 우리에게 두려움을 주는 많은 문제와 상황들이 있다. 하지만 하나님은 우리가 두려움 가운데 머물러 있는 것을 원하시지 않는다. 하나님은 우리가 어떤 상황에서도 평안을 누리며 살아가기를 원하신다.

이상준 목사님은 자신은 물론 많은 사람들이 경험하고 느꼈던 두려움과 그 두려움을 극복한 이야기를 통해 무엇이 우리로 하여금 두려움을 극복하게 하는지, 무엇이 두려움 너머로 우리를 인도하는지를 진지하게 성찰하고 있다.

두려움에서 자유롭기 원하는 사람들, 불안의 문제 때문에 고통 받는 사람들, 뿐만 아니라 하나님의 깊은 돌보심과 만지심을 경험하기 원하는 사람들과 새로운 출발과 도전을 앞두고 담대히 나아가기 원하는 사람들에게 이 책을 추천한다.

이기원 목사(온누리교회 회복사역본부장)

《두려움 너머의 삶》은 자신의 인생을 침습하는 불안정성과 불안을 극복해 온 과정에 대한 고백이다. 거기에 더해 저자는 신앙적 접근과 인지행동치료적 직면의 통합을 통한 불안의 극복을 제안한다. 독자들은 불안의 감정이 유발하는 회피에서 직면의 삶으로의 놀라운 전환을 경험하게 될 것이다.

이상민 대표(연세필정신건강네트워크 공동대표)

이상준 목사는 나와 25년 지기 죽마고우다. 그는 평소에 영혼에 대한 따뜻한 관심과 사물에 대한 예리한 관찰력, 그리고 남다른 열정을 가지고 있다. 이러한 귀한 은사를 통해, 불안한 시대를 살고 있는 현대 크리스천들에게 '두려움'을 진단하고 처방한 저서를 출간하게 되어 매우 기쁘다. 본서는 무한경쟁 사회에서 예측 불가능한 시대를 살고 있는 현대 크리스천들이라면 누구나 경험하는 '두려움'에 대해 말씀 중심으로 쉽고 명료하게 기술하고 있다. 임상심리학자도 놀랄 만한 해박한 지식과 하나님의 말씀에 대한 심오한 통찰력, 그리고 오랜 목회 현장에서 단련된 영적인 분별력을 통해 불안한 세대에게 "두려워하지 말라"는 하나님의 음성을 큰 확신과 뚜렷한 논지로 전하고 있다. 본서를 통해, '두려움' 때문에 고통당하는 분들이 '두려움'을 넘어 '능력'과 '사랑'과 '절제'의 삶을 누리며 하나님의 참된 자유와 평안을 회복할 것을 기대한다.

이종태 목사(남가주사랑의교회 가정사역개발원 총괄)

신앙의 근본은 '하나님 경외', 즉 하나님을 두려워하는 마음이다. 독일의 철학자 R. 오토는 이를 '누미노제'라고 불렀다. 거룩하신 하나님 앞에 선 인간은 경외감을 느끼는 동시에 자신의 연약함과 허물을 보게 되고 비로소 겸허해진다. 그런데 인간이 느끼는 전혀 다른 두려움이 있으니, 그것은 근원적 죄성으로부터 나오는 불안감이다. 인간은 그 불안감을 해소하기 위해 우상의 힘을 빌려 거짓 평안을 얻거나 아니면 그 불안감에 포로가 되어 마음이 황폐해진다. 한국교회가 주목하는 젊은 목회자 이상준 목사의 신간《두려움 너머의 삶》은 왜곡된 두려움에서 벗어나 하나님을 경외하는 삶이 어떻게 가능한지를 말하고 있다. 디모데후서 1장 7절 단 한 구절을 이 한 권의 책으로 확장시킨 저자의 깊은 묵상과 연구가 돋보인다.

최원준 목사(안양제일교회 담임목사)

LIFE

BEYOND

FEARS

PART 01

문제

두려움

인간은
왜 두려워하는가?

"하나님께서 우리에게 주신 것은
두려움의 영이 아니라"(딤후 1:7).

몇 주 전에 악몽을 꿨다. 낮에 한 모임에 가서 설교하기로 되어 있었다. 그런데 까마득히 잊고 있었다. 급하게 설교 준비를 하는데 이미 시간이 너무 늦었다. 대충 준비도 안 된 원고를 들고 가야 하는 마음이 어려웠다. 아니 두려웠다. 진땀이 났다. 모임 장소에 가 보니 찬양팀의 불협화음도 불편하고 밝은 조명도 마음에 걸렸다. 모든 것이 이상하게 돌아가고 있다는 생각이 들었다. 설교단에 설 때는 이미 마음이 참담했다. 설교를 망치리라는 확신까지 들었다. 나는 흠뻑 땀에 젖어서 꿈에서 깨어났다. 아니, 18년간을 설교했는데 아직도 이런 악몽을 꾸다니! 여전히 내 안에 웅크리고 있는 두려움 때문이었다.

비정상적인 불안

인간은 왜 두려워할까? 두려움의 그림자는 왜 사람을 쫓아다니는 걸까? 본래 하나님이 주신 마음은 두려움이 아니라고 하셨다. 그런데도 이 두려움의 그림자는 떨쳐지지가 않는다. 내가 어디를 가든 두려움이라는 관찰자가 나를 바라보고 있다. 주위에 사람이 없어도 두려움이 도사리고 있다. 두려움이라는 관찰자가 내 안에 있기 때문이다. 첫 사람 아담과 하와가 두려움을 피하려다가 되레 두려움에 빠진 이후로 이 불안 증상은 인생의 필요악이 되었다. 오히려 두려움 덕분에 불안에도 대비하게 되고 위기에서 자기 방어도 하기 때문이다.

그래서 두려움이나 불안이 모두 나쁜 것은 아니다. 왜냐하면 불안에는 비정상적인 불안만 있는 것이 아니라 정상적인 불안도 있기 때문이다. 정상적인 불안이란 임박한 위험을 피하도록 만드는 신호 불안(signal anxiety)이다. 만약 위험이 오는데도 불안 신호가 오지 않으면 그는 위험에 고스란히 노출될 수밖에 없다. 그러므로 신호 불안은 인간이 자신의 존재를 안전하게 지키도록 돕는 긍정적인 불안이다.

문제는 비정상적인 불안, 즉 과도한 불안이다. 불안 신호가 지나치면 신체적 기능과 정신적 기능이 오히려 저하되거나 마비된다. 예를 들어, 시험을 앞두고 적당히 불안하면 긴장감을 갖고 공부하게 되어서 좋다. 그러나 과도한 불안은 오히려 집중력을 저하시키고 심할 경우 학업 자체를 포기하게 만든다. 그것은 해로운 불안이다.

두려움에 대해 국어사전은 '위협이나 위험을 느껴 마음이 불안하고 조심스러운 느낌'이라고 설명하고 있다. 그래서 정상적인 범주에서의 두려움은 우리가 많은 영역에서 안전하고 질서 있는 삶을 영위하도록 도와준다. 출근 시간에 늦지 않을까 걱정해서 알람시계를 맞춰 놓는 일, 맡은 업무를 잊지 않으려고 스케줄표에 적어 놓는 일 등이 그런 것이다. 하지만 알람시계를 맞춰 놓고도 못 일어날까 봐 과민해져서 밤새 뒤척인다든지, 스케줄표에 적어 놓고도 제때 못할까 봐 조바심이 나서 식은땀이 나고 불안해한다면 그것은 비정상적인 불안이다. 마치 건물의 화재경보가 오작동으로 종일 울리는 것과 같다. 어떻게 그런 건물에서 계속 살 수 있겠는가?

두려움은 거짓의 가라지다

이렇게 병적인 두려움, 지나친 두려움이 문제다. 그러면 이 두려움이란 도대체 무엇인가? 첫째, 두려움(fear/KJV)은 예기 불안으로 일어나는 부정적인 생각이나 감정이다. 그런데 그것이 비정상적인 정도와 방식으로 찾아올 때 두 번째 단계의 두려움으로 넘어간다. 둘째, 두려움(timidity/NIV)은 불안이 반복됨으로 인해 생기는 마음의 경향을 말한다. 다른 말로 하면 '소심(小心)함'이다. 마음이 작아지는 것이다. 두려움에 반복적으로 공격을 받아 마음의 성벽이 무너지고 마음의 영역 자체가 좁아든 상태다.

인간은 정상적인 두려움을 통해서 많은 것을 배우고 대비한다. 그러나 그와 동시에 병적인 두려움 때문에 너무나 많은 것을 잃고 포기한다. 원수는 에덴동산에서부터 줄곧 똑같은 전략을 사용해 오고 있다. 하나님께도 속을 수 있다는 두려움, 하나님보다 열등해질 것 같은 두려움, 좋은 기회를 놓칠 것 같은 두려움…. 이런 두려움을 인간의 마음에 심어서 선악과를 따 먹게 만들었다. 그 결과는 무엇인가? 인간이 두려워서 취한 행동 때문에 자신이 두려워하던 일에 빠지게 되지 않았는가? 인간은 열등한 존재로 전락해 버렸다. 그야말로 사탄이 놓은 거짓의 덫에 빠졌다. 이후로 하나님의 임재에서 오는 평안도 차단되고 말았다.

그러나 하나님은 우리를 포기하지 않고 다가오셨다. 그리고 우리에게 끊임없이 말씀하신다. "두려워하지 말라."

이 말씀이 성경에 무려 366회나 나온다. 1년 365일 매일같이 말씀해 주시고도 한 번 더 해주시는 말씀. "두려워하지 말라." 왜인가? 두려움은 사탄이 뿌리고 간 거짓의 가라지이기 때문이다. 그래서 하나님의 진리로 원수의 거짓을 제거하는 말씀의 인지치료야말로 매우 효과적이다(이 부분에 대해서는 12장에서 자세히 다루겠다).

한편, 하나님이 매일같이 "두려워하지 말라"고 말씀하신다는 것은 인간이 그만큼 두려움에 잘 빠진다는 반증이다. 또 대적이 그만큼 거짓의 포탄을 쏟아 붓는다는 뜻이기도 하다. 사탄은 거짓의 아비다(요 8:44). 그는 우리 주변을 돌아다니면서 오늘도 계속해서 거짓의 삐라를 뿌리고 다닌다. 그의 주 전략은 거짓말이다.

가령 폐소공포증이 있는 사람을 보자. 승강기 안에 들어서는 순간 숨이 막혀서 곧 죽을 것만 같다. 그러나 정말 그가 죽을까? 죽지 않는다. 그런데 그 갑갑함과 불쾌감은 금세 비정상적인 두려움이 되어 사람을 죽음의 공포로 몰아간다. 이내 정말로 호흡이 곤란해지고 정신이 혼미해지는 신체적 증상까지 동반된다.

여기서 잠시 공포증에 대한 자가진단을 해 보자(부록을 참고하라).

많은 사람들이 자신은 공포나 두려움의 문제와는 별 상관이 없다고 생각한다. 하지만 두려움의 종류는 광범위하며 세부적이어서 이 문제를 갖고 있지 않은 사람은 거의 없다고 할 수 있다. 다만 그 정도에 차이가 있고 두려움의 대상이 어떤 범주인가에 차이가 있을 뿐이다.

나는 폐소공포증이 있다. 2000년 이스라엘 성지 순례를 갔을 때 히스기야 터널을 지나게 되었다. 그 입구는 상당히 넓었다. 그때까지는 아무 문제가 없었다. 그런데 안으로 깊이 들어갈수록 점점 좁아지더니 급기야 고개를 숙여야 할 지경이 되었고, 바닥에서 물은 차오르는데 랜턴도 없이 어두운 터널 속은 미칠 것만 같았다. 앞뒤로 사람들이 있어서 되돌아 나갈 수도 없고 앞으로 달려갈 수도 없었다. 식은땀이 나고 주저앉아 버릴 것 같았다. 정신을 잃지 않은 것이 감사할 따름이었다.

몇 년 전 축구를 하다가 오른쪽 발목 인대가 끊어졌다. 병원에 갔더니 MRI실에 가서 검사를 받고 오라고 했다. 뉴스에서나 보던 MRI 기계는 절대로 들어가고 싶지 않았다. 좁고 긴 통 속에 들어가서 꼼짝없이 누워 있어야 하다니 끔찍했다! 하지만 어쩔 수 없었다. MRI 기사에게 내가 좁은 공간에 대한 두려움이 있다고 사정해 봐야지 생각했다. 그런데 MRI실에 들어가는 순간 기사가 외쳤다.

"목사님! 반가워요! CGNTV에서 봤어요."

아! 나는 그날 성도 앞에서 두렵다는 말도 못하고 관에 들어가는 심정으로 MRI 통 속에 누웠다. 성도들에게 그렇게 두려워하지 말라고 설교했는데 내가 어떻게 무섭다는 말을 하겠는가.

폐소공포가 있는 사람은 MRI를 찍을 때 갑갑하고 숨이 막혀 죽을 것만 같다. 그러나 MRI 찍는 것은 오히려 나를 살리려는 일이다. 그런데도 두려움은 거짓말을 한다. 그래서 그 검사를 피하고 싶게 만든다. 병원에 대한 공포 때문에 병원 가는 일을 미루다가 오히려 병을 키우는 사람들이 있다. 그러므로 병적인 두려움은 오히려 자신이 두려워하는 일을 일어나게 만드는 부정적 결과를 초래한다. 이것이 원수의 전략이다.

인간은 왜 두려워할까? 단순히 사탄이 거짓말을 하기 때문인가? 그렇더라도 진리 안에 거하면 되지 않는가. 왜 스스로 거짓을 받아들이고 두려움이라는 창살 없는 감옥에 들어가 사는가? 그것은 인간 안에 내재된 두려움의 근본 원인들 때문이다.

두려움의 원인 1: 불완전성

우리는 불완전하기 때문에 자주 두려움에 빠진다. 누구에게나 사랑받고 싶지만 그렇지 못할 것에 대한 두려움이 있다. 어떤 일이든지 잘해 내고 싶지만 실패할 것에 대한 두려움이 있다. 사실 모두에게 사랑받는다든지 모든 일을 잘해 낸다는 것은 불가능하다. 그런 불가능한 것을 갈망할수록 그것을 이룰 수 없음에 불안과 두려움이 생긴다.

인간이 불완전하다는 것을 그저 받아들이면 되는데 우리는 그 사실을 인정하지 않는다. 그 사실을 남한테 들키는 것도 아주 싫어한다. 그래서 오히려 자신의 불완전함을 감추려고 방어기제를 작동시킨다. 에덴동산에서 아담과 하와가 선악과를 따 먹고 범죄한 후 곧장 취한 행동이 나무 뒤에 숨는 일이 아니었던가.

> "내가 동산에서 하나님의 소리를 듣고 내가 벗었으므로 두려워하여 숨었나이다"(창 3:10).

나무 뒤에 숨은들 자신의 불완전함을 감출 수 있겠는가? 그런데도 인간은 자신의 불완전함이 드러나는 것을 싫어하거니와 인정하지도 못한다.

반면에 인간은 완벽함을 좋아한다. 어떤 일을 하고 만족스러울 때 외치는 말, "완벽해!" 좋아하는 영화배우의 명연기를 보거나 스포츠 스타의 예술적인 플레이를 볼 때 외치는 말, "완벽해!" 얼마나 완벽한 것이 좋으면 젊은이들은 매우 사랑스러운 이성을 향해서 '완소남'(완전 소중한 남자), '완소녀'(완전 소중한 여자)라고 부를까.

이렇게 완벽을 추구하고 집착하는 것을 '완벽주의'라고 부른다. 완벽주의란 완벽할 수 없는 인간이 완벽을 추구하느라 애써 몸부림치는 것을 말한다.

그러나 거의 완벽한 수준에까지 도달해도 이내 미끄러지고 또 미끄러진다. 완벽주의자는 불완전한 세상에서 불완전한 자신으로 사는 것 자체가 적응하기 힘들다. 말하자면 늘 심리적인 부적응 상태다.

그래서 완벽주의자는 언제나 감정의 롤러코스터를 탄다. 완벽에 가까운 정점에 이르렀을 때는 환희를, 불완전한 자신을 발견할 때는 절망을 경험한다. 예술가나 패션 디자이너, 건축가, 작가들 중에 이런 완벽주의자들이 많다. 하지만 정도와 종류의 차이가 있을 뿐 완전한 삶에 대한 갈망과 강박은 누구에게나 존재한다. 이들이 완벽에 대한 강박으로 만들어 내는 작품들은 높은 예술의 경지에 이른다. 사람들에게 찬사를 받고 시대를 움직이는 트렌드를 만들기도 한다. 그러나 그로 인한 행복은 순간일 뿐이다. 또다시 그런 작품을 만들 수 있다는 보장이 없기 때문에 완벽주의자는 늘 불안하고 두렵고 불행하다. 순간의 행복감을 위해 평생을 두려움의 절벽 위에서 위태롭게 살아가는 인생이다.

인간이 완전함을 갈망하는 것은 본래 우리가 하나님의 형상으로 지음 받았기 때문이다. 우리는 이미 하나님을 닮은 완전 소중한 남녀들이었다. 그러나 뱀은 마치 우리가 선악과를 먹어야만 하나님과 같은 존재가 되는 것처럼 거짓말로 속였다. 그리고 이후로 모든 인류는 이 완전함에 이르는 강박과 그것을 이루지 못할 것에 대한 두려움에 빠진 인생들이 되어 버렸다.

그래서 오히려 신앙생활을 하면서도 이 불완전함으로 인한 부적응감과 불안함과 두려움에 깊이 빠져서 사는 사람들이 있다. 왜 그런가? 하나님을 바라보니 그분은 너무나 완전하신데, 그에 반해 나는 너무나 초라하다. "주여 나를 떠나소서 나는 죄인이로소이다"(눅 5:8)고 고백했던 베드로의 말이 저절로 나온다. 그래서 하나님 없이 사는 사람들보다 더 자괴감과 우울감에 시달리는 사람들이 많다. 왜냐하면 크리스천이 되고 나서도 죄된 생각과 언행이

여전히 남아 있기 때문이다. 그러고는 작은 잘못에도 심한 죄책감에 시달려 두려움에 빠져서 살아간다.

크리스천의 죄책감

이런 죄책감에 대해서 국제정신분석가 이무석 교수는 《성격, 아는 만큼 자유로워진다》에서 이렇게 말한다.

"성적인 생각이나 부도덕한 생각들은 얼마든지 일어날 수 있어요. 인간은 욕구, 즉 이드를 가진 존재이기 때문이지요. 그런 생각들에 대해서까지 과도하게 죄책감을 느낄 필요는 없어요. 자학과 참회는 달라요."

크리스천 중에 이런 사람들이 적지 않다. 성적인 생각이 자꾸 떠올라 너무나 수치스럽다는 사람, 과거에 지은 성적인 죄를 회개하고도 반복적으로 회개해야 하는 사람, 성추행을 당한 자신을 용서하지 못해서 계속 종교적으로 자신을 씻는 기도를 해야 하는 사람들이 있다. 하나님은 이미 용서와 자유를 선언해 주셨는데 자기 자신을 용납하지 못하는 것이다. 그리고 결벽증처럼 회개기도를 반복한다. 그럴수록 강박적인 자책 때문에 하나님께 더 가까이 다가가지 못한다.

완전히 깨끗해지고 싶은 갈망이 커질수록 완전히 깨끗해질 수 없다는 두려움이 비례적으로 커진다. 결벽증은 청결에 대한 강박적인 집착이다. 그것은 무질서에 대한 두려움이다. 정신과 의사는 부엌에 설거지 거리를 두고도 가족과 교제할 수 있는 사람이 설거지를 꼭 마쳐야 하는 사람보다 정신적으로 더 건강하다고 말한다. 일을 깔끔하게 마쳐야 한다는 강박 때문에 늘 야근하는 사람들, 청소를 깔끔하게 해야 한다는 강박 때문에 하루에도 몇 번씩 닦고 또 닦는 주부들, 손을 씻고 또 씻는 것처럼 죄를 씻고 또 씻기 위해 종교적 강박에 빠지는 사람들, 모두가 두려움을 떨치고 싶은 마음 때문이다.

회개에 이르는 죄의식은 건강하지만 두려움에 이르는 죄책감은 건강하지 않다. 죄를 짓고 두려워하는 사람에게는 두 가지 살 길이 있다. 죄를 반복적으로 짓고 두려워하는 사람은 회개를 해야 두려움에서 벗어난다. 하지만 죄를 용서받았음에도 계속 두려워하는 사람은 하나님의 은혜를 받아들여야 두려움에서 벗어난다. 하나님은 당신이 종교적 결벽증에 빠지라고 부르신 것이 아니다. 당신을 용서하고 자유케 하려고 부르셨다. 내가 불완전하기에 완전하신 그분께 나아오지 않았는가. 완전하신 그분 앞에서 평생 죄책감과 두려움에 살라고 부름 받은 것이 아니다. 그 종교적 두려움마저도 은혜의 품 안에서 녹아지기를 하나님은 원하신다.

두려움의 원인 2: 유한성

또한 우리는 유한한 존재이기 때문에 두려움에 빠진다. 지금의 이 행복한 사랑이 갑자기 끝날까 봐 두렵다. 이제 그토록 바라던 집도 장만했고 아이들도 다 키웠는데 갑자기 덜컥 암에라도 걸릴까 봐 두렵다. 우리는 인간이 유한한 존재임을 너무나 잘 안다. 그런데도 우리가 소중하게 생각하는 것들에 마지막 순간이 올까 봐 언제나 두렵다. 이별이 올까 두렵고 죽음이 올까 두렵다. 잘 다니던 직장에서 갑자기 명퇴 권유를 할까 봐 두렵다. 요즘처럼 묻지마 폭행에 테러와 재난이 빈발하는 시대에 눈에 넣어도 아프지 않은 자식들을 한순간에 잃을까 두렵다. 그야말로 두려움의 연속이다.

그토록 기다리던 운명 같은 사랑을 만났다. 꿈인가 생시인가 싶을 정도로 행복하다. 그러면서도 한편으로 햇빛 쨍한 한여름 날 갑자기 소낙비가 내리고 벼락이 치듯 이 사랑이 파국으로 갈까 두렵다. 하지만 두려워서 그런 생각을 내색하지는 못한다. 아니 상대가 그런 내 마음을 알까 봐 두렵다. 더구나 결혼 후 더 큰 실망을 하게 될까 봐 두렵다. 가장 사랑했던 사람을 가장 미워하게 될까 두렵고, 가장 기대했던 사람에게 가장 실망할까 두렵고, 가장 신뢰했던 사람에게 가장 큰 배신을 당할까 두렵다. 이 두려움 때문에 젊은이들은 사랑에 빠지는 것 자체를 두려워한다. 그러면서도 평생 사랑하지 못하게 될까 두려워한다. 이것이 두려움의 끝없는 공회전이다.

인생의 시간은 한정되어 있다. 어차피 다 누리고 다 즐기고 떠날 수는 없다. 그런데도 볼 것을 다 못 보고 떠날까 봐 안달이 난 관광객들처럼 우리는 인생을 그렇게 허비한다. 관광지에서 자주 보는 모습이 있다. 제한된 시간에 투어를 마쳐야 하기에 사람들은 여행지에 도착하면 사진 찍느라 정신이 없다. 버스에 올라 달린 뒤 내려서 사진 찍고 다시 달리고 또 사진 찍고 달리고를 반복한다. 그러느라 여행 자체를 즐기지 못하고 시간에 쫓긴다. 사진을 남기지 못하면 나중에 후회할까 걱정이고, 계획된 스케줄을 소화하지 못하면 다 못 볼까 걱정이어서 그렇다.

웰빙과 웰다잉을 논하는 시대가 되다 보니, 오히려 죽음에 대한 두려움이 커졌다. 먹고 살기 급급하던 시대에는 죽음에 대한 걱정에 빠질 새도 없이 현실에 충실하며 살았다. 그러나 오늘날 질병이나 사고사에 대한 두려움 때문에 하루가 다르게 새로운 건강 상식이 나오고, 각종 보험이 쉴 새 없이 나와서 죽음에 대비할 것을 종용한다. '웰빙'과 '웰다잉'이라는 이름 뒤에 숨겨진 두려움의 모티브를 이용해 각종 상업주의적 마케팅이 범람하고 있다.

일장춘몽인가, 영원인가?

올여름에는 아들들과 워터파크를 두 번이나 갔다. 한여름 극성수기에 한 번, 추석 연휴 기간에 또 한 번 갔다. 첫 번째 갔을 때는 사람이 워낙 많아서 인기 있는 슬라이드를 타려면 몇 시간씩 줄을 서야 했다. 그러나 두 번째 갔을 때는 사람이 워낙 적어서 원 없이 탔다. 오전에 놀고 싶은 코너들을 다 돌았는지라 "이젠 어디를 가지?" 하는 고민에 빠질 정도였다. 그러자 5학년인 둘째 아들이 위트 있는 말을 했다. "지난번에는 한참 줄 서느라 지루했는데, 이번에는 다 놀아서 할 게 없어 지루하네." 두 번 다 오후 6시경에 나왔는데 처음에는 더 놀지 못해 불만이었다. 그러나 이번에는 실컷 놀고 만족해서 나왔다.

인생의 시간은 영원하지 않다. 해 보고 싶은 것도 많고 누리고 싶은 것도 많은데 시간이 너무 빨리 흘러가는 것 같다. 시간의 화살이 마지막 지점에 이르기 전에 내일이 끝없이 주어졌으면 좋겠다. 왜 우리는 한정된 시간 속에 살면서도 늘 주어진 시간에 만족하지 못할까. 왜 하염없이 놀고 싶어 하는 것일까? 그것은 단지 쾌락에 대한 집착 때문만은 아니다. 하나님께서 인간의 마음 깊은 곳에 영원을 사모하는 마음을 주셨기 때문이다.

"또 사람들에게는 영원을 사모하는 마음을 주셨느니라"(전 3:11).

우리 인생에는 한정된 시간에 대한 불안과 두려움으로 사는 길이 있는가 하면, 영원의 관점에서 시간을 재해석하며 평안하게 사는 길이 있다. 7월 성수기에 워터파크에 들어간 아이들처럼 시간에 쫓기고 불안에 쫓기며 사는 삶과 비성수기에 들어가 여유롭게 누리는 삶, 둘 중 어느 쪽을 선택하겠는가? 당연히 후자 아니겠는가?

그러나 실제로는 대다수의 사람들이 전자를 선택한다. 왜냐하면 여름 극성수기에 즐기지 않으면 내 인생에 또 다른 기회가 올지 확신이 없기 때문이다. 그래서 모두가 찌는 더위에 인산인해를 이룬 채 슬라이드 하나를 타기 위해 3시간씩 줄을 서서 마음고생을 한다. 인생이 일장춘몽(一場春夢)인데 깨어나기 전에 잘 놀다 가야 하지 않겠는가. 그러니 젊어서 놀아야 하고 한여름에 놀아야 한다. 시간의 유한성에 대한 강박은 세속주의(secularism)와 쾌락주의

(hedonism)를 부추기고 인생이 타들어 가는 줄도 모르고 불길에 달려드는 불나방처럼 살게 만든다. 그럴수록 목마름도 심하고 불만족도 깊어진다.

유한한 시간 속에서 누리는 즐거움은 지극히 상대적이기에 우리 영혼에 궁극적인 만족을 줄 수도 없다. 극성수기에 만족할 만큼 워터파크에서 놀았다는 사람을 본 적이 없다. 어차피 우리 영혼은 영원하신 하나님의 은혜로만 채워질 수 있다. 그분의 시간을 기다릴 줄 아는 사람은 시간에 대한 새로운 통찰을 얻게 된다. 그래서 찌는 듯한 여름 땅 끝의 가난한 마을에 찾아가 생명의 복음을 전하며 영혼에 임하는 참 기쁨을 맛본다. 그러면 누구도 생각지 못한 가을날 추수의 감격을 하나님께서 허락하신다. 이것이 시간에 대한 강박과 두려움이 아니라 영원에 대한 기대감과 만족감으로 사는 인생이다.

두려움의 원인 3: 불확실성

두려움의 마지막 원인은 불확실성이다. 우리는 미래를 알 수 없다. 한 치 앞을 볼 수 없고, 한 걸음 앞이 길인지 벼랑 끝인지 알 길이 없어 두렵기 짝이 없다. 원수는 우리 마음에 미래에 대한 두려움을 심어서 우리 스스로 현재라는 삶을 외면하고 포기하게 만든다. 오늘이라는 시간을 영원에 접속해야 불확실한 미래에 대한 해답이 나오는데도 그 길을 스스로 차단하게 만든다. 이것이 미래를 알 수 없어서 두려워하는 삶의 악순환이다.

그래서 하나님을 믿는 성도들도 하나님을 좇기보다 예언을 좇는 경우가 많다. 아무리 주의를 주어도 성도들은 예언기도, 대언기도 받는 것을 좋아한다. 물론 미래에 대한 두려움과 호기심은 인류 공통의 심리다. 그러나 오늘 내가 하나님께 헌신하지도 않고 단순히 미래를 안다고 해서 내 인생이 평안해지는 것은 아니다. 미래에 대한 정보가 행복한 미래를 보장해 주지 않는다.

그럼에도 불구하고 우리가 미래에 대한 정보에 집착하는 것은 미래라는 시간을 결정론적으로 보기 때문이다. 하나님을 무슨 점괘를 주시는 분 정도로 아는 것이다. 간혹 성도들이 안수기도를 요청한다. 기도 제목을 물어보면 물끄러미 나를 바라보며 "그냥 기도해 주세요" 한다. 제일 무서운 분들이다. 또 어떤 분들은 "제가 지금 기로에 서 있는데 목사님 기도를 듣고 결정하겠습니다"고 말한다. 어떤 분들은 기도할 때 녹음까지 한다. 아주 부담스럽다. 심지어 집회 끝나고 전화까지 하는 분들도 있다.

"목사님, 아까 그 기도는 무슨 뜻인가요?"

정작 나는 무슨 기도를 했는지 기억조차 안 난다. 아, 평소에 하나님의 말씀을 그렇게 집중해서 묵상하면 얼마나 좋을까 싶다.

하나님은 열린 미래를 말씀하신다. 점괘를 주시는 게 아니라, 함께 미래를 만들어 가기 원하신다. 예언은 확정된 운명을 말하는 것이 아니라, 인격적인 교제를 위한 초청이다. 그러므로 예언의 핵심은 미래를 아는 것이 아니라 나를 향한 하나님의 마음을 아는 것이다. 미래를 향한 최선의 대책은 예언이나 정보가 아니라 바로 하나님 그분이시다. 우리 인생은 예언이 책임지는 것이 아니라 하나님이 책임지신다. 우리를 부르신 분도, 우리 안에서 시작한 선한 일을 완성하시는 분도 그분이시다(빌 1:6)!

그럼에도 우리는 절박하고 고통스러운 순간이면 더 미래를 알고 싶어 한다. 왜 그런가? 이 상황이 언제 끝날지, 이 고통이 언제 종료될지, 빨리 답을 알고 싶기 때문이다. 그것은 마치 아주 난해한 수학 문제를 푸는 학생의 심리와 같다. 도저히 풀리지 않으니까 마음만 급해져서 답안지를 열어 본다. 그러면 물론 답은 알 수 있다. 그러나 정말 그 문제를 내 것으로 만들었을까? 아는데 아는 게 아니다. 왜냐하면 그렇게 해서는 전혀 실력이 늘지 않기 때문이다. 앞으로도 인생을 살다 보면 비슷한 패턴의 문제들을 계속 만날 텐데, 언제까지 예언이라는 답안지만 뒤적거리고 있을 것인가. 성경이라는 교과서와 인생이라는 문제집을 들고 씨름해야 실력이 늘지 않겠는가.

미래를 알려고 하지 말라

미래를 알아야 안심이 될 것 같은 중독적 패턴은 사탄의 거짓말이다. 왜냐하면 그 기저에 두려움이 깔려 있기 때문이다.

사울 왕을 보라. 그는 미래를 알고 두려움에서 벗어났는가? 사무엘을 통해 "너의 시대는 끝났다. 하나님이 다른 왕을 예비하셨다"는 말을 듣고 "아, 이제 끝났구나! 자유구나!" 하고 평안해졌는가? 그동안 왕으로서 외세 침략과 내부 분열을 잘 다스리지 못할까 봐 전전긍긍했으니 이제 다른 왕을 준비해 뒀다는 미래를 알게 되었으면 평안해져야 하는 것 아닌가. 그러나 그는 오히려 더 불안해했다. 두려움이 최고치가 되었다. 마침내 사울은 미쳐 날뛰었다. 충신 다윗도 아들 요나단도 죽이려 했고, 마치 사냥꾼처럼 다윗을 사냥하러 유대 광야를 쏘다녔다.

당신이 미래를 알아도 미래를 알려 주신 하나님을 신뢰하지 못하면 평안할 수 없다. 결국 우리는 미래를 안다고 평안해지지 않는다. 인간은 하나님을 알아야 참 평안을 얻게 된다. 가룟 유다를 보라. 예수님이 세 번씩이나 수난 예고를 하셨지만 제자들은 알아듣지 못했다. 백성들의 환호가 갈수록 커지고 예수님의 인기는 하늘을 찌르니, 이제 예루살렘에 오르면 주님은 왕이 되고 자신들은 영광의 좌우편에 앉을 줄 알았다. 그러나 열두 제자 중 유일하게 예수님의 죽음을 예견한 사람이 누군가? 가룟 유다다. 그래서 마지막 순간에 배를 갈아탔다. 계속 있다가는 자기도 죽게 생겼기 때문이다. 유다는 한 치 앞의 미래를 알았기 때문에 배신했다. 그러나 그가 모르는 더 먼 미래가 있었다. 주님이 부활하시리라는 것과 주와 함께 죽는 자가 주와 함께 살리라는 점, 그리고 영원토록 통치하리라는 사실이었다.

우리는 미래의 정보라는 점괘 과자(Fortune Cookie)나 열어 보려고 신앙의 길에 들어선 것이 아니다. 미래를 안다고 두려움에서 벗어날 수 있는 것도 아니다. 하나님을 인격적으로 사랑하고 신뢰할 때 비로소 두려움에서 벗어나고 참 평안을 누릴 수 있다. 불확실한 미래를 감당할 힘은 미래를 아는 지식이 아니라 하나님을 아는 지식에서 온다.

"하나님이 하시는 일의 시종을 사람으로 측량할 수 없게 하셨도다"
(전 3:11).

하나님은 사람이 미래를 다 알 수 없도록 만드셨다. 그래서 우리에게는 미래가 불확실하다. 그러나 우리가 믿는 하나님께는 불확실한 시간이 없다. 그렇기에 그분께 미래를 맡기면 내 영혼이 두려움에서 해방될 수 있다.

하나님은 우리의 과거를 해석해 주시고 현재를 평안케 하시고 미래를 책임져 주시는 분이다. 그리고 그 너머 영원까지 보장하신다. 그러므로 힘써 여호와를 알자. 불완전하고 유한하고 불확실한 시간에 시선을 빼앗기지 말자. 그럴수록 과거를 후회하고 현재를 불안해하며 미래를 걱정하게 된다. 이제는 하나님께 맡기자. 그러면 그분이 우리의 아픈 과거를 치유하시고 미래의 약속을 성취해 가실 것이다.

하나님께로 더 가까이

인간의 존재론적인 불안과 두려움은 불완전성, 유한성, 그리고 불확실성 때문임을 보았다. 그러나 우리가 완전하신 하나님, 영원하신 하나님, 신실하신 하나님을 의지하면 우리를 옭아매고 있던 불안과 두려움의 사슬이 풀린다. 이것은 두려움에 종살이하는 사람들에게는 놀라운 복음이다!

하지만 문제가 있다. 세 치 혀로 인간을 속여 하나님을 등지게 만드는 사탄이다. 원수가 거짓으로 사람을 속이는 궁극적인 목적은 하나님을 멀리하게 만드는 데 있다. 하나님이 절대적인 해답이라면 하나님을 붙잡으면 된다. 가장 쉽고 명백한 길이다. 그런데 원수는 우리 마음을 멈칫하게 만든다. 그러고는 '모든 해답을 갖고 있는 하나님이 네 편이 아니라면, 사실 너를 속이고 있는 거라면, 뭔가를 숨기고 조종하고 있는 거라면…'이라는 근거 없는 불신과 두려움을 조장한다. 이 거짓에 속아 넘어가면 우리는 영적 분리불안증에 빠지게 된다.

나는 삼형제 중에 셋째였다. 고집이 세고 이해력이 부족해서 많이 혼났다. 억울하고 속상해서 이불을 뒤집어쓰고 울고 있으면 형들이 놀렸다. "넌 다리 밑에서 주워 왔어." 그 말은 부모에게 맞은 회초리보다 더 가슴을 후벼 팠다. 이처럼 결국 나만 버림받을 것이라는 두려움이 우리의 영혼을 짓누르게 되는 것이다.

하나님은 죄인인 우리에게 가까이 다가오라 하신다. 그런데 우리는 그분 안에 들어가면 마치 존재가 소멸될 것 같은 두려움을 갖는다. 죄인에게 돌아오라 하시는 음성은 죄를 사해 주시기 위함인데, 우리는 엄청난 처벌을 당할 것 같은 두려움에 사로잡힌다.

육적인 인간은 영적인 하나님 앞에 나아가는 것이 두렵다. 그 세계가 너무 생경하기 때문이다. 풍랑 이는 바다에서 건져 주시는 것이야 고맙지만 물 위를 걸어오시는 주님은 더 낯설고 두렵다. 지상의 존재인 우리는 천상의 존재인 하나님보다 지상의 합리적인 말들로 그럴듯하게 속삭이는 사탄이 더 친숙하고 가깝게 느껴진다. 결국 첫 사람 아담과 하와를 한심하게 여기는 우리도 동일한 속임수의 덫에 걸려드는 것이다.

중앙아시아에 두 부족이 살고 있었는데, A부족은 아주 평화롭고 친절한 데

반해 B부족은 아주 공격적이고 난폭했다. 어느 날 B부족 남자들이 A부족을 급습해서 가옥을 불태우고 청년들을 잡아갔다. B부족 사람들은 포로들 머리에 단단한 야자수를 뒤집어씌우고는 어두운 헛간에 오래도록 가둬 두었다. 그러면 포로들의 머리카락이 자기 머릿속으로 파고들어 가 기억상실증에 걸리고 만다.

어느 날 A부족의 한 어머니가 자기 아들을 찾으러 B부족의 들판을 살펴보았다. 저 멀리 아들이 노예가 되어 일하고 있었다. 해질녘 감시가 없는 틈을 타서 어머니는 아들에게 다가가 말했다.

"애야, 내가 네 에미란다. 세상에, 네 몰골을 보렴. 널 구해 줄게. 집으로 가자."

그러나 아들은 어머니를 기억할 수 없었다. 그는 두려워서 뒤로 물러섰다. 아들을 설득하지 못한 어머니는 말했다.

"내일 다시 올 테니 준비하고 있거라. 나와 함께 가자."

아들은 B부족의 남자들에게 그 이야기를 했다. 그러자 그들은 말했다.

"그 여자는 네 어머니가 아니야. 적군의 첩자야. 내일 들판에 그 여자가 나타나거든 이 활로 쏴서 죽여 버려."

다음날 해질녘 다시 들판에 나타난 어머니가 아들의 이름을 부르며 달려오자, 아들은 주인의 말만 믿고 어머니를 향해 화살을 쏘아 버렸다.

원수가 속삭이는 거짓에 속아 넘어가면 자신의 구원자를 향해 화살을 겨누는 아들처럼 되고 만다. 우리가 거짓에 속으면 하나님을 의심하고 멀리하며 스스로 출구를 차단하고 만다. 사탄이 속삭이는 거짓된 두려움을 받아들이지 말라. 우리는 이 들판을 지나 하나님께로 건너가야 한다. 주저하지 않고 하나님과 함께 집으로 돌아가야 한다. 거기에 두려움 없는 삶의 해답이 있기 때문이다.

chapter 02

두려움의
정체는 무엇인가?

―――――――

"두려움의 영"

(딤후 1:7, 우리말성경)

최근에 알게 된 한 가정이 있다. 부부간의 갈등, 심각한 재정난, 자녀들의 방황까지 정말 불행이 이 가정에만 찾아오는 것 같았다. 그런데 그 절망의 끝자락에서 가족이 하나님을 깊이 만났다. 방황하던 자녀들도 하나님을 간절히 붙잡았다. 그렇게 일어서는 줄 알았다. 그런데 어느 날 조카의 자살 소식을 접하고는 순식간에 다시 무너지기 시작했다. 장례식 내내 어두움이 이 가정을 내리눌렀다. 큰아들이 장례식 후에 나를 찾아왔다. 키도 크고 덩치도 큰 녀석이 얼굴이 창백했다. 두려움에 사로잡혀 있음을 알 수 있었다.

"무슨 일이니? 왜 그래?"

"사촌 형 장례식장에 있었는데요. 어느 순간부터 귀신이 제 귀에 대고 말하는 거예요. '다음 차례는 너야.' 전 이제 어떻게 하죠?"

밑도 끝도 없는 사탄의 거짓말이었다. 그런데 이렇게 뜬금없는 원수의 거짓말이 힘을 발휘하는 것은 그것이 단순한 심리전이 아니라 영적인 공격이기 때문이다. 두려움은 영적인 문제다. 오늘날 이런 영적인 공격을 받는 사람들이 갈수록 늘어나고 있다. 크리스천들도 이 같은 영적 공격 앞에서 휘청거리며 어찌할 바를 모른다.

두려움, 영적인 문제

두려움은 정신적인 문제이면서 동시에 영적인 문제다. 사도 바울은 이를 "두려움의 영"이라고 표현했다. 바울은 '혼, 정신'을 의미하는 '프시케'라는 단어 대신 '성령, 영'을 의미하는 '프뉴마'를 사용했다.

인간 존재를 삼분법으로 나눌 때, 인간은 영과 혼과 육으로 구성되어 있다. 인간은 육체라는 그릇 안에 혼(정신)이라는 내용을 담고 살아가는 영적 존재다. 그러므로 인간 존재에서 가장 분명하게 드러나는 요소는 육체이지만, 인간 존재의 본질은 영이다. 원수는 두려움을 통해 단순히 우리의 육체를 조종하려는 것이 아니라 우리의 정신을 혼미케 하고 우리의 영을 장악하려고 한다. 왜냐하면 영이 혼을 다스리고 혼이 육을 다스리는 구조이기 때문이다. 그러므로 인간이 영적으로 망가지면 정신과 육체도 무너진다. 일종의 연쇄 반응이다.

하나님은 사람을 창조하실 때 흙으로 빚으시고 그 코에 하나님의 영적 기운을 불어넣어 인간을 영적 존재로 만드셨다(창 2:7). 그러나 선악과를 따 먹은 인간은 사탄의 거짓말로 인해 하나님과 영적으로 멀어졌다. 결국 여호와의 영이 인간 안에 더 이상 머무르실 수 없는 상태로까지 전락했다.

"여호와께서 이르시되 나의 영이 영원히 사람과 함께하지 아니하리니 이는 그들이 육신이 됨이라"(창 6:3).

사람이 육신이 된다는 말이 무엇인가? 사람이 원래 육체 아닌가? 아니다. 인간 존재의 본질은 영인데 주객이 전도되어 이제는 육체가 주체가 되었다는 뜻이다.

영적인 존재를 육적인 존재로 전락시키는 것이 사탄의 계략이다. 왜냐하면 하나님의 영이 떠나면 인간의 영은 죽기 때문이다. 싸늘하게 식어 냉동되어 버린다. 마치 한겨울에 난방기가 고장 나서 멈춰 버리는 것과 같다. 성령이 떠나신 인간은 영적 활동이 마비되어 영적인 기능이 있었는지조차 기억할 수 없는 지경에 이르게 된다.

우리 영이 냉각되면 대적은 마음대로 우리 혼을 휘젓고 다닌다. 컨트롤 타워가 제 기능을 할 수 없게 되면 이때부터 무너지는 것은 시간문제다. 이렇듯 영이 망가지면 인간은 무정부 상태에 빠진다. 누구도 원수의 유린에서 지켜주지 못한다. 영적 분별력을 상실하는 순간, 우리의 지(지성), 정(감성), 의(의지)가 모두 역기능을 하기 시작한다. 지적으로는 어두운 생각과 거짓된 생각들이 가시덤불처럼 자라난다. 정서적으로는 우울과 분노와 상처 등이 뒤범벅되어 늪처럼 된다. 의지적으로는 약한 의지와 악한 의지가 인생을 잘못된 방향으로 끌어간다.

어떻게 이렇게 되는가? 원수가 뿌리고 간 거짓의 가라지를 받아들이기 때문이다. 가라지는 씨앗이 아니다. 씨앗처럼 보이지만 그것은 하나님이 주시는 생명의 씨앗이 아니다. 죽음을 몰고 오는 거짓 종자다.

"너희는 너희 아비 마귀에게서 났으니 너희 아비의 욕심대로 너희도 행하고자 하느니라 그는 처음부터 살인한 자요 진리가 그 속에 없으므로 진리에 서지 못하고 거짓을 말할 때마다 제 것으로 말하나니 이는 그가 거짓말쟁이요 거짓의 아비가 되었음이라"(요 8:44).

"성령의 검 곧 하나님의 말씀을 가지라"(엡 6:17).

그렇다. 영적 전쟁은 참과 거짓의 싸움이요, 진리와 비진리의 대결이다. 언제나 영적 전쟁의 최전선인 우리 마음속에서는 말씀의 진리와 거짓된 두려움이 초접전을 벌이고 있다. 그러므로 진리를 품어야만 하나님의 자녀가 두려움의 메커니즘에서 벗어날 수 있다.

"하나님의 말씀은 살아 있고 활력이 있어 좌우에 날선 어떤 검보다도 예리하여 혼(프시케)과 영(프뉴마)과 및 관절과 골수를 찔러 쪼개기까지 하며 또 마음의 생각과 뜻을 판단하나니"(히 4:12).

진리의 말씀은 생명력이 있어서 거짓의 역사를 파쇄하는 양날이 선 검이다. 우리의 영과 혼과 육('관절과 골수')을 수술하여 새롭게 하는 능력이다.

"모든 성경은 하나님의 감동으로 된 것으로 교훈과 책망과 바르게 함과 의로 교육하기에 유익하니 이는 하나님의 사람으로 온전하게 하며 모든 선한 일을 행할 능력을 갖추게 하려 함이라"(딤후 3:16-17).

우리 심령에 독버섯처럼 퍼져 있는 거짓의 가라지들을 어떻게 제거하는가? 진리의 말씀이라는 제초제로 제거해야 한다. 이것이 말씀의 인지치료 방법이다. 하나님의 말씀으로 내 생각의 기초와 감정의 토대와 의지의 원동력을 삼아야 한다. 그렇게 전면적으로 내면을 갈아엎은 후에는 초전 대응을 잘 해야 한다. 아무리 달콤해 보이고 설득력이 있어도 하나님에게서 오지 않은 것은 초전에 거부해야 한다.

두려움의 정체, 거짓말

그러면 이렇게 쉽게 두려움을 해결할 수 있는데 무엇이 문제인가? 마치 더러운 세탁물을 빨 때 세제를 넣고 돌려야 하는 것과 같다. 그런데 세제도 안 넣고 하염없이 돌리니 때도, 냄새도 안 빠진다. 말씀의 세정제 없이는 거짓의 깊은 때를 뺄 수가 없다. 그런데 말씀을 선택하기에는 이미 우리 내면이 너무 많은 거짓말들로 범벅되어 있다. 말씀을 읽고 듣고 암송하고 묵상해도 소용 없을 것이라는 생각에까지 이른다. 이렇게 거짓의 맹폭에 진리의 방어선이 무너진 채 손 놓고 당하는 사람들이 많다.

어떻게 그럴 수 있는가? 거짓말의 위력 때문이다. 거짓말이 무엇인가? 일어나지도 않을 일을 일어날 것처럼 이야기하는 것이다. 그런데 진실한 사람일수록 역설적으로 거짓말을 열심히 묵상한다. 이것을 심리학적인 용어로 '부정적인 정신적 리허설'(Negative Mental Rehearsal)이라고 부른다. 가령 이런 생각들이다. '내일 시험을 망치면 어떻게 하지?', '면접관 앞에서 아무 생각이 나지 않을 것 같아.' 물론 그런 일이 일어날 수도 있다. 그러나 오히려 생각하지 않았다면 일어나지 않을 일들이 두려움 때문에 우리 삶에 스멀스멀 올라오게 된다.

최근 보이스피싱(Voice Fishing)을 통한 금융사기 문제가 심각하다. 보이스피싱은 두려움이 아니면 일어나지 않을 일들이 실제로 일어나게 되는 대표적인 예다. 사람들은 이와 관련된 뉴스를 접할 때마다 누가 이런 얼토당토않은 거짓말에 속을까 생각한다. 하지만 나는 내 눈으로 직접 그런 사건이 일어나는 현장을 목격했다.

동료 목사가 내 앞에서 전화를 받더니 그의 신용카드가 분실신고 됐다면서 빨리 막아야 한다고 인터넷을 열었다. 어디에서 전화가 왔느냐고 물으니까 검찰청의 금융사건 담당팀이라고 했단다. 수차례 전화가 오고 정신을 쏙 빼놓았다. 나는 순간 보이스피싱임을 직감했다. "목사님, 절대로 개인정보 입력하지 마세요." 그래도 그는 홈페이지를 열더니 개인정보를 다 입력했다. 여러 번 말렸지만 소용이 없었다. 그러고는 몇 분도 안 되어 수백만 원이 날아갔다.

보이스피싱의 전략이 무엇인가? 거짓말이다. 거짓의 위력을 사용하는 방법이다. 내 신용카드를 분실한 적이 없는데도 분명한 사실처럼 말한다. 에덴에서 뱀도 절대 안 죽는다고 확언을 했다. 사기 치는 사람들도 언제나 확실하다고 말한다. 그러나 진상은 상대방을 두려움에 빠뜨려 분별력을 잃게 만드는 것이다. 그래야 자신이 심어 놓은 거짓말에 철저히 순종하기 때문이다. 두려움에 사로잡히는 순간, 내 인생은 두려움의 종노릇을 하기 시작한다. 해커에게 내 개인 컴퓨터나 휴대폰이 해킹당해서 원격으로 조종당하는 것처럼 살아간다.

두려움은 부정적인 강력한 믿음이다. 크리스천들이 자주 선포하는 말이 있다. "믿음대로 될지어다!" 그렇다. 믿음은 바라는 것들의 실상이다(히 11:1). 믿음은 미래의 청사진이요 설계도다. 믿음대로 이루어진다. 사탄은 이것을 역이용한다. 우리 안에 거짓말을 심어 놓으면 이 부정적인 믿음대로 인생이 되어 간다.

'시험 망칠 것 같아', '면접 망칠 것 같아' 굳이 생각하지 않으면 일어나지 않을 일들이다. 그런데 두려움에 사로잡혀 이 생각을 무한 재생(replay)하면 머릿속의 정신적 리허설이 실제 상황이 되고 만다. 왜냐면 그것만 열심히 리허설했기 때문이다. 그러고는 더 큰 부정적 믿음을 갖게 된다.

'그것 봐. 내가 걱정한 대로 됐잖아. 내가 뭐랬어. 앞으로도 이런 일이 반복될 거라고.'

그렇게 두려움이 지속적인 삶의 태도와 관점으로까지 굳어져 버리면, 사탄의 수용소에 장기 투옥되는 결과를 맞게 된다.

크리스천이지만 사탄의 수용소 안에 있을 수 있다. 하나님의 통치 아래 있는 것이 아니라 원수의 통제 아래 있는 것이다. 하나님을 믿는 사람이지만 실제로는 사탄의 거짓을 더 믿는 일이 비일비재하다. 성경은 우리에게 말씀의 씨앗을 받아 30배 60배 100배의 결실을 맺으라 했다. 그러나 두려움의 가라지를 품은 사람은 절망과 죽음의 열매만 30배 60배 100배를 증식시킨다.

이제 두려움이 무엇인지 그 정체를 알게 되었다면, 먼저 그 정체를 드러내라. 거라사 광인을 대하실 때 예수님은 광인이 아니라 그 속에 있는 '군대 귀신'을 꾸짖으셨다. 원수의 정체를 폭로하라. 원수가 거짓의 가라지를 들고 오면 "아니! 아무리 합리적으로 보여도 난 널 받아들이지 않아! 넌 하나님이 주신 생각이 아니야! 넌 거짓말이야!" 하고 선포하라. 왜 성실한 크리스천이 거짓의 가라지를 삼키겠는가.

《왜 백설공주는 독사과를 먹었을까》를 쓴 이와쓰키 겐지는 '행복공포증'을 소개한다. 그는 백설공주가 마귀 할멈에게 문을 열어 주고 독사과를 받은 것은 바보여서가 아니라 오히려 지혜롭고 성실했기 때문이라고 주장한다. 왜냐하면 난쟁이들 공동체에서 행복에 겨워 살던 그녀는 이 행복을 잃을 것에 대한 두려움이 컸다는 것이다. (물론 이런 두려움의 트라우마는 왕궁에서 계모인 왕비에게 쫓겨나면서 갖게 된 것이었다.) 행복에 대한 강박이 불행에 대한 두려움이 되어 결국 자신의 행복을 스스로 상실하게 만들었다는 해석이다.

일리가 있는 주장이다. 왜냐하면 주로 신실하고 성실한 사람들이 두려움에 잘 빠지기 때문이다. 이것은 정말 억울하고도 모순된 현상이다. 백설공주 같이 착한 사람들이 주로 두려움에 빠진다. 문 열어 주면 안 되는데 문 열어 준다. 기억하라. 당신을 해치려고 주도면밀하게 다가오는 원수에게는 맞대응하지 말라. 아무리 문을 두드려도 문을 열어 주지 말라. 하나님에게서 오지 않은 것은 처음부터 차단하라.

두려움의 메커니즘, 부정적 강화

한번은 수학능력평가시험 수시 전형을 준비하는 학생의 어머니를 만난 적이 있다. 아들이 면접시험을 앞두고 있는데 너무 긴장해 있다면서 상담을 요청했다. 물론 당사자인 학생은 내켜 하지 않았지만 시험을 앞두고 지푸라기라도 잡으려는 마음으로 찾아왔다. 상담실에 들어오는 남학생을 보니 키도 훤칠하고 얼굴도 잘생긴 호남형에 말도 잘했다.

"아니, 너는 이렇게 호감형인데 뭐가 두렵니?"

얘기를 들어 보니, 지금까지 예비 면접시험을 보면서 한 번도 망치지 않은 적이 없다고 했다. 주제 발표를 3~4분 해야 하는데, 처음에 목소리가 떨리기 시작하면 그다음부터는 머릿속이 하얘지면서 아무 생각도 나지 않는다는 것이다. 이번 수시 전형이 중요한데 자기는 분명히 면접에서 망칠 것이라고 두려워하고 있었다.

나는 학생에게 왜 두려움에 빠질 필요가 없는지, 그리고 오히려 두려움이 원치 않는 결과를 불러온다는 점을 여러 각도로 설명해 주었다. 그러나 그는 여전히 두려움의 창살 뒤에 웅크리고 있었다. 시간이 30분쯤 흘렀다. 이제 보내야 할 시간이었다. 결국 나는 극약 처방을 내렸다.

"그래, 너는 반드시 이번에도 떨 거야!"

"⋯⋯."

아니 격려해 줘도 시원찮은데 목사가 왜 이런 말을 하는가, 학생의 얼굴에 기가 막히다는 표정이 떠올랐다.

"넌 이번에도 분명히 떨 거야. 그걸 그냥 인정해. 안 떨리는 게 이상한 거지. 교수님들은 그 분야에서 최고 전문가들이잖니. 그런데 어떻게 안 떨리니. 떨리면 안 된다는 생각이 잘못된 거지. 고등학생이 교수님들을 어떻게 감동시키겠어. 안 그래?"

"네, 사실 그렇죠."

"그래. 다만 한 가지 전략을 알려 줄게. 처음에 떨리면 아닌 척하느라 더 긴장하지 말고, 그걸 그냥 인정해 버려. 교수님들 앞에 서니까 긴장해서 실수했다고 말해 버려. 그리곤 피식 웃어. 그런 다음 나머지를 이어 가면 돼. 네가 터부시하는 것을 놓아 버려야 해방감이 오는 거야."

이 학생이 면접에서 어떻게 했겠는가? 당연히 내 예언대로 떨었다. 처음부터 말이 꼬였다. 긴장했다. 그러나 예전에는 떨면 안 된다는 생각에 아닌 척하느라 더 말이 꼬였는데 이번에는 그냥 떨린다는 것을 인정했다. 그러고는 피식 웃었다. 교수님들도 "그래 괜찮아. 다들 떨어. 잘해 봐" 했다. 그러자 심리적인 이완(relaxation)이 생겼다. 그러고는 나머지 내용을 무난하게 발표했다. 처음으로 면접관 앞에서 제대로 발표한 날이었다. 결과는 합격이었다! 물론 합격보다 더 중요한 성과는 그가 자기 내면에서 두려움의 메커니즘을 넘어섰다는 점이었다!

이 학생의 경우처럼, 두려움이란 빠져나오기 어려운 소용돌이와 같다. 왜냐하면 두려움이 늘 현실이 되어 왔기 때문이다. 그렇게 부정적인 생각이 부정적인 사건이 되고 부정적인 사건이 반복되면서 부정적인 믿음을 강화시켜 가면 누구도 그 소용돌이에서 벗어날 재간이 없다. 결국 인생에서 일어나

길 원치 않는 일들만 반복된다. 왜 그런가? 말로는 원치 않는다고 하면서 계속 그 장면을 연속 재생시키고 있기 때문이다.

두려움은 현실에서 비현실로

두려움은 거짓 믿음이다. 안 될 것이라는 믿음, 망칠 것이라는 믿음, 실패할 것이라는 믿음이다. 그러나 이런 거짓 믿음이 사람들에게 매력적으로 보이는 결정적인 이유가 있다. 그것은 두려움이 매우 현실적인 판단으로 보이기 때문이다. 가령 다윗과 골리앗의 대결 장면을 보자.

> "블레셋 사람들의 진영에서 싸움을 돋우는 자가 왔는데 그의 이름은 골리앗이요 가드 사람이라 그의 키는 여섯 규빗 한 뼘이요 머리에는 놋 투구를 썼고 몸에는 비늘 갑옷을 입었으니 그 갑옷의 무게가 놋 오천 세겔이며 그의 다리에는 놋 각반을 쳤고 어깨 사이에는 놋 단창을 메었으니 그 창 자루는 베틀 채 같고 창 날은 철 육백 세겔이며 방패 든 자가 앞서 행하더라"(삼상 17:4-7).

골리앗에 대한 묘사는 그야말로 압도적이다. 그 앞에 서면 누구도 오금이 저렸을 것이다. 하지만 세계적인 저자 말콤 글래드웰은《다윗과 골리앗》에서 골리앗을 선단비대증, 즉 거인병 환자로 설명했다. 몸은 육중하지만 느리고 시력 저하로 복시가 있는 병자로 묘사했다. 그의 말대로라면 사람들이 그다지 두려워할 필요가 없는데 겉모습만 보고 위축되었던 것이다. 이제 나는 그렇지 않다는 사실을 설명하겠다.

첫째, 이스라엘은 역사적으로 거인족들과의 전쟁을 매우 도전적인 과제로 여겨 왔다(신 1:28, 수 14:12, 대상 11:23). 둘째, 사울 왕이 "그는 어려서부터 용사"

(삼상 17:33)라고 말했다. 그렇다면 골리앗은 이미 여러 전쟁에서 큰 승리를 거둔 전적이 있었다. 셋째, 골리앗이 비대증에 자기 몸도 가누지 못했다면 어떻게 57kg이나 되는 육중한 갑옷을 입고 무기를 들었겠는가? 넷째, 다윗이 막대기 하나만 갖고 있었는데 골리앗이 "막대기들"이라고 복수형으로 말했으니 이는 골리앗이 복시였기 때문이라는 주장이 일견 일리가 있어 보인다. 그러나 과연 그럴까? "네가 나를 개로 여기고 막대기(원어상 복수 형태)를 가지고 내게 나아왔느냐?"(삼상 17:43). 당시 목자가 지닌 막대기는 직선형의 '마테'와 구부러진 '마켈'의 두 종류였는데 그날 다윗은 '마켈'을 들고 나갔다(40절). 다윗과 골리앗의 상간이 적어도 100m 이상 되었던 것으로 보아 거인병으로 시력 저하인 사람이 어떻게 다윗의 손에 들려 있는 작은 막대기가 마테가 아닌 마켈임을 알아보았겠는가. 그러므로 막대기의 단수나 복수 표현보다(감정적인 표현으로 보는 것이 더 합리적이다) 막대기의 종류를 알아보았다는 점이 중요하다. 따라서 골리앗은 덩치만 크고 제 역할을 못하는 거인병 환자였다는 주장은 전혀 개연성이 없다.

골리앗은 압도적 위용을 갖춘 용사였다. 키는 2m 70cm다. 우리나라 최장신 농구선수인 하승진이 2m 21cm이고, 세계 최장신 농구선수인 중국의 쑨밍밍이 2m 36cm이다. 그러나 골리앗은 키가 거의 3m에 육박했다. 그가 입은 갑옷의 무게만 57kg이니 성인 한 사람을 입고 있는 셈이다. 놋 투구에 비늘 갑옷에 놋 각반에 놋 단창을 메고 서 있는 모습은 이스라엘 전군의 가슴을 서늘하게 만들기에 충분했다. 그는 사람의 모습이 아니라 괴물로 보였으리라. 누가 감히 일대일로 나가서 대결할 용기가 나겠는가! 두려워하는 것이 당연하다. 이스라엘의 두려움은 현실적인 판단에서 비롯된 것이었다.

자, 그러나 여기서 한 가지 두려움의 현상을 진단해 보자. 그가 사람이 아닌 괴물로 보이고, 넘을 수 없는 태산이나 죽지 않는 불사신으로 보이는 것은 비현실적인 상상이다. 물론 그가 매우 위협적인 인물임은 사실이다. 하지만 다윗과의 싸움의 결과로 알게 된 것은, 그도 사람이라는 사실이었다. 그는 태산도 불사신도 아닌 그저 키가 3m에 가까운 사람이었다. 그러나 두려움의 소용돌이에 빠지면 상대에 대한 비현실적인 공포를 갖게 된다. 그 많은 이스라엘 병사들이 모두 집단적인 공포감에 온 정신과 몸이 마비되어 버렸다. 두려움은 언제나 현실에서 비현실로 팽창한다. 두려움은 현실적인 판단으로 시작해서 비현실적인 상상으로 부풀어 버린다. 그러고는 비현실적인 두려움의 거대 풍선에 눌려 수많은 사람들이 숨을 쉬지도 못할 정도의 공포감에 사로잡히게 된다.

믿음은 비현실에서 현실로

반면에 다윗은 어떤 결과를 얻었는가? 어린 소년 목동이던 다윗이 골리앗과 맞서 싸워 이겼다. 운이 좋았는가? 기적이었는가? 어떻게 그런 일이 가능했는가?

> "다윗이 블레셋 사람에게 이르되 너는 칼과 창과 단창으로 내게 나아오거니와 나는 만군의 여호와의 이름 곧 네가 모욕하는 이스라엘 군대의 하나님의 이름으로 네게 나아가노라 오늘 여호와께서 너를 내 손에 넘기시리니 내가 너를 쳐서 네 목을 베고 블레셋 군대의 시체를 오늘 공중의 새와 땅의 들짐승에게 주어 온 땅으로 이스라엘에 하나님이 계신 줄 알게 하겠고 또 여호와의 구원하심이 칼과 창에 있지 아니함을 이 무리에게 알게 하리라 전쟁은 여호와께 속한 것인즉 그가 너희를 우리 손에 넘기시리라"(삼상 17:45-47).

작은 소년이 큰소리를 친다. 출전 경험도 없고 나이도 체급도 맞지 않는데 뭘 믿고 이러는가 싶다. 물론 하나님이 도우시면 이길 수 있다는 믿음 때문이었다. 그러나 우리의 믿음이 눈감으면 믿기고 눈뜨면 말짱해지는 경우가 얼마나 많은가. 우리가 그런 상황에 처했을 때 이런 믿음이 생기겠는가? 당연히 하나님께 불가능은 없다고 외치지만 믿음과 현실은 엄연히 다르지 않은가. 소년 다윗의 믿음은 매우 비현실적이었다. 그러니 사울 왕이나 신하들, 심지어 골리앗이 보기에도 이것은 말도 안 되는 믿음이었다.

그러면 다윗이 현실 감각이 떨어져서 그랬는가? 아니다. 그는 매우 실제적인 감각을 지닌 소년이었다. 그의 대사를 보라.

"너는 칼과 창과 단창으로 내게 나아오거니와."

다윗은 골리앗 앞에 서서 눈 질끈 감고 물맷돌을 던진 것이 아니었다. 어디에 칼을 차고 어디에 창을 들고 어디에 단창을 메고 있는지 찬찬히 상대의 무기를 파악해 두었다. 다윗이 비현실적이어서 믿음의 객기를 부린 것이 아니었다.

또한 다윗은 양을 치면서 맹수들을 상대한 전적이 있다. 그의 자신감은 신앙은 물론이고 실전 경험에 기초한 것이었다. 사울의 칼과 갑옷을 포기하고 물매를 선택한 것도 자신의 주 종목에 대한 현실적인 판단 때문이었다. 그는 홀로 양들을 지키고 생존해야 하는 들판에서 끊임없이 물맷돌 연습을 해왔다. 그리고 실전에서도 놀라운 명중률을 갖게 됐다. 이것은 그저 낭만적인 상상이 아니다. 성경에 실례가 있다.

"그때에 성읍들에서 나온 베냐민 자손의 수는 칼을 빼는 자가 모두 이만 육천이요 그 외에 기브아 거민 중 택한 자가 칠백인데 이 모든 백성 중에서 택한 칠백 명은 다 왼손잡이라 물매로 돌을 던지면 호리도 틀림이 없는 자더라"(삿 20:15-16, 개역한글).

한두 사람도 아니고 700명이나 되는 물매 던지는 사수들이 있었다. "호리도 틀림이 없다"는 말의 히브리 원문을 직역하면 '머리카락까지 정확하게 맞힌다'는 뜻이다. 그러면 사정거리는 어느 정도일까? 최대 90m다. 이게 어느 정도인지 감이 오는가? 리우 올림픽에서 한국 양궁이 전 종목을 석권하는 기염을 토했다. 올림픽 양궁의 사대에서 과녁까지의 거리가 70m다. 거기에서 X-10을 쏘는 실력이 대단하지 않은가! 그런데 이스라엘의 물맷돌 사수들은 그보다 먼 거리에서 그것도 움직이는 목표물의 머리카락을 맞혔다.

다윗이 그날 믿음으로 아무렇게나 휙 던졌는데 성령의 바람이 불어 골리앗의 이마에 꽂힌 것이 아니었다. 그는 믿음대로 승리하리라 생각했을 뿐 아니라 연습해 온 대로 승리하리라 믿었을 뿐이다. 물론 그는 달리면서 돌을 던졌다. 이 돌이 골리앗에게 맞지 않으면 다시 기회가 오기 전에 골리앗의 창에 맞아 땅에 꽂힐 가능성이 컸다. 그러나 달려가면서 던져야 속도와 파괴력이 높기 때문에 그는 단 한 번의 기회를 최선으로 사용하기로 결심했다. 그것은 믿음의 모험이었다. 자신의 실력만 믿은 것이 아니라 하나님을 위해 싸우는 자신을 하나님이 도우시리라는 믿음에 근거한 모험이었다.

"블레셋 사람이 일어나 다윗에게로 마주 가까이 올 때에 다윗이 블레셋 사람을 향하여 빨리 달리며 손을 주머니에 넣어 돌을 가지고 물매로 던져 블레셋 사람의 이마를 치매 돌이 그의 이마에 박히니 땅에 엎드러지니라"(삼상 17:48-49).

다윗의 믿음은 비현실에서 현실이 되었다. 왜냐하면 믿음대로 되기 때문이다. 그는 자신의 최선 위에 하나님의 은혜가 더해지면 불가능이 없다는 것을 이미 어린 나이에 체득했던 것이다.

그러나 만약 그가 두려워했다면 어떻게 되었을까? 그가 할 수 있는 것조차도 하지 못했을 것이다. 두려움은 현실을 비현실로 만들기 때문이다. 얼마나 대조적인가! 현실적인 판단에서 비롯된 두려움은 비현실적인 공포감으로 확대되어 이스라엘 전군의 전투 능력을 상실하게 했는데, 한 소년 목동의 비현실적으로 보이던 믿음은 최선의 노력과 하나님의 은혜가 합력하여 현실적인 결과가 되었다.

한 가지 더 생각해 볼 점이 있다. 하나님에 대한 믿음이 원수에 대한 두려움보다 훨씬 더 현실적이라는 사실이다. 우리는 인생을 살면서 원수에 대해서는 확대경으로 본다. 그래서 태산으로 보인다. 하지만 나와 함께하시는 하나님은 축소경으로 본다. 그래서 별 존재감이 없어 보인다. 어찌 그럴 수 있는가. 그분은 천지를 지으신 여호와시다. 두려움은 원수에 대한 확대경이며 동시에 하나님에 대한 축소경이다. 그러나 다윗은 확대경도 축소경도 사용하지 않았다. 다만 있는 그대로 보았을 뿐이다. 골리앗은 3m 장신에 싸움에 능한 인간으로 보았고 여호와 하나님은 만군의 주로 보았을 뿐이다. 그는 원수도 하나님도 실물 사이즈로 보았다. 다윗이 비현실적인 믿음을 가졌던 것이 아니라, 두려움에 빠져 있는 우리가 비현실적인 관점을 갖고 살고 있는 것이다.

밴쿠버에서였다. 한낮에 사무실 전화벨이 울렸다. 한 기러기 엄마가 두려움에 질려 다급하게 전화한 것이다. 남편이 와서 집과 차를 마련하고 아이 학교까지 입학시키고 한국으로 돌아갔지만, 캐나다에 온 지 얼마 안 된 이 엄마는 이내 두려움에 사로잡혔다. 새로운 환경에 대한 두려움, 아이의 학교 적응에 대한 두려움, 영어에 대한 두려움, 그리고 정말 이 생활을 잘해 낼 수 있을까 하는 두려움이 한꺼번에 엄습했다. 새하얗게 질린 목소리가 들려왔다.

"목사님, 집에 전화 오는 것도 두려워요. 영어에 자신이 없어요. 집 밖에 나가는 것도 두려워요. 아이 학교 보내 놓고 종일 집에서 불안에 떨고 있어요."

"그렇게 두려움에 계속 갇혀 지내시면 안 됩니다. 주일예배와 수요예배, 여성예배에 나오셔서 마음에 새 힘을 충전하셔야 합니다. 마음이 힘을 내야 두려움을 이길 수 있습니다."

"하지만 교회에 운전하고 가는 것도 두려워요. 계속 마음이 불안하니까 포트만 브리지 건널 때 핸들을 꺾고 싶은 충동이 들어요. 이러다 정말 죽을 것 같아요."

많은 기러기 가정들과 이민자들이 이런 두려움을 겪는다. 낯선 이국땅에서 적응하여 잘 살 수 있을까 싶어서이다. 그들이 갈망하는 것은 잘 사는 것이다. 그런데 갈망이 클수록 두려움도 비례해서 커진다. 그렇게 두려움이 커지면 핸들을 꺾어 죽고 싶은 충동이 든다. 왜 그런가? 두려움은 우리가 두려워하는 일이 일어나게 만드는 어둠의 힘이기 때문이다. 물론 영어 습득은 시간이 걸리지만 주변엔 한국 사람도 많고 환경도 한국보다 훨씬 좋다. 그런데도 평소에 하던 운전과 쇼핑 등을 두려움 때문에 할 수가 없다. 왜냐하면 두려움은 내가 할 수 없는 한두 가지에 대해서는 확대경이 되고 내 곁에 계신 하나님께는 축소경이 되기 때문이다. 이런 비현실적인 두려움의 수용소에 갇혀서 사는 억울한 사람들이 적지 않다.

전문가를 신뢰하라

두려움에 빠진 사람은 아무것도 보이지 않는다. 빠져나갈 구멍이 있어도 눈에 들어오지 않는다. 그러나 두려움만 없으면 길이 보이게 되어 있다. 우리 속담에 "호랑이 굴에 들어가도 정신만 차리면 산다"고 하지 않았는가. 하지만 호랑이 굴에서 정신을 차릴 수 있는 사람이 과연 얼마나 있겠는가? 쉽지 않은 일이다. 단, 사냥꾼과 함께라면 다를 것이다.

어릴 때 수영을 배우면서 참 고생을 많이 했다. 유난히 물에 대한 두려움이 많았던 나는 유치원생 때 엄마가 머리 감기려고 물을 끼얹기만 해도 통곡했던 기억이 있다. 초등학생이 되어서도 형들은 깊은 물에 가서 수영을 하는데, 나만 어린이 풀장의 낮은 물에서도 벌벌 떨었다. 형들은 여름만 되면 내게 수영을 가르쳐 주려고 부단히 수영장에 데려갔다. 그러나 나는 매번 물만 잔뜩 퍼마시고 와야 했다. 물에 빠질까 봐 두려워서 온몸에 힘을 주고 있었기 때문이다. 결국 두려움은 내가 두려워하는 일이 일어나게 만들고, 나는 부정적인 믿음만 강화될 뿐이었다.

이것이 물에 빠져 죽는 사람의 심리다. 깊은 물에 빠졌다는 사실을 알고 '이러다 빠져 죽을 것 같아!'라고 생각하는 순간, 물이 그를 죽이는 게 아니라 두려움이 그를 죽인다. 구조하러 들어간 사람까지 죽는 경우도 있는데, 두려움에 빠진 사람이 초인적인 힘으로 구조하러 들어간 사람까지 물속으로 끌고 들어가기 때문이다. 물에 빠지고 싶지 않아서, 죽고 싶지 않아서 죽는 모순된 일이 일어나는 것이다. 이것이 부정적 강화와 재앙화 사고(catastrophic thinking)의 연결 고리다. 부정적인 믿음이 강해져서 마침내 자신이 원치 않는 재앙이 일어나게 만드는 악순환의 사이클이다. 그래서 두려움은 원수가 애용하는 도구다. 그리고 하나님은 절대로 두려워 말고 하나님께 맡기라 하신다. 물에서 사고가 났을 때 인명구조원(Life Guard)을 신뢰하지 않으면 누구를 신뢰하겠는가.

괌에 집회 차 간 일이 있다. 나는 도서관에 가려 했지만 초대한 목사님이 꼭 스쿠버다이빙을 해야 한다고 예약까지 해놓고 바다에 데려갔다. 가이드로 나온 집사님은 괌에서 스쿠버다이빙의 최고수였다. 어릴 적 물에 대한 두려움이 많았지만 결국 두려움을 극복하여 물을 좋아하게 된 나로서는 기대감이 생겼다. 하지만 예전에 스노클링 정도를 해 봤을 뿐 깊은 물은 처음이었다. 중간쯤 들어갔는데 두려움이 몰려왔다. 갑자기 바닷물 한가운데 갇힐 것 같고 호흡도 못하고 물 위로도 올라가지 못할 것 같은 두려움이 몰려왔다. 하지만 내 1m 앞에서 능숙하게 인도하는 집사님을 보자 이내 안심이 되었다. 마음이 편안해지자 호흡이 편안해졌다. 최고 전문가에 대한 믿음 때문이었다. 그날 나는 해저 11m까지 깊이 내려가 아름다운 산호의 세계를 만끽할 수 있었다.

두려움인가, 믿음인가?

두려움은 내 인생의 가이드이신 하나님을 불신하게 만든다. 두려움은 깊은 바다 같은 세상을 두려워하게 만든다. 두려움은 내 인생이 누릴 수 있는 모든 즐거움을 빼앗는다. 두려움은 기본적으로 내가 할 수 있는 것도 하지 못하게 능력을 마비시킨다. 두려움은 거짓되고 과대포장된 것이다. 두려움은 거짓 믿음이다. 두려움은 인생을 심연으로 가라앉게 만드는 영혼의 무거운 돌덩이다.

인생을 두려움의 모래 위에 세울 것인가, 믿음의 반석 위에 세울 것인가? 결국 믿음대로 된다. 인생의 집을 거짓 믿음의 모래성 위에 세우면 당신이 두려워한 대로 인생의 집은 무너진다. 그러나 참 믿음의 반석 위에 세우면 믿음대로 된다. 당신이 기대하는 크고 아름다운 집이 견고하게 세워진다.

우리는 날마다 믿음으로 사는 인생이다. 믿음이 없이는 아무것도 할 수 없다. 건축가는 믿음으로 집을 짓고, 농부는 믿음으로 씨를 뿌리고, 사업가는 믿음으로 사업을 추진한다. 뿐만 아니라 우리 일상의 삶도 믿음의 산물이다. 운전을 하는 것도 믿음 없이는 못하고, 버스를 타는 것도 믿음이 없이는 못하고, 아내가 차려 준 밥을 먹는 것도 믿음이 없이는 못하고, 밤에 잠자리에 편히 드는 것도 아침에 일어날 거라는 믿음 없이는 못한다. 우리는 믿음 없이는 단 하루도 단 한 순간도 살 수 없다.

두려움은 영적인 문제다. 당신은 거짓의 아비요 당신을 멸망시키려는 계획뿐인 두려움의 영을 따라갈 것인가, 아니면 '믿음의 주요 온전하게 하시는 예수'를 따라갈 것인가?

chapter 03

두려움의
대상은 무엇인가?

———————

"두려워하는 마음"

(딤후 1:7)

청년부 리더로 섬기는 한 청년이 어느 날부턴가 귀에 이상한 소리가 들리기 시작했다. 처음에는 예민해서 그런가 싶었는데 급기야 귀신의 소리가 들렸다. 그때부터 몸이 뒤틀리고 기력이 없고 잠을 이루지 못했다. 회사도 나갈 수 없고 교회 가려면 몸이 더 뒤틀려 예배당에도 들어올 수 없었다. 어떻게 크리스천이 이런 영적 공격을 당할 수 있는가?

청년은 몇 년 전 서울로 올라오면서 교회를 다니기 시작했다. 그러나 고향의 부모님은 굿과 점집과 샤머니즘에 붙들려 있었다. 청년이 고향에 가서 부모님을 교회로 인도하려고 했지만 소용이 없었다. 부모님은 말했다.

"너 그래 봤자 소용없어. 넌 벗어나지 못해."

그런데 더 충격적인 것은 그 부모님도 젊은 시절에는 교회를 다녔다는 사실이다. 그러나 지금은 귀신들의 힘에 붙들려 벗어나려는 딸마저 위협하고 있었다.

청년은 그럼에도 새벽마다 예배당에 나와 눈물로 하나님 앞에 엎드렸다. 몸이 힘들어도 이곳이 자신이 살아날 곳임을 알았기 때문이다. 그리고 몇 년간의 사투 끝에 지금은 자유해졌다!

오늘날 크리스천들을 위협하는 두려움의 대상은 광범위하게 포진해 있다. 이번 장에서는 신앙인들을 위협하는 두려움의 대상 중에 영적인 대상, 관계적인 대상, 세상적인 대상을 살펴보려고 한다. 계속해서 다음 장부터 두려움의 영역을 일, 사람, 자신이라는 세 영역에서 살펴볼 것이다. 이번 장에서 다루는 내용들에 대한 해법이 상세하게 제시될 것이다.

두려움은 하나님을 품는 것이 아니라 사탄을 품는 것이다. 두려움은 믿음을 품는 것이 아니라 거짓을 품는 것이다. 믿음은 양이 목자의 품에 안기는 것이라면, 두려움은 양이 맹수의 품에 안기는 것과 같다. 해외에서는 악어나 호랑이, 곰 같은 맹수가 좋다고 키우다가 맹수에게 물려 죽는 일이 종종 일어난다. 두려움은 마치 길들여지지 않은 맹수와 같다. 그리고 두려움의 대상에 매이는 것은 두려움이라는 맹수에게 계속해서 먹이를 주는 것과 같다. 그러다가 결국 두려움의 맹수에게 산 제물이 되고 만다.

두려움의 대상 1: 귀신

현대인들은 의외로 영적인 세계에 대한 두려움이 많다. 극단적인 무신론이 유럽을 휩쓸고 유물론적 세계관이 팽배한 과학 만능의 시대에 역설적이게도 영적인 세계에 대한 관심과 두려움이 급증하고 있다. 반면에 크리스천들은 갈수록 합리적이고 차분한 종교생활을 지향하면서 성령 충만한 성도들의 비율은 줄어들고 정신적인 문제나 귀신의 공격에 어려움을 호소하는 교인들의 비율은 늘어나고 있다(물론 정신병과 귀신 들림은 다른 영역이다. 그러면서도 상호연관성이 있다).

두려움의 첫 번째 대상은 귀신들(demons)이다. 영적인 세계의 존재들이 두려움의 대상이 된다. 고대의 만신전(pantheon)은 모든 귀신들을 달래기 위한 집합소였다. 현대까지 이어지고 있는 샤머니즘은 다양한 종류의 신들을 두려움의 대상으로 섬기고 있다. 한국에도 대도시와 지방도시, 농어촌을 가릴 것 없이 만신전과 샤머니즘의 뿌리가 깊이 내려 있다. 어촌에서는 해신(용왕)을 섬기고, 산촌에서는 산신을 섬기고, 아기를 낳기 위해 삼신할미를 모시고, 무당들은 도령신과 아기씨를 섬기고, 작두신령을 섬기는 작두도령들이 도심 한복판에 버젓이 간판들을 걸고 있다.

왜 현대인들이 이런 귀신들을 의지하면서도 두려워할까. 때로는 자신의 미래를 알고 싶어서, 때로는 사업을 시작하거나 건물을 착공할 때 성공을 기원하고 싶어서, 때로는 공연이나 앨범, 영화 제작의 무사안녕과 성공을 위해서 귀신들을 의지한다. 갈망과 두려움의 이중주는 샤머니즘의 핵심 테마곡이다.

몇 년 전 대중음악의 작곡과 음반 레코딩을 하던 형제가 교회에 나오기 시작했다. 함께 작업하던 가수를 따라서 온누리교회에 나오다가 하나님을 뜨겁게 만나게 되었다. 만나서 얘기를 나누다 보니 깊은 신앙심을 느낄 수 있었다. 그는 스튜디오에서 음반 작업을 할 때 귀신들을 많이 보았다고 했다. 대중음악을 하는 사람들 사이에선 레코딩하다가 귀신을 보면 대박 날 징조로 본다고도 했다.

도대체 합리적 지성을 가진 현대 도시 문명의 총아들이 왜 이런 이상한 생각과 행동을 할까? 그것은 자신이 하는 일이 누구의 도움을 받아서든 성공했으면 하는 갈망 때문이다. 그리고 또 한편으로는 공든 탑이 절대로 무너지지 않았으면 하는 두려움 때문이다. 도시인의 갈망과 두려움은 어제오늘의 문제가 아니다. 최초의 도시인이자 도시 설계자였던 가인부터 시작된 것이었다. 나는 전작《가인 이야기》에서 이같이 말했다.

> "그는 탁월한 건축가였으며 도시 설계자였고 인류의 경제와 문화와 문명을 일으킨 시조가 되었다."

우리는 도시를 건설하는 가인에게서 이 갈망과 두려움의 이중주를 발견할 수 있다. 또한, 예수님 시대에 거라사 지역 무덤가에 머물던 군대 귀신 들린 광인도 시골 사람이 아닌 도시 출신이었다는 점(눅 8:27)을 주목할 필요가 있다. 도시는 신의 은총 없이도 자급자족이 가능하고 모든 기능을 갖추고 있으며 어떤 자연적 위협에도 안전하다고 생각한다면 영적으로 너무 안이한 생각이다.

대학생 때였다. 지하철 역을 지날 때면 "도를 아십니까?"라고 묻는 사람들이 많았다. 나는 이미 십자가의 도를 알고 있었으므로 대응할 일이 없었다. 그런데 어느 날 슬픈 소식을 접했다. 대학 후배 중 하나가 그들을 따라갔다가 귀신이 들렸다는 소식이었다. 어느 건물에 들어가 소복으로 갈아입고는 제사상 앞에서 초를 켜고 그들이 읽어 주는 축문을 들은 게 전부였는데 그 길로 귀신이 들렸고 집도 나갔다고 했다. 어떻게 그런 일이 도심 한복판에서 일어난단 말인가?

예수 그리스도를 영접하고 하나님의 자녀가 된 사람은 귀신에게 사로잡히지는 않는다. 그러나 다양한 형태로 공격을 받는다. 참 교묘하기 때문에 설명하기 어려울 때도 있다. 나도 목회자로서 영적인 공격을 많이 경험한다. 한동안은 중요한 새벽 집회만 앞두고 있으면 꼭 감기 몸살에 걸렸다. 중요한 집회나 설교를 앞두고 있으면 가족과 문제가 생겼다. 또 성도들에게 강력하게 삶의 변화를 촉구하는 설교를 하고 나면 꼭 그 주에 '그러는 너는 그렇게 살 수 있어?' 하고 반문하는 일이 생겼다. 그렇다 보니 '내가 괜한 열심을 냈나 보다. 제발 나를 괴롭히지 마라' 하면서 신앙적인 결단과 헌신을 중지하거나 타협하는 교인들도 있다.

또한 크리스천이 되어서도 가족의 비난이 두렵고 집안에 우환이 생길까 봐 두려워서 조상을 숭배하는 제사를 끊지 못하는 사람들도 있다. 선조들을 기억하고 부모를 공경하는 것은 하나님도 기뻐하시는 일이다. 다만 제사는 갈망과 두려움의 이중주에 기초하고 있다. 조상의 혼령을 만족시켜서 후손들이 복을 받고자 하는 갈망과 제대로 모시지 않으면 화가 임할 것에 대한 두려움이 문제다.

한 성도가 남편 전도를 위해 30년을 기도했다. 그러나 남편은 집안의 장손이라서 제사를 지내야 했기에 아무리 아내가 애원해도 제사를 포기할 수 없었다. 그런 남편이 드디어 주께 나와 찬양하며 눈물까지 흘리는 사람이 되었다. 그렇게 1년이 흐른 어느 날 그에게서 전화가 왔다. 다가오는 설날엔 제사 대신 추모예배를 드리겠다는 것이었다. 나는 너무 기뻐 한달음에 달려갔다. 하지만 집에 도착하니 제사상이 차려져 있었다.

당황스러웠지만 제사와 추모예배가 어떻게 다른지 차분히 설명해 주었다. 제사는 하향식이고 추모예배는 상향식이다. 부모님을 사랑하고 추모하는 마음은 같지만, 제사는 조상의 혼령이 내려와 제사 음식을 드시고 자손들을 축복해 달라는 마음이다. 말하자면 죽은 이의 영혼을 지상으로 내리는 행위다. 반면에 추모예배는 천국에 가신 부모님을 바라보며 우리도 천국을 사모하는 고백을 드리는 것이다. 나는 그렇게 설명한 다음 제사상을 치우고 그 가정의 첫 번째 추모예배를 드렸다.

두려움과 갈망의 이중적 모티브를 집요하게 이용하는 집단이 이단들이다. "기성 교회에 다니면 구원 못 받는다", "그 믿음으로는 천국 못 간다"면서 두려움을 심는다. 사람들은 평생 신앙생활을 했어도 구원을 못 받는다는 말에 기겁하고 이단에 빠지게 된다. 왜 그런가? 구원의 방주에 올라타고 싶은 갈망 때문이다. 그 갈망이 재산도 건강도 재능도 다 바치게 만든다. 이것은 도박이나 마약 같은 중독(addiction)의 심리적 패턴과 동일하다. 중독은 깊은 두려움과 깊은 갈망이 교차하면서 빠지게 되기 때문이다.

어둠의 영은 이단을 통해 사람들의 이 같은 심리적 패턴을 이용한다. 하지만 이단이 심어 놓은 두려움에 빠지면 정말 그들이 두려워하는 일이 일어난다. 구원받지 못할까 봐 두려워서 이단의 거짓 구원론에 빠지면 정죄받는 자리로 추락하고 만다.

영적 세계의 법칙

영적 세계는 강자의 법칙이다. 샤먼(무당)들이 굿을 하는 원리도 강자의 법칙이다. 굿은 집이나 일터에 우환이 생겼을 때 더 센 귀신을 불러들여 약한 귀신을 쫓아내는 방식이다. 그러나 허구한 날 깡패가 가게로 찾아와 돈을 뜯어 간다고 조직 폭력배를 불러들이면 나중 형편이 이전보다 심해질 뿐이다. 이럴 땐 공권력이 들어와서 해결해야 한다. 보복이 두렵다고 영적인 악순환에 빠지겠는가. 우리는 하나님을 의지해야 한다. 하나님은 영적 세계의 최강자이시다. 그 어떤 영적 존재도 하나님을 능가할 수 없다. 그러므로 하나님을 의지하면 귀신들은 그 앞에서 힘을 잃게 되어 있다.

"그러나 내가 하나님의 성령을 힘입어 귀신을 쫓아내는 것이면 하나님의 나라가 이미 너희에게 임하였느니라 사람이 먼저 강한 자를 결박하지 않고서야 어떻게 그 강한 자의 집에 들어가 그 세간을 강탈하겠느냐 결박한 후에야 그 집을 강탈하리라"(마 12:28-29).

이 영적 원리를 깨닫고 선포하라! 어둠의 영들이 서서히 물러날 것이다.

얼마 전 어떤 교인이 신앙은 신앙이고 사주는 과학이라고 주장한다는 소리를 듣고 놀란 적이 있다. 수십 년을 신앙생활 하면서도 제사는 우리 집 전통이니 괜찮다고 고집하는 집사님도 있다. 지금도 자녀의 배우자를 고르기 위해 궁합을 보는 권사님도 있고, 결혼식 날짜를 정하려고 길일을 찾는 집사님도 있다. 점쟁이와 역술인들에게 돈 주고 정보만 빼낼 수 있다고 생각하는가? 어둠의 영과 검은 거래를 할 때 당신의 손과 영혼이 검게 물들어 가는 것을 왜 모르는가.

20년간 교회를 떠났다가 돌아온 한 집사님을 만났다. 인생이 어려워지면서 하나님을 원망하고 교회를 떠나 점집을 전전했지만 그럴수록 인생이 더 파국으로 치달았다. 건강은 무너지고 자녀들은 가출하고 영혼은 피폐해져서 불안과 두려움에 휩싸여 엉망이 되어서야 아버지 집으로 돌아왔다. 말씀과 사랑으로 조금씩 회복되는 중에도 집사님은 순간순간 점집으로 돌아가고 싶은 충동을 느낀다고 했다. 인생의 문제는 여전한데 점쟁이만큼 그 자리에서 처방을 해주는 이가 없기 때문이다. 이것은 마치 술 한 잔, 마약 한 봉지가 당장의 괴로움을 해결해 주는 것과 같다. 하지만 거기에 의존할수록 육체와 영혼과 인생은 망가져 간다.

성령 충만은 참 어렵다. 그런데 접신은 참 쉽다. 교회는 하나님을 인격적으로 사랑하라고 가르치지만, 점쟁이는 감각적으로 신을 접하게 해준다. 마치 누군가를 인격적으로 만나서 교제하고 사랑하여 결혼에 이르기까지는 참 어려워도, 하룻밤 육체적인 사랑은 너무나 가볍고 쉬운 것과 같다. 하룻밤 사랑은 아무 책임을 묻지 않아서 쉬워 보이겠지만, 그의 육신과 영혼과 인생은 서서히 망가지게 된다. 따라서 아예 시작을 말아야 한다. 접신 행위는 강력한 영적 중독을 불러올 뿐이다.

그래서 한국 교회가 건강하게 회복되는 것이 급선무다. 가정이 불행하면 자녀들이 방황하게 된다. 교회가 불행하면 성도가 방황하게 된다. 그러므로 교회가 생명의 말씀으로 충만하고 건강한 인격적 성령론으로 회복되어야 한다. 물질만능과 무한경쟁으로 사람들의 심령이 피폐해지는 이때 교회는 안전한 영적 안식처를 제공해야 한다. 그리고 뜻하지 않게 영적인 공격이 오면, 갑작스런 발병에 병원 응급실에 가듯이, 교회로 가야 한다. 귀신이 공격하고 교회 못 가게 한다고 정말 안 오면 중병에 걸리게 된다.

예전에 한 청년이 열심히 교회를 섬기면서도 술 담배를 즐겼다. 그런데 어느 날 특별새벽집회 기간에 교회에 왔다가 귀신이 귀에 대고 "당장 여기서 나가. 안 나가면 가만히 안 두겠어" 하고 1시간 내내 협박하자 기겁을 했다. 이때 청년은 교회를 떠나는 대신 목회자들을 찾아와 엎드려 통곡하며 회개하고 같이 기도했다. 그러고 나서 그렇게 즐기던 술과 담배가 역겨워져서 입에도 대기 싫어졌다. 영적인 공격이 있을 때는 하나님을 찾아야 한다. 그것만이 살 길이다.

> "그런즉 너희는 하나님께 복종할지어다 마귀를 대적하라 그리하면 너희를 피하리라 하나님을 가까이하라 그리하면 너희를 가까이하시리라 죄인들아 손을 깨끗이 하라 두 마음을 품은 자들아 마음을 성결하게 하라"(약 4:7-8).

두려움의 대상 2: 사람

우리가 두려워하는 두 번째 대상은 사람들(humans)이다. 권력자들을 두려워하고 재력가들을 두려워하고 권위자들을 두려워한다. 여기에도 두려움과 갈망의 이중적 테마가 적용된다. 그들을 두려워할 뿐만 아니라 동경하는 것이다. 자기도 그렇게 되고 싶은 갈망이 내재되어 있기 때문이다.

한편, 지극히 소극적인 성격이어서, 혹은 과거의 상처와 트라우마 때문에 타인의 시선이나 평가가 두려운 사람들이 있다. 이들이 두려운 사람들을 멀리하면 해결될까? 아니다. 우리는 사람이 두려우면서도 사람을 갈망하고 그리워한다. 관계에 대한 목마름 때문에 오히려 더 큰 갈증을 느낀다. 그리고 갈망과 갈증이 클수록 거절감과 배신과 버림 받음에 대한 두려움도 상승한다.

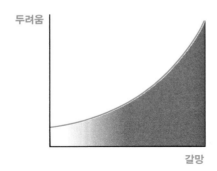

그렇다 보면 사람들의 말 한 마디, 시선 하나에 인생이 송두리째 흔들린다. 상사의 말 한 마디에 평생 충성하던 직장에서 한순간에 존재감이 바닥난다. 사랑하는 가족이 던진 무심한 말 한 마디에 분노와 절망의 불구덩이 속으로 들어간다. 세상 사람들의 부정적인 시선이 두려워서 자기만의 방에 갇혀 지내게 된다. 처음에는 그 공간이 안락했고 위로가 됐지만 하루 이틀이 1년 2년이 되면 두려움이라는 창살 없는 감옥에 갇히게 된다.

최근에 한 젊은 직장인을 만났다. 얼굴에 병색이 완연한데도 환하게 웃고 있었다. 그는 모두가 바라던 유명 대기업에 취직한 지 1년 만에 사표를 냈다. 끊임없이 압박하는 조직 문화에 시달리다 온몸에 아토피가 생기고 두통, 복통 등을 앓았단다. 부모님의 체면, 동료들의 시선, 자신이 쏟아 부은 노력이 아까워 오래 갈등했지만 이러다 죽겠다 싶어 직장을 그만두었다. 이후 건강을 회복하고 예배를 회복하기 위해 힘썼다. 그렇게 1년이 지난 뒤 새 직장에 나가게 되었는데, 다행히 새 직장은 숨을 쉴 수 있는 기업이라고 했다. 잘 결정했다고 격려해 주었다. 더 이상 사람들의 시선과 평가가 무서워서 자신을 죽일 수는 없는 노릇이었다.

오래전 만난 청년은 미국의 유명 대학에 입학해서 공부를 열심히 했으나 곧 한계에 부딪혔다. 문제는 성적이 아니라 내면이었다. 인본주의적인 교수들과 친구들이 그의 기독교 신앙을 조롱하고 비판하고 문제시했다. 그가 내공을 갖춘 크리스천이었다면 극복했을 텐데, 그 자신도 그들의 비판과 질문에 제대로 대답할 수 없어서 비참했다. 하나님을 사랑한 만큼 영혼이 아팠다. 마침내 그는 휴학을 하고 자취방에서 나오지 않았다. 부모에게는 기도 중이라고 했다. 그러나 아무런 영적 급유도 없이 그의 영혼은 공회전되고 있었다. 부모가 찾아가서 권면해도 외출도 하지 않고 외식도 하지 않고 교회도 가지 않았다. 갑자기 멈춰 버린 자신의 인생을 온 세상 사람들이 비웃을 것 같았기 때문이다. 그렇게 2년의 세월이 흐른 뒤 기독교 변증서들을 접하면서 그의 영혼에 빛이 임하기 시작했고 회복되어 일어나게 되었다.

여호와를 경외하라

"여호와를 경외하는 것이 지식의 근본이거늘 미련한 자는 지혜와 훈계를 멸시하느니라"(잠1:7).

사람에 대한 두려움을 극복하려면 하나님을 두려워해야 한다. 하나님을 경외하는 사람은 영혼의 초점이 흐려지지 않는다. 하나님을 경외하는 사람은 내면의 무게중심이 흔들리지 않는다. 사람을 두려워하기 시작하면 초점과 중심을 잃게 된다. 그것은 다른 사람에 대한 배려도 아니고 함께 가자는 공동체적인 노력도 아니다. 사람에 대한 두려움이 영혼의 기력을 모두 소진시키는 경우가 너무나 많다.

내공을 쌓아야 한다. 내적인 힘을 키워야 한다. 세상이 갈수록 비인격적인 압박의 수위를 높여 가는 이때에, 그보다 높은 수위의 영성을 키워야 한다. 그런데 학창 시절에는 공부하느라 바빠서 신앙이 뒷전이고, 청년 시절에는 스펙 쌓고 취직과 승진에 집중하느라 신앙이 뒷전이다. 결혼해서는 자녀에게 열중하느라 20년이 훌쩍 지나가 버린다. 이렇게 영적으로 방전된 상태에서 어두운 세상을 어떻게 감당하겠는가.

누구한테도 흔들리지 않을 만한 내공을 쌓기 위해 매일 영혼의 근육을 단련하라. 건강한 몸을 만들기 위한 노력들을 요즘 얼마나 많이 하는가. 매일 식이요법을 하고 운동을 하고 건강식품을 챙겨 먹지 않는가. 영혼을 위해서도 건강을 위한 노력에 버금가는 노력이 필요하다. 매일 큐티하고 말씀을 가슴에 새겨야 한다. 그래야 세상의 압박을 견뎌 낼 수 있다.

예전에 최경주 프로가 중요한 PGA 경기에서 마지막 라운드를 돌 때 긴장감이 최고일 수밖에 없는 상황이지만 너무나 평안하게 경기했다고 간증한 적이 있다. 이유는 하나였다. 아내가 아침에 성경 구절을 알려 주면서 꼭 암송하라고 부탁한 것이다. 그는 최종 라운드를 도는 내내 그 성경 구절을 기억해 내느라 다른 선수들을 신경 쓸 겨를이 없었다. 덕분에 너무나 평안하게 경기를 치렀고 최고의 컨디션으로 우승을 차지할 수 있었다. 아무리 세상의 바람이 거세게 불어도 당신이 흔들리지 않는 중심을 가지면 이겨 낼 수 있다.

오래전이다. 여성예배 설교를 마쳤다. 은혜가 충만했다. 감사한 마음으로 단에서 내려왔는데 한 권사님이 내게 달려왔다.

"목사님, 목사님, 큰일났습니다."

"무슨 일이신가요?"

"제 딸이, 제 딸이…."

"무슨 일이신데요?"

"제 딸이 글쎄 목사랑 결혼하려고 합니다! 제발 기도해 주십시오."

순간 나는 뒤통수를 맞은 것 같았다. 방금 하나님의 말씀을 전했는데 이게 무슨 일인가! 어떻게 목사인 내게 와서 그런 말을 할 수 있는가. 어떻게 기도해야 한단 말인가. 기도하기는 했는데 무슨 기도를 했는지 기억조차 나지 않는다.

> "아버지나 어머니를 나보다 더 사랑하는 자는 내게 합당하지 아니하고 아들이나 딸을 나보다 더 사랑하는 자도 내게 합당하지 아니하며 또 자기 십자가를 지고 나를 따르지 않는 자도 내게 합당하지 아니하니라"(마 10:37-38).

자녀를 사랑하는 부모의 마음은 이해한다. 그러나 목회의 길이 어렵다고 절대 내 자녀가 그 길을 가선 안 된다고 하면, 그것이 어느 국적의 신앙인가? 부모가 갖는 이 두려움의 이면에는 갈망이 있다. 내 자녀가 불행해질까 봐 두려운 만큼 내 자녀가 행복해지기를 갈망하는 것이다. 그리고 그것의 결정을 하나님이 아니라 자신이 하려는 갈망이다.

사람보다 하나님을 경외하라. 사람보다 하나님을 사랑하라.

몇 년 전이었다. 한 커플이 찾아왔다. 7년간 교제했지만 자매의 어머니에게 허락을 받지 못해 결혼을 못 하고 있는 커플이었다. 이유는 형제가 전라도 출신이라는 것이었다. 자매의 아버지가 전라도 사람한테 사기를 당해 사업을 접으면서 그 화병으로 일찍 돌아가셨던 것이 화근이었다. 자매는 자신을 어렵게 키워 주신 어머니를 실망시킬 수 없었다. 그렇다고 형제를 포기할 수도 없었다.

두 사람이 나를 찾아왔을 때는 형제가 매우 지쳐 있었다. 인품이나 직장이나 신앙이나 모든 면에서 참 훌륭한 형제였다.

"자매님, 빨리 결혼하십시오. 어머니께는 결혼 후에 두 사람이 지극하게 잘하면 됩니다. 어머니의 승낙을 기다렸다간 결국 이 좋은 형제를 놓칠 겁니다."

그러나 자매는 어머니를 배신할 수 없었다. 3개월 후 형제는 떠났다. 두 사람은 나이가 30대 중후반이었다. 7년을 기다려 준 형제더러 주변의 친구들이 "다른 여자 만나 보라"고 계속 권했고, 형제는 맘에도 없는 소개팅 자리에 나간 뒤 죄책감에 자매에게 "이제 그만 만나자"고 통보했던 것이다. 그 소식을 듣고 너무나 가슴이 아팠다.

물론 가족이 소중하다. 그러나 하나님보다 가족을 더 사랑하는 것은 합당치 않다. 하나님이 내게 주신 사람을 포기하고 하나님이 허락하신 미래의 가정을 접는 것은 옳지 않다. 딸이 어머니를 사랑하는 마음이 지극한 것은 이해하지만 하나님이 본토 친척 아비집을 떠나라 하실 때는 순종해야 한다.

한편, 자매의 어머니는 과거 상처로 인한 트라우마 때문에 딸이 불행해질 것을 두려워했다. 그리고 그 두려움의 강박 때문에 정말 딸의 인생은 불행해지고 말았다. 두려움이 우리의 가정, 우리의 자녀들을 얼마나 많이 무너지게 하는지 모른다.

"두려워하지 말고 믿기만 하라 그리하면 딸이 구원을 얻으리라"(눅
8:50).

예수님이 회당장 야이로에게 하신 말씀이다. 딸이 죽었다는 소식에 절망
과 두려움에 빠진 아버지에게 하신 말씀이다. 그는 이제 자기 딸을 살려 낼
길이 없었다. 오직 예수님께 의지하는 길 외에는 없었다. 크리스천 부모들이
여, 내가 내 자녀의 행복을 절대 책임지지 못한다. 불길한 마음이 들 때 개입
하기보다 기도해야 한다. 두려운 마음이 들 때 잔소리하기보다 스스로 영적
인 방향을 잡아 가라고 권면해야 한다.
한국의 장성한 자녀들은 자기 인생을 스스로 선택할 권리가 없는 경우가
많다. 부모가 간섭하고 코치하고 인도하려 들기 때문이다. 정말 자녀가 행복
해지기를 바란다면 하나님이 개개인에게 주신 자유의지의 기능을 강화해
줘야 한다. 하나님의 손에 맡겨야 한다. 내 자녀는 내 손에 붙잡히는 게 아니
라 주님의 손에 붙들려야 한다.

자녀가 우상이 되지 않게 하라

청소년과 청년 사역을 하면서 부모가 두려움 때문에 자식을 망치는 경우
를 많이 보았다. 내 소중한 아들딸이 나가서 친구들에게 무시당할까 봐 과도
한 용돈에 사치품으로 채워 주었더니 오히려 물질중독과 낮은 자존감의 소
유자가 되고, 내 자식이 학교에서 좋은 성적을 거두지 못해 경쟁에서 도태될
까 봐 학원가로 돌렸더니 삶의 의욕조차 잃어버린 불행한 아이가 되고, 세상
에서 빛나는 좋은 직장 가지 못하면 평생 불행할까 봐 적성에도 흥미에도 맞

지 않는 전공과 직업을 강요했더니 자기가 뭘 원하는지도 모르는 영혼 없는 인생이 된 경우들이다. 그렇게 지극정성(!)으로 지원해 준 부모를 적대시하고 당신 때문에 내 인생 망쳤다는 말을 들으면 부모는 억장이 무너진다. 그렇게 40대가 되어서도 경제적, 관계적으로 자립하지 못하고 부모 의지하고 살아가는 청년들이 급증하는 것이 오늘날 또 하나의 사회 문제가 되었다.

> "네 모든 자녀는 여호와의 교훈을 받을 것이니 네 자녀에게는 큰 평안이 있을 것이며 너는 공의로 설 것이며 학대가 네게서 멀어질 것인즉 네가 두려워하지 아니할 것이며 공포도 네게 가까이하지 못할 것이라"(사 54:13-14).

성경은 자녀에게 여호와의 교훈을 심어 주어야 큰 평안이 임한다고 말씀한다. 부모 세대가 성공일변도의 인생과 불법도 서슴지 않는 경쟁심을 내려놓아야 한국 사회에 평화가 임하고 공의가 서며 학대가 사라질 것이다. 지금은 구조적으로 세상이 부모들을 압박하고 부모가 자녀들을 압박하고 자녀들은 스스로를 압박하며 불행의 심연으로 빠져들고 있다.

모세의 상황이 그러했다. 당시는 아들이 태어나면 나일 강에 버려야 했던 때였다. 초음파도 없던 시절에 태중의 아이가 아들인지 딸인지 어찌 알겠는가? 그러나 아들이 태어나는 순간 부모는 둘 중에 하나를 선택해야 한다. 포기할 것인가, 끌어안을 것인가? 어떤 부모는 차마 아이를 버릴 수 없어서 끌어안고 있다가 발각되어 처참하게 죽임을 당했을 것이다. 또 다른 부모는 어차피 죽을 텐데 내 손으로 나일 강에 버리는 결정을 했을 것이다. 그러나 기도하는 여인 요게벳은 둘 중의 하나가 아닌 제3의 선택을 했다. 그것이 바로 갈대상자다. 아이를 내려놓지만 포기하지 않는 선택이었다.

오늘날 크리스천 부모들도 동일한 상황에 놓여 있다. 내가 감당할 수 없음을 알면서도 끌어안고 있느라 결국 내 품에서 아이를 부서뜨리는 가정들이 많다. 아이는 계속 자라는데, 사춘기가 되었는데, 그의 인생을 내가 책임져 줄 수 없는데, 그저 내가 모든 것을 책임지겠다고 끌어안고 있다가 파국으로 가는 경우다. 정반대로 감당할 수 없다는 이유로 너무 쉽게 포기해 버리고 절망의 언어를 아이에게 쏟아 놓는 경우도 있다. 이 모든 것이 두려움 때문이다. 아이의 인생을 망칠까 봐 두려운 것이다. 그러니 기도해야 한다. 하나님께 맡겨야 한다. 그러면 평안이 임하고, 평안한 사람에게 지혜의 길이 보이게 마련이다.

영적으로 보자면, 우리가 자녀들의 실패와 낙오를 두려워하는 것은 전부 사탄이 심어 놓은 거짓 때문이다. 왜냐하면 사실은 원수가 우리의 자녀들을 두려워하기 때문이다. 원수가 모세를 죽이려고 안달이 났던 것은 모세가 이집트를 심판하고 이스라엘을 구원할 사람이었기 때문이다. 오늘날도 마찬가지다. 원수는 당신의 자녀가 세상에 적응하는 사람이 아니라 세상에서 승리하는 자가 되고 하나님의 백성을 구원할 자가 될 것이 두려운 것이다. 그 두려움을 역으로 부모들의 마음에 가라지로 심어서 부모가 스스로 당황하여 자녀들을 죽음의 양 갈래 길로 몰아가게 만드는 것이다.

그뿐인가. 2천 년 전 원수는 헤롯 대왕에게도 동일한 두려움을 불어넣었다. 그래서 2세 미만의 영유아를 대량 학살하는 죄악을 저질렀다. 왜 그랬는가? 하나님의 아들이 나타날 것을 두려워한 사탄의 배후 조종 때문이었다. 이제 우리는 이 영적 패러다임을 간파하고 담대한 하나님의 군사들이 되어야 한다. 두려움에 이러지도 저러지도 못하는 부모가 아니라, 과감하게 믿음으로 갈대상자에 띄워 자녀를 하나님의 손에 맡겨야 한다. 그가 장차 모세와 같이 하나님의 백성을 구원하고 시대를 이끄는 지도자가 될 것이다.

두려움의 대상 3: 세상

두려움의 세 번째 대상은 세상이다. 태어나서 세상의 장벽 앞에 서 보니 너무 거대하고 화려하다. 이런 세상을 믿음으로 돌파한다는 것이 달걀로 바위 치는 것처럼 불가능해 보인다. 골리앗이 하나가 아니라 군단으로 서 있는 것 같다. 그래서 많은 성도들이 세상과 맞서 싸우지 못하고 오히려 세상 편에 서거나 세상을 동경한다. 물신숭배에 빠지고, 외모지상주의에 흔들리고, 성공 제일주의를 신봉한다. 그러나 믿음의 추억은 있기에 영적 혼란과 자괴감에 빠지기 일쑤다.

대학 졸업 후 10년이 흘렀을 때였다. 친구에게 연락이 왔다. 너무 반가웠다. 함께 식사하면서 많은 이야기를 나눴다. 그런데 그날 친구는 2시간 내내 몸값에 관한 이야기만 했다. 내가 입사할 때 몸값이 얼마였는데 다른 회사로 옮길 때는 얼마가 되었고 지금은 그보다 더 비싸졌다고 했다. 마음이 슬펐다. 하나님의 형상인 인간은 예수님의 생명 값으로 사신 바 되었는데, 어쩌다가 우리 자신을 물질의 저울 위에 올려놓은 고깃덩어리로 만들었는지…. 영혼을 잃은 것에 통곡해야 할 사람들이 몸값이 좀 올라가면 우쭐하고 좀 떨어지면 우울해한다.

> "여러 나라의 길을 배우지 말라 이방 사람들은 하늘의 징조를 두려워하거니와 너희는 그것을 두려워하지 말라"(렘 10:2).

세상 사람들의 물질 중심적 사고를 따라가지 말라. 사람의 몸을 굳이 돈으로 치면 1~2만 원밖에 되지 않는다. 해부학 교수인 해리 몬슨 박사는 인체 속의 칼슘, 인산, 칼륨, 마그네슘, 철, 구리, 옥소 등 값을 매길 수 있는 17개 성분을 기준으로 사람의 몸값을 매겨 보았는데 약 1만 원이었다. 또 체중이 70kg

인 사람을 분해하면 비누 7개의 지방, 물 49ℓ, 성냥 2,200개 분량의 인, 2.5cm
의 철못 등이 나오는데 이를 돈으로 환산하면 6,000원이라고 했다.

자신을 물질 덩어리로 전락시키지 말라. 마켓의 진열대 위에 올라가지 말
라. 세상을 얻고 싶다면 하나님의 마음부터 얻으라. 세상을 얻고 싶다면 하나
님의 비전부터 품으라. 세상을 얻고 싶다면 하나님의 의의 성품부터 닮으라.
그러면 왜 주시지 않겠는가. 당신이 하나님이 기뻐하시는 인생이 되면 이 모
든 것을 주실 것이다.

> "너희는 먼저 그의 나라와 그의 의를 구하라 그리하면 이 모든 것을 너
> 희에게 더하시리라"(마 6:33).

산상수훈에서 예수님은 먹는 것, 입는 것, 자는 것을 걱정하지 말라고 하셨
다. 그런 걱정은 세상 사람이나 하는 것이라고 하셨다. 하나님의 사람은 하나
님의 나라를 생각하고 하나님의 의를 구한다. 그러면 하나님이 그분 마음에
쏙 드는 당신에게 이 모든 필요한 것들을 채워 주실 것이다. 우리는 세상 앞
에 절하지 않고 하나님 앞에 절한다. 그러면 우리의 공급자가 세상이 아니라
하나님이시라는 것을 체험하게 될 것이다.

시소의 법칙

인생은 시소의 법칙이 적용된다. 올라가겠다고 앞으로 가면 내리막이 되
고, 겸손히 내려가겠다고 물러서면 오르막이 된다. 이것이 하나님이 인생을
경영하시는 법칙이다. 살고자 하는 자는 죽게 되고 기꺼이 주를 위해 죽고자
하는 자는 살게 된다. 왜냐하면 그를 통해서 세상의 질서가 회복되어야 하기
때문이다.

시소의 법칙을 대표적으로 보여 주는 사람이 솔로몬이다. 솔로몬이 하나님을 바랄 때 하나님은 그에게 모든 것을 주셨다.

> "네가… 자기를 위하여 장수하기를 구하지 아니하며 부도 구하지 아니하며 자기 원수의 생명을 멸하기도 구하지 아니하고 오직 송사를 듣고 분별하는 지혜를 구하였으니… 네게 지혜롭고 총명한 마음을 주노니 … 내가 또 네가 구하지 아니한 부귀와 영광도 네게 주노니…"(왕상 3:11-13).

하나님의 마음에 들라. 모든 것을 주시리라. 그러나 세상 모든 것이 하나님보다 중요해지면 다시 모든 것을 잃게 될 것이다. 그래서 솔로몬이 노년에 우상숭배에 빠지자 하나님께서 그의 나라를 후대에 둘로 나누셨다. 그가 전도서에서 두려워했던 그대로 되었다.

> "내 뒤를 이을 …그 사람이 지혜자일지, 우매자일지야 누가 알랴마는 내가 해 아래에서 내 지혜를 다하여 수고한 모든 결과를 그가 다 관리하리니 이것도 헛되도다"(전 2:18-19).

그는 전무후무한 지혜를 받았지만 그의 아들은 우매자여서 그가 세운 나라를 한순간에 무너뜨렸다. 결국 하나님을 경외하지 않은 솔로몬이 자기 인생을 내리막길로 떨어지게 만든 장본인이다. 솔로몬은 세상을 다 얻었다가 다 잃었다.

정반대로 나오미는 세상을 다 잃었다가 다 얻었다. 기근이 오자 가족 살려 보고 자식 성공시켜 보겠다고 약속의 땅을 떠나 모압으로 갔다가 남편도 두

아들도 잃고 말았다. 모든 것을 잃고 고국으로 돌아온 나오미는 자신을 더 이상 나오미(달다)라 부르지 말고 마라(쓰다)라고 부르라고 한다(룻 1:20). 그러나 다시금 하나님의 은혜를 의지하자 하나님은 모든 것을 회복하신다. 보아스를 기업 무를 자로 세우셔서 보아스와 며느리 룻 사이에서 다윗의 왕가가 나오게 하셨다.

시소의 법칙이다. 당신이 하나님보다 앞서가려 하지 말라. 당신이 물러나면 하나님이 높여 주실 것이다. 세상을 얻으려 하지 말고 하나님의 마음을 얻으려고 하라.

최후 승리는 하나님께

왜 원수가 우리를 두렵게 하는 줄 아는가? 가진 게 두려움밖에 없기 때문이다. 그는 두려움의 노예다. 돌이킬 수 없는 반란죄를 지은 존재다. 무저갱이 그의 최종 목적지다. 그 두려움을 우리에게 전가시키려 한다. 자기가 곱씹는 마약을 우리에게도 먹이는 중이다. 그 두려움의 감옥에 우리를 끌어들이려 한다. 우리를 공범으로 만들려는 속셈이다. 이제 그의 정체를 파악했으니 멀리하라. 그는 최후 심판을 받을 존재다. 우리가 사탄의 여물통에 두려움이라는 먹이를 채워 줄 필요가 없다. 바깥으로 쫓아내라. 우리는 왕의 식탁에서 은혜의 만찬을 누릴 존귀한 하나님의 자녀들이다.

"네가 하나님은 한 분이신 줄을 믿느냐 잘하는도다 귀신들도 믿고 떠느니라"(약 2:19).

귀신들도 하나님을 알고 두려워한다. 그러나 그 두려움은 경외함이 아니다. 원수는 하나님을 알지만 거부한다. 거리를 두고 절대 영접하지 않는다.

그러므로 두려움에 빠져서 하나님께 돌아오지도 않고 말씀에 순종하지도 않으면 사탄과 동일한 상태가 되는 것이다. 귀신이 두렵고 사람이 두렵고 세상이 두려워서, 하나님을 알면서도 하나님께 가까이 오지 않으면 이런 생각이 든다. '내가 이러다가 심판을 받겠구나. 내가 이러다가 하나님과 멀어지겠구나!' 이것은 경고음이다. 그때 바로 돌이키라. 당신 혼자 일어날 기운이 없다면 도와달라고 외치라. 하나님이 당신의 손을 붙잡아 주실 것이다. 하나님이 두려움을 극복할 힘을 주실 것이다.

> "두려워하지 말라 내가 너와 함께함이라 놀라지 말라 나는 네 하나님이 됨이라 내가 너를 굳세게 하리라 참으로 너를 도와주리라 참으로 나의 의로운 오른손으로 너를 붙들리라"(사 41:10).

결국 역사의 최후 승리는 하나님께 있다. 경기의 승패를 미리 안다면, 당신은 승자 편에 서겠는가, 패자 편에 서겠는가? 당신이 두려워하는 헛된 대상들을 내려놓고 오직 하나님만 바라보라. 당신의 갈망을 채우실 분도, 당신의 두려움을 넘어서게 하실 분도, 오직 하나님이기 때문이다.

◆

마음이 힘을 내야 두려움을 이길 수 있다.

당신의 두려움을

하나님께 던져 버리라.

LIFE

BEYOND

FEARS

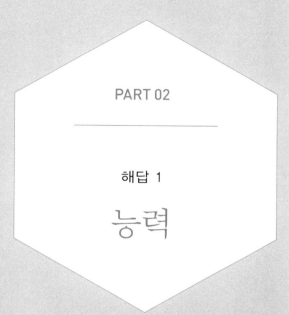

PART 02

해답 1

능력

chapter 04

능력으로
넘어서라

_ 도전

―――――

"하나님께서 우리에게 주신 것은…능력"

(딤후 1:7)

.

두려움이 많던 아이

무엇이든 해야 할 일을 미루는 습관이 있는 아이가 있었다. 숙제도 미루고 준비물 챙기는 것도 미루고 시험 공부도 미루고 칫솔질, 방학 숙제, 아침 기상, 등교, 식사 등 모든 것을 미루는 아이였다. 허약하고 느리고 우둔한 아이는 미루는 것이 일상이었다. 그렇게 미루다 보면 알아서 끝났다. 좋은 쪽으로 끝나는 게 아니라 사고가 나서 끝났다. 학교에 지각하고 숙제 못 내서 벌 받고 시험을 망치고 이가 썩었다.

아이도 잘하고 싶었다. 하지만 잘할 자신이 없는 게 문제였다. 자신이 무능력하다는 것을 알았기 때문이다. 그러나 이 아이에게 더 심각한 문제는 무능력보다 무기력이었다.

그런데 이 아이에게도 좋아하는 세 가지가 있었다. 달리기, 멍하니 바라보기, 딱지치기. 바람을 가르며 달릴 때만큼은 세상 모든 사람들보다 빠른 것 같았다. 바람의 저항감은 인생의 저항감과는 달리 영혼에 청량감으로 다가왔다. 달리는 것과 전혀 다르게 가만히 앉아 멍하니 세상을 관조하는 것도 좋아했는데, 그럴 때면 마치 어린아이가 노인정 쉼터에 앉아 있는 것 같았다. 한편, 딱지치기도 좋아했는데, 앞에 놓인 딱지를 넘겨야 한다는 일념으로 쉼 없이 딱지를 쳤다. 어떤 때는 3시간도 좋고 4시간도 좋고 온몸에 땀이 흥건히 젖을 때까지 쳤다. 왼손잡이였던 아이는 온몸을 던져 딱지를 치느라 왼쪽이 탈장되어 아랫배를 째서 장을 밀어 올리고 꿰매는 수술까지 했다. 그러고도 오른손으로 딱지를 치다가 오른쪽까지 탈장되어 수술해야 했다.

그런 아이를 어느 날 하나님이 만나 주셨다. 뜨겁게 성령 안에서 감싸 주셨다. 성령으로 충만해진 아이는 여전히 무능력했지만 무기력에서 탈출했다. 아무 자신감이 없던 아이에게 하나님은 그분을 위해 살라는 뜨거운 마음을 주셨다. 그리고 하나님은 아이가 좋아하는 세 가지 모두를 사용하셨다. 달리기의 목표 의식과 멍하니 바라봄의 관찰력과 딱지치기의 숨은 열정!

내가 바로 그 두려움 많던 아이였다. 무슨 일이든 시작도 하기 전에 자신이 없어서 포기했었다. 미루고 피하고 도망가는 인생의 반복이었다. 그러나 나 같은 사람의 별 볼 일 없는 능력도 격려하며 사용하신 하나님은, 당신의 감춰진 능력도 쓰실 것이다. 하나님을 만나면 무능력도 능력이 되고 폐기물도 보물이 된다.

우리 중 적잖은 사람들이 치열한 경쟁 사회 속에서 시작도 하기 전에 두려움에 빠져 있다. 잘하는 사람들을 보면 부럽고 어쭙잖은 자신을 보면 두렵다. 어려서는 노래 잘하고 발표 잘하는 아이들이 부럽다. 중·고등학교 때는 운동 잘하고 공부 잘하는 애들이 부럽다. 어른이 되어서는 이성에게 인기 많고 사회적으로 성공한 친구들이 부럽다. 그런 사람들을 보면 자기는 계속 뒤처지는 것 같아 두렵다. 그렇게 우리는 늘 '부럽다'와 '두렵다' 사이를 오가며 관람객 인생을 산다.

남의 인생을 보면 멋지고 대견하다. 하지만 막상 내 인생의 무대에 서려면 무섭다. 하나님은 당신이 당신 인생의 주인공이 되기를 바라신다. 두려움에 밀려 관람석 구석에 웅크리고 있는 당신에게 하나님이 다가오셔서 주시는 해법은 무엇일까? 지금부터 하나씩 찾아보자.

첫 번째 해법, 능력

> "하나님이 우리에게 주신 것은 두려워하는 마음이 아니요 오직 능력과 사랑과 절제하는 마음이니"(딤후 1:7).

하나님이 우리에게 주신 것이 두려움이 아니라면 도대체 무엇을 주셨을까? 두려움의 반대인 평안과 담대함일까? 성경은 놀랍게도 "능력과 사랑과 절제"라고 말하고 있다. 하나님은 우리가 원하는 결과 대신 그 결과에 도달할 수 있는 방법들을 주신다.

첫째는 능력이다. 능력은 일에 대한 두려움을 극복하게 해주는 힘이다. 어떤 신입사원이든 새로운 직장에 들어가면 두려움이 엄습한다. '잘 적응할 수 있을까, 잘해 낼 수 있을까….' 이 두려움은 적절한 긴장감이 되어 역할 수행에 최선을 다하게 만든다. 하지만 그 정도가 지나쳐서 오히려 일에 집중할 수 없게 하고 쉽게 피로감을 느끼게 하며 책임을 회피하는 상황까지 가게 한다면, 이미 이 사람은 '재앙화 사고'에 빠져든 것이다.

이 '재앙화 사고'에 이르기 전에 일에 대한 두려움을 해결할 대안이 필요하다. 그것이 바로 능력이다. 학생들도 새 학년에 올라가고 새로운 수업을 들으면 잘해 낼 수 있을지 두려움이 앞선다. 그러나 학생이 실력을 갖추기 시작하면 두려움을 극복하게 된다. 그가 가진 능력치만큼 두려움의 양은 반비례하기 때문이다. 사실 시험을 달가워할 학생은 아무도 없다. 그러나 시험에 대한 만반의 준비를 하고 실력을 갖춘 학생은 시험 날이 두렵기보다 기대된다. 경기를 앞두고 준비 안 된 선수는 아무리 자기최면을 걸어도 두려울 수밖에 없다. 하지만 강훈련을 통해 실력을 갖춘 선수는 경기장에 들어가는 시간이 오히려 기다려지는 법이다.

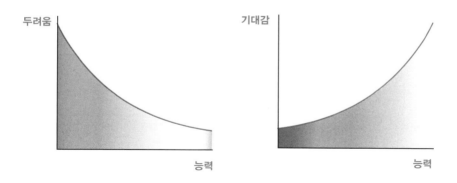

그러므로 일에 대한 두려움을 극복하려면 초반에 적절하게 대응해야 한다. 두려움을 묵상하며 눈덩이처럼 불어나게 하면 안 된다. 낮은 수준의 과제가 주어졌을 때 외면하거나 회피하지 말고 대면해야 한다. 다시 말해, 맞부딪쳐야 한다. 부모는 자녀들이 공부를 안 한다고 혼내거나 공부를 못한다고 편잔을 준다. 그러나 둘 다 틀린 말이다. 아이들은 공부가 안 되는 것이다. 왜? 두렵기 때문이다. 책을 펴서 대면하는 것이 두렵다. 그래서 책상 주위를 뱅글 뱅글 돈다. 책상에 앉아서도 책을 펴지 못하고 다른 것만 만지작거린다. 괜히 평소에 안 하던 청소를 하고 음악을 듣는다. 또 스마트폰만 만지작거린다. 왜 그러는가? 현실을 대면하는 것이 두렵기 때문이다. 학생 중에 공부 잘해서 장학금 받고 싶지 않은 학생이 어디 있겠는가? 사업가 중에 성공해서 부자 되고 싶지 않는 사람이 어디 있겠는가? 그러나 모두가 장학금을 받고 모두가 사업에 성공하지는 않는다. 다른 변수들을 차치하고라도, 관건은 누가 초기 에 두려움에 효과적으로 대응하는가에 달려 있다.

회피하지 말고 직면하라

사람은 두려우면 움츠러든다. 몸을 피하고 시선을 피하고 대면을 피한다. 야구를 처음 배우는 사람이 공을 무서워해서 피하기만 하면 공격도 수비도 할 수 없다. 그래서는 야구를 배울 수도 즐길 수도 없다. 그런데 두려움이 오 면 피하고 싶은 것이 사람의 본능 아닌가? 그렇다 하더라도 초기부터 피하고 외면하고 방치하면 그 사이 두려움은 계속 증가해서 두려워하던 결과에까 지 이르게 된다.

작년에 육군사관학교 졸업예배에 가서 메시지를 전했다. 그들은 졸업하면 각 부대 소대장으로 임명되어 사병들을 통솔하는 장교가 될 것이다. 첫 소임 지에서 주어질 자신의 역할과 책임에 대해 얼마나 두렵겠는가. 게다가 최근 군대 내 총기사고도 많고 폭력 문제도 빈번하지 않은가. 나는 그들에게 권면 했다.

"리더십은 끊임없이 크고 작은 문제들을 파악하고 해결해 나가는 것입니 다. 두려워하지 마십시오. 두려움은 분별력을 상실하게 만듭니다. 괜히 작은 문제를 건드렸다가 소대원들이 반발하면 어떻게 하나 하는 두려움 때문에 덮어 두면 더 큰 문제가 됩니다. 두려움은 언제나 은폐하게 만듭니다. 작은 문제일 때 차분하고 신속하게 대응해서 해결해야 합니다."

작은 불씨일 때 잡아야 큰불이 되지 않는다. 별것 아니라고 방치하면 온 집을 태우고 온 산을 태우게 된다. 일이 두려울 때 두려움의 불씨를 피해 가면 안 된다. 빨리 그 불씨부터 꺼야 한다. 다시 말해 그 두려운 일에 바로 착수해야 한다. 일에 대한 두려움은 그 일을 직접 함으로써만 해결되기 때문이다. 두려움은 피해 가라는 신호가 아니라 넘어서라는 신호다.

일이 두렵다면 두려움을 키우지 말고 능력을 키우라. 문제가 두렵다면 편법을 찾지 말고 해법을 찾으라. 고난이 두렵다면 우회로를 찾지 말고 직진을 선택하라. 하나님이 크리스천에게 약속하시는 형통이란 아무 문제가 없는 것이 아니라 문제를 해결할 능력을 주신다는 의미다. 두려운 만큼 정면승부를 해야 한다. 우리가 정말 두려워해야 할 것은 실패가 아니라 포기이기 때문이다. 실패를 두려워하지 말고 포기를 두려워하라. 시작부터 지고 들어가는 인생이 되는 것을 두려워하라.

나도 어린 시절 학업에 관한 한 늘 정면 돌파가 아닌 줄행랑을 선택했다. 시험 공부도 미루고 미루다가 마지막 순간에 어쩔 수 없이 하니 이미 불이 다 번져 불길을 잡을 수 없는 지경일 때가 많았다. 특히 자신 없는 과목, 못하는 과목은 마지막까지 책장을 펴는 것이 두려워서 미루고 또 미루었다. 그러던 내가 주님을 만나고 나서 변했다. 말씀을 읽고 기도할수록 하나님은 나의 약점을 강점으로 바꾸기 원하시는 분이시요, 반전의 대가이심을 알게 되었다. 여전히 두려움은 나에게 뒤로 물러서 있으라고 설득했지만, 나는 하나님의 음성이 진리라고 믿었다. 그래서 어느 날부터 내가 제일 못하는 과목을 가장 먼저 꺼내서 공부하기 시작했다. 힘들었다. 시간도 많이 걸렸다. 눈물로 하나님께 지혜도 구했다. 마침내 가장 못하던 과목을 가장 잘하게 되었을 때, 나는 전적으로 하나님이 옳았다는 것을 확인할 수 있었다.

오늘의 생각

바바라 글란츠(Barbara Glanz)는 고객 서비스 전문가다. 한번은 슈퍼마켓 직원들을 대상으로 강의를 했다.

"여러분 모두는 작은 변화를 일으켜서 고객들이 기억하고 찾아오게 만들 수 있습니다."

한 달 뒤 열아홉 살 청년 조니에게서 전화가 왔다. 조니는 배거(Bagger, 계산대 옆에서 물건을 자루에 담는 사람)였다. 그는 자신이 다운증후군 환자라고 소개하더니 이렇게 말했다.

"나는 당신의 강의가 좋았어요! 하지만 처음에는 고객들을 위해 내가 무슨 특별한 일을 할 수 있을지 몰랐죠. 사실 나는 그저 배거잖아요. 그런데 아이디어가 떠올랐어요. 매일 밤 퇴근해서 집에 오면 오늘의 생각을 신문이나 잡지에서 찾아냈죠. 찾지 못할 때는 그냥 생각해 냈어요."

조니는 오늘의 생각을 쪽지로 만들어 뒷면에 서명했다. 그러고는 매일같이 식료품과 함께 쪽지를 넣어 주었다.

한 달 뒤 마켓 매니저에게 전화가 왔다.

"무슨 일이 일어났는지 알면 놀라실 겁니다. 오늘 매장을 둘러보는데 조니의 계산대 줄이 다른 줄보다 세 배나 긴 겁니다. 사람들이 냉동식품 코너까지 줄을 서 있는 거예요. 그래서 라인을 몇 개 더 열었죠. 그러나 아무도 움직이지 않는 겁니다. '괜찮아요. 우리는 조니의 줄을 원해요. 우리는 그의 오늘의 생각을 원해요.' 조니가 고객들을 기쁘게 해주는 모습이 정말 좋아요. 한 여성분은 이렇게 말했습니다. '당신 가게에 일주일에 한 번 왔었는데 이제는 거의 매일 와요. 조니의 오늘의 생각을 받고 싶어서요.' 순간 울컥하더라고요."

몇 달 뒤 매니저가 다시 전화했다.

"조니가 우리 매장을 완전히 변화시켰어요. 꽃가게에서는 예전에 꺾인 꽃이나 사용하지 않게 된 코사지를 그냥 버렸는데 이제는 지나가는 할머니에게나 어린 소녀의 옷에 달아 주고 있어요. 모두가 이곳에서 행복한 추억을 만들어 가고 있어요. 고객들이 우리 이야기를 하고 자주 찾아와요. 우리는 모두 친구가 되었어요. 우리 매장이 놀랍게 변했어요. 모두가 조니가 선택한 변화 때문이었어요.”(출처: Johnny the Bagger 비디오 클립)

있는 것을 활용하라

만약에 조니가 나는 배거일 뿐인데, 나는 정상인도 아닌데, 나는 일하는 속도도 느린데 하며 자신이 아무것도 할 수 없다고 생각했다면, 늘 두려움에 위축되어 살았을 것이다. 능력이란 없는 것을 만들어 내는 것이 아니라 있는 것을 활용하는 것이다. 다섯 달란트와 두 달란트 가진 사람에 비하면 나는 무능력한 사람으로 보이지만 그렇지 않다. 내게는 한 달란트가 있다. 그렇게 능력은 소년의 손안에 있는 오병이어에서 출발하고, 과부의 손안에 있는 기름 한 방울에서 출발하고, 모세의 손안에 있는 막대기에서 출발하고, 목동 다윗의 손안에 있는 작은 돌멩이에서 시작된다.

지금 하는 일이 두렵다면, 내가 할 수 있는 작은 일을 먼저 시작하라. 거기서부터 변화가 시작되어 엄청난 나비 효과를 가져온다. 오늘의 두려움보다 더 두려운 것은, 오늘 어려웠던 일은 내일도 내년에도 여전히 어렵다는 것이다. 그렇다면 대충 해치울 게 아니라 하나라도 더 배워야 한다. 하나라도 더 열심히 해야 한다. 그러면 아주 조금씩 두려움은 자신감으로, 자신감은 즐거움으로, 즐거움은 기대감으로 변하게 된다.

‘내 인생 사전에 실패란 전혀 없다’ 같은 비현실적인 표어를 외치며 살면 안 된다. 왜냐하면 그런 인생은 불가능하기 때문이다. 세계 최고의 프로 축구팀도 한 시즌을 전승으로 우승하는 경우는 유례가 없다. 메시나 호날두 같은 최고의 축구 선수도 항상 이기는 경기를 하지 못한다. 패배하는 날도 있다. 그와 같이 실패가 없는 인생, 패배가 없는 인생은 존재하지 않는다. 다만 포기하는 인생이 있을 뿐이다.

포기하는 사람은 "난 승리에 관심 없어"라고 말하지만 실은 그는 승리에 대한 갈망이 큰 사람이다. 그럼에도 포기하는 것은 두려움 때문이다. 포기하면 승리도 없지만 패배도 없기 때문이다. 도전하는 경기 자체가 없으니 늘 대문을 걸어 잠그고 먼지만 날리는 경기장과 같은 인생을 산다. 경기장은 경기를 해야 하는 법이고 인생은 도전해야 하는 법이다. 패배도 경기의 일부분이다. 실패하더라도 도전하는 삶 자체를 즐기는 법을 배우라.

실패 없는 삶은 불가능하다. 하지만 도전 없는 삶은 불행하다. 그리고 경험 없는 삶은 무능력하다. 그러나 도전 없는 삶은 무기력하다. 실패를 감수하고라도 도전하라. 주께서 도우시리라. 가나안 정복 과정에서 31전승을 올린 여호수아도 아이 성에서 뼈아픈 패배를 경험했다. 심지어 하나님의 아들 예수님도 열두 제자 중에 한 사람은 실패하셨다. 만능 인간이 되려고 애쓰지 말라. 다만 전능자의 도우심을 구하라. 도전 없는 승리는 없다. 실패를 거듭해 보지 않은 전문가는 없다.

한 번도 승리하지 못했던 것처럼

지금까지 인생에서 초기 대응이 얼마나 중요한지를 이야기했다. 그러나 실패의 경험이 트라우마가 된 사람은 어떻게 할까? 성경에도 실패의 충격으로 무너질 뻔한 사람이 있었다. 그는 승리의 감격은 온데간데없이 사라지고 패배의 쓰라린 현실 때문에 어찌할 바를 몰랐다. 죽을 것만 같았다. 이제 다 끝났다고 생각했다. 그는 바로 31전승의 혁혁한 전과를 올렸던 여호수아다.

여호수아는 모세를 이어 지도자가 되었으나 부담스러웠다. 그러나 하나님은 그를 격려하셨다.

"강하고 담대하라 두려워하지 말며 놀라지 말라"(수 1:9).

그는 여리고에서의 첫 번째 대결에서 대승을 거두었다. 역사상 최고(最古)의 성이었던 난공불락의 여리고가 무너지자 이스라엘의 기세는 하늘을 찌를 듯했다. 여호수아의 명성도 온 땅에 퍼졌다(수 6:27).

그러나 기쁨도 잠시였다. 작은 아이 성과의 대결에서 패배했다. 사람이 많이 죽은 것은 아니었다. 36명의 전사자가 났을 뿐이다(수 7:5). 그러나 여호수아는 여리고에서의 대승이 없었던 것처럼 절망했다. 그가 하나님 앞에 탄식하며 말한다.

"슬프도소이다 주 여호와여 어찌하여 이 백성을 인도하여 요단을 건너게 하시고 우리를 아모리 사람의 손에 넘겨 멸망시키려 하셨나이까 우리가 요단 저쪽을 만족하게 여겨 거주하였더면 좋을 뻔하였나이다⋯ 가나안 사람과 이 땅의 모든 사람들이 듣고 우리를 둘러싸고 우리 이름을 세상에서 끊으리니"(수 7:7, 9).

왜 여호수아는 이렇게 지나친 절망에 빠졌을까? 워낙에 고생해본 사람은 한두 번의 실패쯤은 편하게 받아들이는 여유가 있다. 하지만 계속 승승장구하던 사람은 한 번 실패해도 받아들이지 못하고 그대로 무너지는 경우가 많다. 주변 사람들은 한 번 실패한 것이니 괜찮다고 말하지만 그에게는 너무나 큰 충격이다. 인생에 오점을 남겼다는 생각이 들고, 패배의 쓰라린 기억이 반복될 것 같은 두려움이 생긴다. 실패의 트라우마에 빠진다.

한 번도 패배하지 않은 것처럼

그러나 하나님은 두려움의 악순환에서 빨리 나오라고 하신다.

> "여호와께서 여호수아에게 이르시되 일어나라 어찌하여 이렇게 엎드렸느냐"(수 7:10).

여호수아가 이렇게까지 절망과 두려움에 빠지는 것은 지나치다는 말씀이다. 그리고 아간의 범죄라는 문제점을 해결하고 다시 아이 성을 공략하라고 말씀하신다. 마치 한 번도 패배하지 않은 것처럼 말이다. 축구 감독들이 경기에 졌을 때 인터뷰에서 자주 하는 말이 있다. "선수들이 패배의 기억을 빨리 잊는 것이 중요하다. 앞으로 우리가 치러야 할 경기가 많기 때문이다."

여호수아는 왜 두려움에 빠졌는가? 당장에라도 사방에서 달려들어 자신을 무너뜨릴 것처럼 왜 그렇게 낙심했는가? 세 가지 때문이었다. 첫째, 아이 성에서의 패배의 기억 때문이다. 실패에 대한 기억은 사람을 위축시킨다. 일에 대한 실패는 그 일을 주도했던 리더에게는 두려움과 낙심의 부메랑이 되어 돌아온다.

둘째, 아간의 범죄와 죽음에 대한 아픔 때문이다. 물론 아간은 자신의 죄로 인해 벌을 받았다. 하지만 그럴지라도 리더의 마음은 참담하다. 일에 대한 실패 못지않게 사람에 대한 실패도 리더에게는 뼈아픈 부분이기 때문이다. 마치 자녀를 여럿 둔 부모가 잘된 자녀들보다 방황하는 한 자녀로 인해 상심하고 부모로서 인생을 실패했다고 생각하는 것과 같다.

셋째, 심판하시는 하나님에 대한 두려움 때문이다. 공의의 하나님에 대한 두려움은 하나님에 대한 거부감을 일으킨다. 친밀했던 하나님이 갑자기 낯설어진다. 악한 세상을 보며 오히려 공의로우신 하나님께 거리감을 느끼는 사람들이 있다. 가인과 같이 영적인 회의에 빠지고 자기 연민에 빠지는 심리다. 이것이 장기화되고 만성이 되면 패배자의 태도(attitude)를 갖게 된다. 고질적인 두려움과 절망감과 운명론에 빠진다. '결국 이렇게 만들려고 나를 불러낸 것인가?' 하며 은혜의식은 실종되고 피해의식에 사로잡히게 된다.

그러나 하나님은 여호수아가 빨리 패배의 쓰라린 기억에서 일어나기 원하셨다. 그것이 장기화되어 구덩이를 파고 들어가기 원하지 않으셨다. 그래서 말씀하셨다.

> "여호와께서 여호수아에게 이르시되 두려워하지 말라 놀라지 말라 군사를 다 거느리고 일어나 아이로 올라가라 보라 내가 아이 왕과 그의 백성과 그의 성읍과 그의 땅을 다 네 손에 넘겨 주었으니 너는 여리고와 그 왕에게 행한 것같이 아이와 그 왕에게 행하되"(수 8:1-2).

하나님은 재도전을 명령하시면서 첫 번째 실패에 대해서는 언급조차 안 하신다. 여호수아의 마음에는 여리고에서의 1승, 아이 성에서의 1패, 승률 50퍼센트가 자리 잡고 있었다. 그러나 하나님은 그 일이 있지도 않았던 것처럼, 마치 방금 여리고에서 승리하고 돌아온 것처럼, "여리고와 그 왕에게 행한 것같이 아이와 그 왕에게 행하라"고 명령하신다. 하나님은 여호수아가 마치 한 번도 패배한 일이 없는 것처럼 도전하기 원하셨다.

패배의 기억을 극복하는 데 큰 도움이 되는 것이 망각의 은혜다. 사람이 인생의 실수와 실패를 다 기억하면 절망스러워서 못 산다. 하나님도 우리의 잘못을 다 기억하지 않으시겠다고 하셨다.

> "내가… 그들의 죄를 다시 기억하지 아니하리라"(히 8:12).

하나님도 잊으셨다. 그런데 왜 당신이 패배의 기억에 천착하는가. 망각의 은혜를 누리라. 문제가 되었던 아간의 죄악도 해결되었다. 이번에는 전리품을 취해도 된다고 하셨으니 그것도 안심해도 된다. 그러니 이제는 하나님께서 명령하시는 대로 싸워 이기라고 말씀하신다.

"너는 아이 성 뒤에 복병을 둘지니라"(수 8:2).

하나님은 여호수아에게 복병 작전, 유인 작전을 쓰게 하셨다. 그런데 아는가? 두려우면 이 작전을 사용할 수 없다. 두려우면 더 달려들고 더 공격적이 되는 법이다. 그래서 두려운 쪽이 먼저 소리치게 된다. 복싱 경기에서도 자신감이 있기 때문에 아웃파이팅을 하면서 기회를 노리는 선수가 있는가 하면, 두려워서 인파이팅을 하며 대책 없이 밀고 들어가는 선수가 있다. 마라톤에서도 자신감이 있기 때문에 중간 그룹에서 뛰다가 마지막 스퍼트를 하는 선수가 있는가 하면, 두렵기 때문에 무조건 치고 나가다가 자기 페이스마저 잃는 선수가 있다. 중앙의 주력부대가 적에게 등을 보이는 유인 작전은 실패에 대한 트라우마를 벗고 하나님을 전적으로 신뢰하는 평안을 되찾아야만 할수 있는 작전이었다.

당신의 마음에서 두려움과 낙심을 내려놓으라. 실패의 트라우마를 내려놓으라. 마치 처녀 출전하는 선수처럼 겸손한 전략을 세워도 좋다. 두려움에 처음부터 기권을 하는 것도 문제지만 두려움에 오버페이스를 하는 것도 문제다. 하나님을 신뢰하라. 하나님의 전략을 신뢰하라. 평강 안에 순종하라. 여리고에서의 압도적인 승리와는 또 다른 아이에서의 겸손한 승리를 거두게 하실 것이다. 때로는 챔피언같이, 때로는 도전자같이 감독되신 하나님을 신뢰하고 오늘도 또 삶의 링 위를 오르라.

두려울수록 도전하라

한 소년이 있었다. 열두 살 때 아버지가 돌아가셨고 생계를 위해 중학교 1 학년 때 학교를 중퇴했다. 신문배달, 우유 판매, 유리공장, 양조장, 자동차 정비사까지 안 해 본 일이 없었다. 1차 대전이 발발하자 그는 비행기 조종사로 지원했다. 하지만 나이 제한을 넘지 못했고 학력도 미달됐다. 그래서 전투기 정비사로 일했다. 하지만 결국 바라던 전투기 조종사가 되었고 전쟁이 끝날 즈음 300시간의 전투 비행을 소화하며 미국 파일럿들 중 최고의 기록을 남기게 되었다. 게다가 1차 대전 중에 독일군과의 공중전에서 가장 많은 승리를 거둔 최고의 파일럿이 되었다. 그의 이름은 에디 리켄베커(Eddie Rickenbacker)다.

언론이 그를 대서특필하며 그의 혁혁한 공과 용기에 대해 추켜세우자, 그는 이렇게 대답했다.

"용기는 당신이 두려워하는 일을 하는 것입니다. 당신에게 두려움이 없다면 용기도 있을 수 없는 것이죠."

두려움은 가장 용감한 자에게도 존재한다. 그러나 도전하여 능력을 갖추면 능력이 두려움을 몰아낸다. 반대로 아무런 도전을 하지 않으면 두려움이 능력을 몰아낸다. 두려움에 빠지면 잘할 수 있는 일도 못하게 된다.

《희박한 공기 속으로》라는 책이 있다. 저자 존 크라카우어(John Krakauer)는 1996년 세계적인 등반 가이드와 함께 에베레스트 등정에 오르지만 정상 부근에서 발생한 악천후로 인해 불의의 사고를 당하게 된다. 그날 열두 명이 목숨을 잃었다.

저자는 원정대 리더 중 한 사람이던 앤디 해리스(Andy Harris)의 이야기를 소개하고 있는데 가슴이 너무 아프다. 그는 하강하던 중 산소가 극도로 부족해져서 베이스캠프에 자신의 곤경을 무전으로 알렸다. 그는 마침내 산소통 저

장소에 이르렀지만 전부 비어 있었다고 캠프에 알렸다. 그러나 그곳을 지나온 대원들은 산소통들이 가득 채워져 있는 것을 확인했었다. 그래서 무전으로 그에게 산소통을 이용하라고 했지만 아무런 소용이 없었다. 이미 산소가 너무 부족해진 해리스는 절망과 두려움에 빠져 산소통이 비어 있다고만 외칠 뿐이었다. 그것은 극단적 상황에서 일어난 일종의 정신 착란이었다.

여호수아는 믿음의 사람이었고 승리의 전적이 있었다. 열 명의 정탐꾼이 불신의 보고를 할 때도 믿음의 보고를 했고, 군대를 이끌고 아말렉과 싸워 승리했으며, 요단 강을 건너는 기적도 체험했다. 또한 난공불락의 여리고 성을 무너뜨린 화려한 전적의 인물이었다. 그런 여호수아도 작은 실패 앞에서 죽을 것처럼 두려움에 빠졌다. 한 번도 승리한 적이 없는 것처럼 무너졌다. 그것은 영적인 공격이었다. 리더를 무너뜨리려는 원수의 전략이었다. 그러나 하나님은 그를 격려하시며 한 번도 패배한 적이 없는 것처럼 다시 일어나 도전하라고 말씀하신다. 두려움의 기억을 버리고 망각의 은혜를 선택하라고 말씀하신다.

두려움에 압도될 것인가, 은혜에 압도될 것인가? 우리 주변에는 은혜로 역전한 인생들이 많다. 상담가들 중에는 자신의 상처가 너무 커서 회복하려고 시작했다가 전문 상담사역을 하게 된 사람들이 많다. 의사들 중에는 부모나 형제가 중병으로 고통스러워하는 것이 안타까워서 의술을 배우게 된 사람들이 많다. 목회자들 중에는 자신과 세상의 죄 문제로 심각하게 고민하다가 회개하고 뜨겁게 주님을 만나서 목회의 길을 가는 사람들이 많다. 실패는 우리를 무너뜨리지 못한다. 오히려 우리가 도전할 디딤돌이 된다.

물론 실패는 우리의 무능력을 드러낸다. 그러나 능력은 도전해서 채우면 된다. 다만 실패의 기억에 갇혀 두려움에 빠지면 우리는 무기력해진다. 무기력은 헤쳐 나올 길이 마땅치 않다.

"자기의 마음을 다스리는 자는 성을 빼앗는 자보다 나으니라"(잠 16:32).

두려움은 승리의 모든 전적을 지워 버린다. 하지만 믿음은 실패의 모든 전적을 지워 버린다. 한 번도 승리한 적 없는 것처럼 살겠는가, 한 번도 패배한 적 없는 것처럼 살겠는가?

chapter 05

능력으로 넘어서라

_ 사명

"하나님께서 우리에게 주신 것은… 능력"

(딤후 1:7)

대학생 때였다. 전공이 영어영문학인지라 영어 과외를 꾸준히 했다. 가르치는 즐거움도 있었지만 무엇보다 용돈을 벌기 위함이었다. 그렇게 몇 년이 흘렀다. 신앙인으로서 회의가 들기 시작하면서 좀 더 가치 있는 일을 하고 싶었다. 그래서 몇몇 기독교 출판사에 전화를 걸어 번역 일을 해보고 싶다고 도전했다. 그러나 경험이 전무한 내게 선뜻 일감을 주는 곳은 없었다. 그러다 한 곳에서 기회를 주었다. 일종의 시험을 거쳐 합격한 후 처음 받은 책이《D. L. 무디》였다. 700쪽에 달하는 책을 받아들고 9개월간 씨름했다. 무디의 생애와 신앙과 헌신이 내 안에 녹아드는 은혜가 있었다. 번역을 통해 하나님의 마음을 사람들과 나눌 수 있어서 보람도 있었다. 하지만 시간당 보수를 생각하면 이것은 시간 낭비였다. 그러나 내게는 돈 버는 일이 필요한 것이 아니라 인생을 바칠 사명이 필요했다.

일인가, 사명인가?

당신은 요즘 일을 하고 있는가, 아니면 사명을 감당하고 있는가? 똑같은 자리, 똑같은 역할일지라도 그것을 일로 보는가, 사명으로 보는가는 천양지차다. 일을 하는 사람은 지치게 되어 있고 사명을 감당하는 사람은 충만하게 되어 있다. 일은 두려움에서 교만함과 허무함으로 흐를 때가 많다. 익숙하지 않을 때는 두렵고, 잘하게 되면 교만해지고, 그렇게 일만 하다 보면 허무해진다. 그때 하나님이 우리에게 다가오셔서 점검하시는 항목이 이것이다. "너는 지금 일을 하고 있는 것이냐, 사명을 감당하고 있는 것이냐?"

일은 사람들 앞에서 하는 것이지만, 사명은 사람들이 볼지라도 하나님 앞에서 하는 것이다. 일은 사람들의 평가가 따라오지만, 사명은 하나님의 칭찬이 따라온다. 일은 잘했는가 못했는가의 문제이지만, 사명은 완수했는가의 문제다. 그래서 일은 두려움이 따르지만 사명은 기쁨이 따른다. 일은 고생한 만큼의 보상이 따라오지만 사명은 헌신한 만큼의 감격이 따라온다. 돈 버는 일은 영혼을 지치게 만든다. 그러나 돈과 건강과 생명까지 바쳐도 사명은 사람을 살아나게 만든다. 일은 땅의 것이지만 사명은 하늘의 것이다. 세상일을 사명으로 받아들일 것인가, 사명을 세상일로 전락시킬 것인가?

현대인들은 일의 강박에 시달리는 동시에 보상으로 돈을 바라고 일하기 때문에 자주 두려움과 허무감에 빠진다. 그러나 사명자들은 사명을 주신 이의 일을 하며 살기 때문에 마음이 자유하다. 그분의 계획에 동참하는 것이지 내 욕심을 이루는 것이 아니기 때문이다. 일을 못해서 두려움에 빠지지도 않는다. 주님의 일이니 주님의 능력을 구할 뿐이다. 또한 일을 잘 끝내고도 공허감에 시달리지 않는다. 사명을 완수했다는 안정감이 찾아오기 때문이다.

나는 성령님을 체험하고 참 많이 변했다. 전에는 두려움이 많아서 고민하고 계산하느라 일도 제대로 못하고 걱정만 많았다. 그러나 성령 충만하여 사명감으로 살면서부터는 모든 것이 변했다. 그리고 하나님의 일을 감당하는 동안에는 걱정할 새가 없다. 사변적인 생각에 빠져들 시간이 없고, 이 사명을 완수해야 한다는 생각에 근심 걱정할 틈이 없다. 주님이 오라 하셔서 가다 보면 내가 지금 황량한 사막을 지나고 있는지 폭풍우가 내리치는 바다 위를 지나고 있는지조차 잊어버린다. 사명에 집중하느라 환경에 신경 쓸 겨를이 없다.

만일 당신이 나와 같이 생각과 두려움이 많아서 탈이라면, 당신 자신에게 걱정할 시간을 주지 말라. 오직 하나님이 주신 사명에 집중하라. 그리고 모든 삶의 자리에 숨겨진 사명의 퍼즐들을 발견하라. 인생이 두려움을 넘어서는 새로운 차원으로 상승하게 될 것이다.

여전히 내게도 씨름하는 문제가 있다. 일과 사명 사이의 줄다리기다. 나는 사람들 앞에서 말하는 일을 그다지 즐기는 편이 아니다. 혼자 묵상하고 생각하는 것이 좋다. 하지만 하나님이 내 가슴에 불을 지르신 사명이 있다. 그것은 거짓이 가득한 세상에 진리를 선포하여 진리로 사람들을 자유케 하는 일이다. 그것은 어릴 적 달리기에 자신이 있던 내가 얼음땡 놀이를 하면서 얼음에 갇힌 수많은 친구들을 살려 내던 감격 어린 희열과 같은 것이다.

나는 설교자다. 말하는 일을 좋아하지 않지만 진리를 선포하는 사명은 가슴을 뛰게 만든다. 그래서 설교를 일하는 것으로 접근하면 곧장 두려움과 불편함이 엄습한다. 말만 그럴듯하게 잘하고 내려오면 영혼이 공허해진다. 그러나 논리가 부족하고 화술이 부족해도 진리가 선포되고 사람들의 삶이 변화되면 내 영혼이 충만해진다. 그렇게 진리에만 집중하고 증거할 때는 놀라운 현상을 경험하게 된다. 찬송가 가사처럼 "세상과 나는 간 곳 없고" 구속한 주님만 보인다. 그리고 오직 성령께서만 나를 강권하여 말씀하신다.

위에서 부어 주시는 능력, 뒤나미스

일은 도전하면 된다. 그러나 사명은 받아들이는 것이다. 일은 경험이 생기면 두려움이 사라지고 자신감이 붙는다. 그러나 사명은 전혀 다른 차원의 공급이 있어야만 두려움이 사라진다. 내가 전혀 감당할 수 없는 사명이 주어질 때는 더더욱 그러하다. 그때 우리에게 필요한 것이 바로 위에서 부어 주시는 능력이다. 왜냐하면 하나님이 말씀하시는 능력은, 인간이 스스로 훈련과 준비를 통해 쌓는 능력이 아니라, 위에서 부어 주시는 성령의 감동과 역사하심이기 때문이다. 이 능력을 헬라어로 '뒤나미스'라고 한다. 다이너마이트와 같은 강력한 힘이다. 그 힘을 의지하면 자연적인 영역 위에 초자연적인 기름 부음이 임한다.

그러므로 하나님의 사람들이여, 하나님이 주시는 사명을 받아들이라. 거절하지 말라. 내가 할 수 있는 일만 하며 살면 평생 하나님의 능력을 알 수 없다. 우리는 하나님의 기름 부음과 능력을 경험할 때 또 다른 차원의 영적 자유를 경험하게 된다. 왜냐하면 일을 할 때는 자신에게 집중하지만, 사명을 감당할 때는 하나님께 집중하기 때문이다.

사명은 그릇이요 능력은 기름 부음이다. 사명의 그릇에 능력의 기름 부음을 받는 원리다. 선지자 제자의 아내에게 엘리사가 준 사명은 최대한 많은 그릇을 빌려 오는 일이었다(왕하 4:1-7). 그녀가 괜한 일이라고 생각했다면 기적은 일어나지 못했다. 그러나 그녀는 이 일을 사명으로 감당했고 이내 모든 그릇에 기름이 채워지는 기적이 일어났다. 사명은 내가 할 일이요, 기름 부음은 하나님이 하실 일이다. 당신의 직업, 당신의 전공, 당신의 사역을 일이 아닌 사명으로 받아들이라. 인생의 그릇마다 능력으로 채움 받을 것이다.

《예수를 위한 바보》는 남아프리카공화국의 데이비드 케이프(David Cape) 목사 이야기를 그린 책이다. 그는 큰 규모의 백인 교회를 담임하고 있었다. 그러던 어느 날 하나님이 그에게 사명을 주셨는데, 나무 십자가에 나무 대야를 붙여서 어깨에 메고 전국을 순례하라는 것이었다. 남아공은 치안이 상당히 불안하고 위험한 나라다. 하지만 그는 주신 사명에 순종해서 만나는 사람들마다 발을 씻어 주었다. 한번은 길거리 한가운데서 한 시각장애인 걸인을 만났다. 성령께서 감동을 주셔서 기도했다. 그러나 아무런 치유도 일어나지 않았다. 길거리를 가득 메운 사람들이 손가락질하며 그를 조롱했지만, 주님은 웬일인지 그에게 계속 기도할 것을 요구하셨다. 주님은 그에게 사명에 순종하는 훈련을 시키고 계셨던 것이다. 기적이 일어나는가는 그가 책임질 일이 아니었다. 그것은 오직 하나님이 하실 일이었다.

그는 가는 곳마다 빈자들과 병자들을 위해 기도했다. 그런데 어느 날부터 병이 낫기 시작했다. 그뿐이 아니었다. 그가 마을에 들어가기만 해도 변하기 시작했고, 그가 도시에 들어가면 영적 부흥이 일어나기 시작했다.

사명을 일로 전락시키면 우리 영혼은 고통스러워한다. 그러나 하나님은 우리에게 말씀하신다. "나는 네가 일꾼이 아니라 사명자가 되기 원한다. 내가 네게 능력을 주리라." 세상일은 세상적인 능력으로 감당한다. 그러나 하나님의 사명은 하나님이 공급하시는 능력으로 감당한다.

"오직 성령이 너희에게 임하시면 너희가 권능을 받고"(행 1:8).

세상 사람들은 적성과 흥미를 고려해서 전공과 직업을 정하지만, 우리는 하나님이 부어 주시는 능력과 열정에 따라 인생길을 결정한다. 그럴 때 세상 사람들이 이해할 수 없는 놀라운 삶이 펼쳐지게 된다.

골리앗 숲에서 활약하는 다윗

하나님께 받은 사명도 인간적인 능력으로 감당하려고 하면 세상일 하듯이 스트레스를 받는다. 그러나 세상일도 하나님의 사명으로 받아들이는 사람에게는 뒤나미스가 주어진다.

요즘 NBA(미국프로농구)에서 다윗처럼 돌풍을 일으키는 선수가 있다. 골든스테이트 워리어스의 스테판 커리(Stephen Curry)다. 청소년 시절부터 가능성이 보였지만 키가 작고 왜소한 탓에 무명의 대학에 진학해야 했다. 거기서도 단연 두각을 나타냈으나 체격에 발목이 잡혀 NBA 진출 때도 강팀에 들어가지 못했다. 많은 대학 농구 스타들이 신장, 체중, 체력의 열세를 극복하지 못하고 프로 세계에서 추락하는 전적을 보였기 때문이다. 아니나 다를까, 그는 거의 3년 동안 고질적인 발목 부상으로 경기를 제대로 뛰지 못했다. 모두들 거기까지가 그의 한계라고 생각했다.

그러나 커리는 두려워하기보다 도전했다. 자신의 단점을 극복하기 위해 피나는 훈련을 거듭했다. 프로 선수였지만 기초 체력 강화를 위해 구슬땀을 흘렸다. 또한 작은 키와 단점을 극복하기 위해 3점 슛을 원모션 퀵 릴리스 방법으로 연습했다. 이것은 그전에 어느 누구도 하지 않던 방식이었다. 그는 빠른 속도로 슛을 날리면서 블로킹을 당하지 않게 됐다. 또한 드리블과 패스와 슛을 어느 시점 어느 지점에서든 자유자재로 구사하기에 이르렀다.

올해 골든스테이트 워리어스는 73승을 했다. 농구의 황제 마이클 조던이 뛰던 시카고 불스가 1996년에 세운 한 시즌 최다승 기록(72승)을 깬 것이다. 무엇보다 그가 주목받는 것은 미 농구계의 패러다임을 바꿔 놓았다는 점이다. 장신 센터들이 활약하고 화려한 포워드들이 득점을 주도하는 농구 경기에서 3점 슛으로 경기를 주도하는 새로운 판도를 만들어 낸 것이다. 그는 NBA 역사상 가장 높은 3점 슛 성공률을 기록하며 2년 연속 MVP를 수상했다.[1] 비결이 무엇이었을까? 독실한 크리스천인 그는 자신의 농구화에 이런 글귀를 뚜렷하게 적어 놓았다.

"I can do all things"(내가 모든 것을 할 수 있느니라, 빌 4:13).

왜소한 체구로 인해 재능이 있음에도 추락했던 수많은 선수들처럼 그도 추락 직전까지 갔었다. 그의 마음에 왜 두려움이 없었겠는가? 그가 자신의 일을 세상일로 생각했다면 포기했을지도 모른다. 하지만 그는 농구를 하나님이 자신에게 주신 사명적 차원으로 받아들였다. 그리고 거인들이 지배하는 세상의 판도마저 뒤집어 놓는 뒤나미스를 경험했다. 그는 그렇게 온 세상을 놀라게 만드는 또 하나의 다윗이 되었다.

사명은 뒤나미스로 감당한다

3천 년 전의 다윗도 마찬가지 심정이었다. 단지 괴물 같은 블레셋 장수를 쓰러뜨리기 위해서라면 굳이 그는 목숨 거는 일에 나서지 않았을 것이다. 그러나 만군의 주 여호와의 이름을 모독하는 장수를 쓰러뜨리는 것이 자신의 사명이라고 생각했기 때문에 나설 수 있었다.

"오늘 여호와께서 너를 내 손에 넘기시리니 내가 너를 쳐서 네 목을 베고 블레셋 군대의 시체를 오늘 공중의 새와 땅의 들짐승에게 주어 온 땅으로 이스라엘에 하나님이 계신 줄 알게 하겠고 또 여호와의 구원하심이 칼과 창에 있지 아니함을 이 무리에게 알게 하리라"(삼상 17:46-47).

---

1 〈멀티컬처 매거진〉, '왜 스테판 커리에게 열광하는가.'

위의 말씀처럼 다윗은 사명감에 불타고 있다. 그래서 생명(生命)에 집착하는 것이 아니라 사명(使命)에 집중할 수 있었다. 그런데 역설적으로 생명에 집착하면 죽을 위기에 처하고, 사명에 뛰어들면 주께서 살리신다(눅 9:24). 하나님께서 사명자에게는 뒤나미스를 공급하시기 때문이다.

2003년 고 하용조 목사님이 내게 두란노 백만큐티운동본부를 담당하라고 하셨다. 그때까지 청소년 사역 외에 다른 경험이 없었고 나이도 어린 내게 이런 중책을 맡기시다니 걱정이 앞섰다. 게다가 천만큐티운동본부로 개명하라고 하셨다. 천만 명이 큐티하는 것이 목표인 사역이라니 생각만 해도 두려웠다. 밤새 하나님께 엎드려 "제가 감당할 수 있는 사역입니까?" 묻고 또 물었다. 하나님이 목사님을 통해 주신 사명이라는 확신을 주셔서 순종했다. 그러자 하 목사님이 두란노 건물 4층 전체를 비워 주시면서 한쪽에는 운동본부, 다른 쪽에는 〈생명의삶〉 편집팀을 운영하라고 하셨다. 그리고 필요한 재정과 사람들을 주셨다. 그때 깨달은 것이 있다. 사명을 감당할 인력, 재정, 인프라 등 모든 능력은 사명을 주신 이가 공급하시는구나!

어려서부터 무능 무지 무기력의 대명사였던 나를 여기까지 인도해 주시다니! 한 가지 비결은 순종이었다. 학교에서 하는 활동이나 역할은 고민하고 선택했지만, 교회에서 주시는 봉사나 역할은 어려서부터 거절한 적이 없다. 그것은 하나님이 주시는 것이니 절대 순종해야 한다고 배웠기 때문이다. 그런데 참 감사하게도 사명에 순종할 때마다 뒤나미스를 부어 주셨다.

하나님의 일은 하나님이 이루신다. 하나님께서 40년 미디안 광야에서 은둔자로 살던 모세를 불러 이집트로 돌아가라 하셨을 때, 모세는 수차례 거절했다. 두려움이 앞섰기 때문이다. 40년간 양만 쳐다본 사람이 어떻게 바로를 상대하겠는가? 어떻게 장정만 60만인 이스라엘을 통솔하겠는가? 이건 시골에서 염소 키우던 할아버지에게 쓰러져 가는 대기업의 회장이 되어 기업을 살려 내라는 주문과 다를 바가 없다. 누가 그런 일을 감사하다고 받아들일 수 있겠는가?

물론 그도 한때는 자기 능력을 과신했다. 그러나 왕년의 실력은 40년 모래 바람에 다 닳아 버렸다. 그는 두려웠다. 얼마나 두려웠던지 하나님이 가라고 누차 말씀하시고 기적도 보여 주시는데도 계속 거절했다. 자신은 입이 뻣뻣한 사람이라고, 자신을 선택한 것은 잘못된 일이라고 고집했다.

"이제 가라 내가 네 입과 함께 있어서 할 말을 가르치리라"(출 4:12).

그래도 모세가 거부하자 하나님은 형 아론을 대변인으로 세워 주셨다. 그가 얼마나 버텼던지 하나님이 쳐서 죽이시려고까지 했다.

도대체 모세는 왜 그랬을까? 사람들 앞에서 말하는 것이 너무나 두려웠기 때문이다. 실제로 그는 언어장애가 있었던 것으로 보인다. 아론이 대변인이었다는 말은 무슨 뜻인가? 이집트와 광야 여정에서 모세의 대사로 기록된 내용들은 전부 아론이 한 말이었다는 뜻이다. 그러면 모세는 무얼 했는가? 모세는 늘 아론에게 귓속말을 했을 뿐이다. 왜냐하면 모세는 공황장애와 무대 공포증이 있었고 말더듬이였기 때문이다. 당신이 그런 두려움에 갇힌 사람이라면 그 일을 맡겠는가? 그런데 참 놀랍다. 그런 사람이 출애굽의 기적을 일으켰고 홍해를 갈랐고 백성에게 하나님의 율법을 전했다!

모세가 할 수 있었다면 당신도 할 수 있다. 말을 더듬어도 상관없고 떨어도 상관없다. 하나님이 주신 말만 전하면 된다. 왜 그런가? 사명은 사명을 주신 이의 능력으로 감당하는 것이기 때문이다. 그렇다. 모세는 공황장애를 앓고도 평생 이스라엘을 약속의 땅으로 인도해야 한다는 사명감 하나로 감당했다.

> "이제 그들의 죄를 사하시옵소서 그렇지 아니하시오면 원하건대 주께서 기록하신 책에서 내 이름을 지워 버려 주옵소서"(출 32:33).

그는 자기 목숨을 걸고 백성을 인도했다. 어떻게 그럴 수 있는가? 사명이 생명보다 중요해졌기 때문이다. 그는 완전히 사명감에 사로잡혀 있었다. 이제 그의 초점은 생명 부지가 아닌 사명 완수에 있었다.

사명감이 두려움을 몰아낸다

사람이 사명감에 사로잡히면 두려움을 극복한다. 소방관이 불길에도 뛰어드는 이유는 사람을 살려야겠다는 사명감 때문이다. 여자는 약해도 엄마가 강할 수 있는 이유는 어떤 상황에서도 이 작은 생명을 지켜 내야 한다는 사명감 때문이다.

2015년 5월 20일 국내에 첫 메르스 환자가 발생했다. 메르스 사태가 한 달간 이어지며 의료진들의 피로도가 극에 달했다. 한 달 새 28명의 의료인들이 감염되면서 전국적으로 감염의 공포가 짙게 드리웠다. 게다가 메르스 환자들이 입원한 음압병동은 그야말로 전쟁터였다. 의사와 간호사들은 하루 평균 2~3시간을 자면서 환자들 곁을 지켰다. 국립중앙의료원의 김연재 감염내과 전문의가 당시 겪었던 급박한 상황을 전했다.

> "폐렴이 심한 환자가 갑자기 혈압이 떨어지고 호흡 곤란이 왔다. 심폐소생술이 시급했다. 하지만 방호장비 착용에만 30분이 걸린다. 그는 그 시간을 다 허비할 수 없었다. 보호복과 마스크만 착용하고 바로 병실로 뛰어 들어갔다. 그들도 사람인지라 감염이 두려웠지만 죽어 가는 환자를 살려 내야 한다는 사명감이 더 컸다. 그 사명감이 그들로 하

여금 두려움이 아닌 치료에 집중하게 만들었다"(〈동아 사이언스〉 2015년 6월 18일자 기사).

만약 일신상의 안전이 걱정되었다면 그런 선택은 할 수 없었을 것이다. 또한 원칙을 지키지 않았다는 비난이 두려웠어도 그런 선택은 할 수 없었을 것이다. 그런데 사명자들은 그 어려운 일을 자꾸 하게 된다.

1837년 소작농의 집에 태어나 초등학교 5학년 때 중퇴하고 17세에 시카고에서 구두수선공으로 일하다가 18세에 주일학교 선생님의 전도로 회심한 뒤, 시카고 빈민가의 아이들에게 복음을 전한 사람이 있다. 그는 술집을 빌려 주일 새벽부터 청소를 하고 아이들을 불러 모아 열심히 성경을 가르쳤다. 하지만 종일 식사를 거르기가 일쑤였다.

어느 날 그가 주일학교 학생들을 가르치는 것을 보고 한 집사님이 이렇게 말했다.

"당신의 직업을 고려해 볼 때 대중 설교는 피하는 게 좋겠습니다. 설교에 문법상의 오류가 너무 많습니다."

이때 그의 대답은 이랬다.

"네, 제가 자주 실수한다는 것을 압니다. 저는 부족한 점이 많은 사람입니다. 그러나 저는 제가 갖고 있는 단점에도 불구하고 최선을 다하고 있습니다. 그러면 당신은 그 충분한 문법 실력으로 주님을 위해 무엇을 하고 계십니까?"

그가 바로 19세기 전 세계에 부흥의 불길을 일으켰던 D. L. 무디다. 그가 영미권 유명 대학에 설교자로 가면 학생들이 비웃었다. 초등학교 중퇴에 구두 수선공 출신이 하버드, 예일, 옥스퍼드, 캠브리지 대학에서 메시지를 전하다니! 그러나 하루 이틀 집회가 이어지면서 청년들은 엎드려 통곡하며 회개했고 하나님께 돌아오게 되었다.

말하는 일이라면 그런 사람이 서면 안 된다. 그러나 복음을 전하는 사명이라면 사명자가 그곳에 서야 한다. 이것이 일과 사명의 차이다. 그래서 사도 바울도 복음을 전할 때 미사여구로 하지 않고 오직 십자가의 그리스도만을 전한다고 했다. 복음 증거는 그에게 일이 아니라 사명이었기 때문이다.

멘탈을 강하게 하는 힘, 몰입

얼마 전 해외로 유학 가는 청년이 내게 질문했다.

"목사님, 멘탈을 강하게 하기 위해서는 어떻게 하면 좋을지 말씀해 주세요."

"하하하. 나도 몰라. 몰입?!"

"좀 더 구체적으로 말씀해 주세요."

"몰입할 때 사람은 가장 내적 밀도가 높아지고 그러면서 강도가 높아지는 법이지."

의사는 수술실에 들어가면서 수술을 잘할 수 있을까 두려워하지 않는다. 수술 자체에 집중한다. 연주가는 무대에 오를 때 잘할 수 있을까 걱정하지 않는다. 음악 자체에 몰입한다. 그때 가장 감동적인 연주가 나온다. 목사가 설교할 때도 자신을 주목하지 않고 하나님의 메시지에 완전히 몰입할 때 성령의 강력한 인도하심과 기름 부음을 경험한다.

사람이 가장 강해질 때는 바로 하나님이 내게 주신 사명에 몰입할 때다. 사람이 가장 아름다울 때는 사명을 위해 충성을 다할 때다. 그러면 어떤 두려움도 극복할 수 있다. 왜냐하면 일에 대한 최선은 아무리 해도 만족이 없지만, 사명에 대한 충성은 우리 주님이 "잘하였도다, 착하고 충성된 종아!" 인정해 주시면 그것으로 완성되기 때문이다.

2009년 11월이었다. 전주대학교 대강당에서 입시생과 대학생 천 명이 모이는 중요한 집회가 예정되어 있었다. 그런데 바로 한 주 전에 축구를 하다가 발목 인대가 끊어져서 깁스를 하고 목발을 짚게 되었다. '중요한 집회를 앞두고 하필이면 왜 이런 일이 일어났을까?' 싶었지만 스트레칭도 하지 않고 무작정 뛴 나의 부주의함 탓이었다. 한편으로 중요한 집회를 방해하는 사탄의 공격이라는 생각도 들었다.

나는 비록 몸이 불편해도 수능 시험을 마치고 긴장과 두려움에 있을 학생들에게 하나님의 마음을 전해야 할 사명을 느끼고 내려가기로 결심했다.

그런데 만나는 사람들마다 "그 발을 하고 어떻게 전주까지 가서 설교해요?" 했다. 그럴 때마다 진지하게 대답했다. "설교를 입으로 하지 발로 합니까?" 그것은 나 자신에게 선포하는 말이었다. 멋진 모습으로 멋진 얘기하러 가는 게 아니잖은가. 하나님의 마음을 전달하는 메신저의 사명을 감당하는 데 목발을 짚은 우스꽝스러운 모습이 무슨 장애가 되겠는가. 그리고 그날 밤 집회에서 놀라운 성령의 역사를 경험했다. 강단으로 젊은이들을 초대하자 갈급한 심령들이 마치 천국을 향해 침노하듯 달려 올라왔다.

우리는 사명자다. 사명에 집중하고 또 집중해야 한다.

일을 할라치면 걱정되고 두렵고 안 될 이유가 얼마나 많은가. 그러나 사명은 그 사명이 이뤄져야 할 단 한 가지 이유밖에 없다. 하나님의 사명은 쉬워서 하는 것도, 능력이 있어서 하는 것도 아니다. 목숨 걸 만한 가치가 있고 그것이 사명이기 때문에 하는 것이다. 두려움은 할 수 있는 일도 포기하게 만들지만 사명감은 도저히 할 수 없는 일도 가능하게 만든다. 왜냐하면 사명은 초인적으로 그 일에 몰입하게 만드는 집중력을 끌어내기 때문이다.

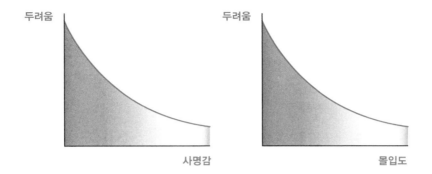

사명은 한계선을 뛰어넘는다

다윗이 어린 나이라는 한계선을 뛰어넘어 사명을 감당했다면, 갈렙은 노년의 한계선을 뛰어넘어 사명을 감당했다.

> "오늘 내가 팔십오 세로되 모세가 나를 보내던 날과 같이 오늘도 내가 여전히 강건하니… 그날에 여호와께서 말씀하신 이 산지를 지금 내게 주소서 당신도 그날에 들으셨거니와 그곳에는 아낙 사람이 있고 그 성읍들은 크고 견고할지라도 여호와께서 나와 함께하시면 내가 여호와께서 말씀하신 대로 그들을 쫓아내리이다"(수 14:10-12).

'인디언의 사도'라 불리던 존 엘리엇(John Eliot)은 원래 전도유망한 설교자였다. 케임브리지대학을 졸업한 후 27세에 미국에 왔을 때 보스턴교회에서 그에게 이같이 제안했다.

"목사님, 이곳에 오래 계시면 예배당도 훌륭히 짓고 사택도 잘 지어 드리겠습니다."

하지만 그는 거절했다.

"저의 사명은 한 사람이라도 더 많은 사람들에게 설교하는 것입니다. 그러므로 한 곳에 오래 있을 수 없습니다."

그는 청교도들과의 전쟁에서 패한 뒤 비참한 생활을 하고 있는 인디언들에게 찾아가 복음과 사랑으로 그들을 감싸 안았다. 그는 인디언 기독교 공동체들을 세우고 인디언 성경도 번역했다. 80세에도 설교를 멈추지 않았다. 힘에 부쳐 걸을 수가 없게 되자 아이들을 모아 놓고 성경을 가르쳤다. 그 모습을 본 한 제자가 말했다.

"선생님, 선생님은 수십 년간 일하셨으니 이제는 그만하셔도 됩니다. 좀 쉬십시오."

그러자 엘리엇은 정색을 하며 이렇게 말했다.

"몇 십 년간 일했어도 할 수 있을 때까지는 해야지. 아직 아이들에게 말해 줄 힘은 남아 있어."[2]

100세 시대를 코앞에 두고 있는 오늘날 놀랍게도 사람들은 40~50대에 이미 은퇴에 대한 두려움을 갖고 있다. 그러니 오래 살게 되었다는 희망이 아니라 근심부터 하게 된다. 건강에 대한 걱정, 노후 자금에 대한 걱정, 자녀들과의 관계에 대한 걱정… 걱정이 앞서다 보니 자금을 만들어 보겠다고 성급하게 퇴직금으로 사업을 하다가 재정난에 빠지기도 한다. 이 같은 두려움의 틈새를 노리고 보험상품과 투기상품들이 성행하고 있다.

성리학의 대가인 주자가 말했다.

"소년은 쉬 늙고 학문은 이루기 어렵다"(少年易老學難成).

세월은 쏜살같이 빠르게 흐른다는 말이다. 16세기 프랑스의 휴머니스트 앙리 에스티엔(Henri Estienne)이 쓴 풍자시에 이와 비슷한 명언이 등장한다.

"젊은이는 아직 할 수 없고, 노인은 이미 할 수 없다."

젊은이가 나서기에는 아직 경험이 부족하고 노인이 나서기에는 이미 기력

---

2 《교회사에서 골라낸 1,882가지 신앙 이야기》(기독교문사, 1998년).

이 떨어진다는 뜻이다. [3] 그러면 나서라는 것인가, 말라는 것인가? 젊다고 두려워하거나 연로하다고 두려워하다가는 인생의 기회를 놓친다는 뜻이다. 그러므로 두려움으로 살지 말고 사명감으로 살라. 사명감은 나이에 상관없이 두려움의 한계선을 뛰어넘게 해준다.

D. L. 무디는 19세기 당대 최고의 부흥사이자 설교자였다. 그런 그에게 충격을 주고 방향을 전환시켜 준 인물이 있었다. 17세 소년 설교자 헨리 무어하우스(Henry Moorhouse)다. 영국 방문 중에 만난 이 소년 설교자가 무디에게 여러 차례 시카고에 있는 무디의 교회에서 설교하게 해 달라고 요청했다. 하지만 무디는 그를 세울 마음이 없었다. 너무 어렸기 때문이다. 그러나 결국 무어하우스는 무디가 자리를 비웠을 때 두 번 설교하게 되었다. 본문은 요한복음 3장 16절 "하나님이 세상을 이처럼 사랑하사"였다. 무디가 시카고로 돌아와 보니 이미 회중들은 이 소년의 설교에 깊은 감동을 받고 있었다. 무디는 소년을 하루 또 하루 강단에 세웠다. 마침내 마지막 일곱째 날까지 세우게 되었는데, 그날 무어하우스는 강단에서 이렇게 외쳤다.

"형제자매 여러분, 저는 오늘도 종일 새 본문을 찾아보았지만 이보다 더 좋은 구절을 찾을 수 없었습니다. 고로 우리는 이 밤에 다시 요한복음 3장 16절로 돌아가겠습니다."

그러고는 그는 "하나님이 세상을 이처럼 사랑하사"라는 구절을 가지고 가장 감동적인 설교를 했다.

"제가 만약 야곱의 사다리를 빌려서 천상에 올라가 전능자 하나님의 존전에 서 있는 가브리엘 천사장을 만나 아버지께서 이 세상을 얼마나 사랑하시는지 물어본다 해도, 그도 이 말밖에는 하지 못할 것입니다. 하나님이 세상을 이처럼 사랑하사 독생자를 주셨으니 이는 저를 믿는 자마다 멸망치 않고 영

---

3 요네하라 마리, 《속담 인류학》(마음산책, 2012년).

생을 얻게 하려 하심이라!"[4]

무디는 영적으로 큰 충격을 받은 동시에 눈물을 흘리며 깊은 은혜를 체험했다. 왜냐하면 이때까지 그는 하나님께서 양날 선 칼을 들고 죄인들의 뒤를 쫓아오신다고 설교했기 때문이다. 이후로 무디의 설교는 죄인들의 회개에서 아버지의 사랑으로 그 초점이 바뀌게 되었다.

생각해 보라. 17세의 소년 설교자가 세계 최고의 설교자 앞에서 그것도 똑같은 본문을 가지고 7일을 선 것이다! 그가 말 잘하는 일을 하려고 했다면 결코 그렇게 할 수 없었으리라. 그가 놀라운 하나님의 사랑을 전해야 할 사명자였기 때문에 가능한 일이었다. 일에는 나이의 한계가 있다. 그러나 사명에는 나이의 한계가 없다. 당신은 지금 무엇 때문에 두려워하는가? 나이의 많고 적음 때문인가, 아니면 사명의 유무 때문인가?

사명자는 두려워하지 않는다

사명자는 하나님이 내게 주신 사명을 완수해야 한다는 집중력 때문에 지치지도 않고 낙심하지도 않고 두려워하지도 않는다. 존 엘리엇이 그랬고 사도 바울이 그랬다. 그리고 1997년 여름 파푸아뉴기니에 비전 트립을 갔을 때 만난 한 분도 그랬다.

당시 나는 성경번역 선교의 비전에 대한 확답을 받고자 42일간의 여로에 올랐다. 파푸아뉴기니에는 성경번역 선교센터가 있었기 때문이다. 그곳에는 10세대의 한국인 선교사 가정이 있었다. 그런데 그곳에서 뜻밖에도 한 장로님을 만났다. 나는 속으로 '선교지에 웬 장로님?' 하고 생각했다. 대개 선교사들은 청장년이 아닌가.

장로님은 20대에 한국에서 IBM에 입사했다. 그리고 이내 도미해서 평생

---

4 윌리엄 R. 무디, 《D. L. 무디》(두란노, 1997년).

IBM에서 일하며 수석 엔지니어의 자리에 올랐다. 가정도 행복했고 물질도 풍족했다. 그런데 어느 날 성경번역 선교사 한 분이 교회를 방문했다. 성경번역 선교는 목회자뿐 아니라 목수, 회계사, 교사, 파일럿, 컴퓨터 엔지니어 등 어느 직종이든 선교할 수 있다고 했다. 그 말에 장로님은 귀가 번쩍 뜨였다. 이유는 그가 20대 때 "선교사가 되겠습니다" 하고 하나님과 한 약속이 있었기 때문이다. 이제 평생 미뤄 온 사명을 이뤄야 할 때였다. 그 해에 아들딸을 결혼시키고, 전 재산을 구세군에 헌납한 뒤 아내 권사님과 함께 선교지를 향했다. 그리고 성경번역 선교사들의 컴퓨터 기기와 소프트웨어를 지원하는 업무를 맡았다.

"미국에서 편하게 지냈죠. 하지만 지금처럼 행복하지는 않았어요. 지금은 아침에 일어날 때도 행복하고 밤에 누울 때도 행복해요. 내가 선교사가 되다니, 내가 하나님의 일을 하고 있다니, 내 평생에 이렇게 행복한 적은 없었습니다!"

그 당시 장로님은 말라리아에 걸려 수척해 있었다. 그런데도 얼굴은 천사처럼 빛나고 있었다.

사명이 있는 사람은 명예와 지위와 물질을 내려놓는 것도 두려워하지 않는다. 사람들에게 잊히는 것도, 익숙한 곳을 떠나는 것도 두려워하지 않는다. 사명자는 사람들이 왜 인생에서 그런 선택을 했느냐고 묻는 것에도 두려워하지 않는다. 왜냐하면 사명자는 오직 그에게 사명을 주신 분에게만 대답하면 되기 때문이다. 그리고 자신에게 주신 사명을 감당하지 못할 것이 더 두렵기 때문이다.

그러면 세상일을 다 끝내고 나서야 사명을 감당할 수 있는 것일까? 일터에서는 사명을 감당할 수 없는 것일까?

5년 전 청년사역을 하다가 만난 집사님이 있다. 대규모 플랜트 건설 계약 전문가였다. 당시 집사님은 미국의 대형 플랜트 회사로 이직을 했다. 돈과 명예와 지위를 얻을 수 있는 기회였다. 그러나 집사님이 이직한 이유는 다른 데있었다. 그 회사가 해외 플랜트 건설 전문 업체였기 때문이다. 집사님은 선진국들과의 거래를 담당할 수 있는데도 불구하고 제3세계 국가들을 담당했다. 그리고 해외에 나갈 때마다 현지 선교사님들과 접촉해 그분들을 도왔다. 그가 하는 일은 플랜트 건설의 계약을 성사시키는 것이었으나, 그의 사명은 선교지에 성경을 보급하고 선교사님들이 필요로 하는 물품을 조달하고 지원하는 일이었다. 사명은 언제나 그의 가슴을 뛰게 했다. 사명이야말로 그가 일하는 진정한 이유였다.

지금도 세상의 무한경쟁 속에서 허무함과 두려움에 빠진 형제자매들이 얼마나 많은가. 일에 파묻히면 우리 영혼은 침몰할 수밖에 없다. 그러나 사명을 붙잡으면 우리 영혼은 비상하게 된다.

나는 곳곳에서 이런 사명자들을 만났다. 미국에 거주하면서도 요르단의 시리아 난민캠프를 정기적으로 방문해서 섬기는 치과의사도 만났고, 인도네시아 오지의 선교센터 인테리어를 위해 며칠 밤을 새우던 실내 디자이너도 만났다. 사명 때문에 자원해서 자비량으로 섬기는 이들이었다. 그뿐인가. 각자의 분야에서 헌신적으로 일하고 섬기며 선한 영향력을 끼치는 사명자들도 있고, 소속된 조직에서 신우회를 만들어 은혜의 통로가 되고 있는 사명자들도 있다. 모두 소리 없이 활동하는 무명의 사명자들이다.

이런 말이 있다. "세월은 사람을 기다려 주지 않는다." 그러나 지금도 사명은 하나님의 사람들을 기다리고 있다. 어린 사무엘이 태어나기를 기다리고, 소년 다윗이 나타나기를 기다린다. 또 청년 바울이 회심하기를 기다리고 중년의 베드로가 헌신하기를 기다린다. 그러고도 여전히 사명은 하나님의 사람들을 기다린다. 노년의 모세가 돌아오기를 기다리고, 노년의 갈렙이 나서

기를 기다린다. 그렇게 지금도 사명은 당신을 기다리고 있다. 일을 하면서 설렘과 기대감에 가슴이 두근거리던 때가 언제인가? 당신의 심장이 다시금 사명으로 고동치게 하라.

> "내가 달려갈 길과 주 예수께 받은 사명 곧 하나님의 은혜의 복음을 증언하는 일을 마치려 함에는 나의 생명조차 조금도 귀한 것으로 여기지 아니하노라"(행 20:24).

세상일은 할수록 영혼의 탁도가 높아지지만 사명은 감당할수록 영혼의 순도가 높아진다. 세상일은 나이의 제한을 두어 사람들에게 두려움을 주지만, 사명은 나이도 지위도 배경도 한계선이 될 수 없음을 증명한다. 일꾼은 일의 종류에 따라 화려하거나 초라하지만, 사명자는 일의 종류에 상관없이 위대하다. 그들이 하나님의 일, 곧 사명을 감당하고 있기 때문이다.[5] 이제는 세상일에 도전하는 것이 아니라 하나님의 사명에 도전하라. 두려움의 먹구름은 걷히고 영광의 햇살이 임하리라.

---

5 하용조, 《설교 사전》(두란노, 2011년).

chapter 06

능력으로
넘어서라

__ 부르심

———

"하나님께서 우리에게 주신 것은… 능력"

(딤후 1:7)

스코틀랜드 출신의 한 청년이 있었다. 그는 탁월한 100미터 스프린터(sprinter)였다. 그의 별명은 '날아다니는 스코틀랜드인'이었다. 그는 대학을 다니던 중 1924년 파리 올림픽에 영국 대표로 참가하게 됐다. 그런데 100미터 경기가 주일에 열린다는 소식을 듣고 신실한 크리스천이던 그는 안식일 성수를 위해 출전을 포기했다. 이내 영국 전역에서 조국을 배신했다는 여론이 들끓었다. 하지만 그는 뜻을 굽히지 않았다. 조국의 부름보다 하나님의 사람으로의 부르심이 더 중요했기 때문이다.

그러나 그의 주 종목이 아닌 400미터 경주에서 뛸 수 있는 기회가 왔다. 지금까지 한 번도 출전한 적 없는 종목이었다. 팀 닥터가 몸을 푸는 그에게 쪽지를 내밀었다. '나를 존중히 여기는 자를 내가 존중히 여기리라'(삼상 2:30). 그는 쪽지를 쥐고 믿음으로 달렸다. 놀랍게도 그는 금메달리스트가 되었을 뿐 아니라 세계 신기록까지 세웠다. 그는 바로 영화 〈불의 전차〉의 주인공 에릭 리들(Eric Henry Liddell)이다.

사람들은 그가 100미터 경기에 나가 우승하는 것이 그에게 주어진 사명이라고 생각했다. 하지만 그에게는 하나님의 사람으로 존재하는 것이 더 중요한 부르심이었다. 이것을 힐송교회의 브라이언 휴스턴(Brian Houston) 목사는 비전(vision)과 대의(cause)의 차이로 설명한다. 비전은 선택이지만 대의는 당위이고, 비전은 가변적이지만 대의는 불변하며, 비전은 멈출 수 있지만 대의는 항상 존재한다. 비전을 좇다가 대의를 놓칠 수는 있어도, 대의를 추구하면 비전은 언제든지 분명해진다. 그러면 크리스천의 대의는 무엇인가? 무슨 일을 하든, 어떤 비전을 따라가든, 크리스천의 대의는 '주 예수 그리스도와 그의 나라를 위해 존재하는 것'이다.

부르심, 내가 달려갈 길인가?

일에 대한 두려움을 극복하게 해주시는 하나님의 해법은 능력이다. 그리고 그 능력을 소유하게 하는 것이 바로 사명이다. 그래서 사명자에게는 담대함이 있다. 그러나 문제는 사명자의 길을 가다가도 길이 끊기거나 갈림길에 설 때면 '이 길이 맞는가?'라는 혼란이 온다. 이때 엄습하는 두려움을 극복하게 해주는 것이 바로 부르심이다. 부르심은 사명이라는 건물이 흔들리지 않도록 받쳐 주는 견고한 기초가 된다.

사명은 하나님 나라를 위한 일을 감당하는 것이다. 그리고 그 사명이 바로 하나님과의 관계 속에서 내게 주어졌을 때 우리는 그것을 부르심이라고 한다. 그러므로 사명자는 자신이 그 사명을 선택한 것이 아니라 그 사명을 위해 부르심을 받은 사람이다.

> "예수 그리스도의 종 바울은 사도로 부르심을 받아"(롬 1:1).

사도 바울은 생전에 예수님을 만나지 못했다. 하지만 다메섹 도상에서 부활하신 주님을 만나 이방인의 사도로 부름을 받았다.

반대파 유대인들은 바울에게 당신은 사도로 부름 받지 않았다고 공격했다. 하지만 아무리 공격하고 모함을 해도 그는 그 길을 갈 수밖에 없었다. 사도로 부름 받은 것은 사울의 선택이 아니라 하나님의 선택이었기 때문이다.

> "주께서 이르시되 가라 이 사람은 내 이름을 이방인과 임금들과 이스라엘 자손들에게 전하기 위하여 택한 나의 그릇이라"(행 9:15).

다메섹 도상의 체험은 바울이 평생 동안 주제가처럼 회상하던 충격적인 사건이었다. 그는 결코 부르심 받은 그날을 잊을 수 없었다. 그리고 그는 그날 이후 마지막 푯대에 이르기까지 멈추지 않았다. 어떤 어려움이 있어도, 어떤 반대자들이 있어도, 어떤 두려움이 몰려와도, 그는 한 번도 부르심의 길에서 탈선하지 않았다. 그에게 주신 부르심이 너무나 명료했기 때문이다. 부르심은 사명자의 길에 있어서 모든 것이다. 시작도 과정도 끝도 부르심이다. 부르심이 분명하면 오늘 어느 자리에서 무슨 일을 할지라도 두려움을 넘어설 수 있다.

부르심의 좌표 위에 서 있는가?
기차는 트랙 위에 있을 때 가장 안전하다. 철도청의 부름을 받고 출발역을 떠난 기차는 목적지에 이를 때까지 부르심의 좌표 위를 달려야 한다. 때로는 녹음이 푸른 평화로운 들녘과 아름다운 산맥과 탁 트인 바닷가를 지난다. 하지만 때로는 어둡고 긴 터널을 지나고 삭막한 폐공장 지대와 위태로운 절벽 위를 지나기도 한다. 그래도 분명한 한 가지 사실이 있다. 기차가 트랙 위를 달리고 있기만 하면 제대로 가고 있는 것이다.

일에 대한 두려움은 처음엔 내가 과연 이 일을 잘해 낼 수 있을까 하는 데 있다. 그러나 보다 근본적인 두려움은 과연 이 일이 나를 부르신 자리인가 하는 데 있다. 따라서 평생 부르심의 좌표 위에 서 있는 것만큼 안정감을 주는 것이 없다. 그런 점에서 두려움을 넘어설 부르심의 다섯 가지 과정을 보도록 하자.

- 출발역 : 어느 출발선에 설 것인가?
- 운　행 : 실시간 부르심을 재확인하라.
- 기착지 : 잠시 멈춘 것이 문제일까?
- 이　탈 : 부르심의 자리를 벗어났는가?
- 종착역 : 완성의 종점이 눈앞에 있다.

인생의 출발역에 서 있는 젊은이들이여, 부르심의 선로에서 출발하라. 그곳이 인생을 출발하기에 가장 좋은 지점이기 때문이다. 인생의 중반을 달리고 있는 사람이라면 마치 실시간 내비게이션처럼 끊임없이 좌표를 따라가라. 매너리즘에 빠지지 말고 거듭 부르심을 재확인해야 한다. 또한 중간 기착지에서 멈춰 서 있는 성도들이여, 인생이 잠시 정지해 있다고 해서 절대 오류나 상실의 시간이 아님을 알라. 오히려 더 큰 기대감으로 충전할 수 있는 시간이다.

한편, 인생의 선로를 이탈했다면, 가능한 한 빨리 부르심의 선로로 돌아오라. 선로 자체를 이탈했다면 잘 달리고 있든 주변 경치가 좋든 아무것도 좋은 것이라고 말할 수 없다. 마지막으로 인생의 종점을 향해 가는 성도들이여, 끝이 아니라 완성을 향해 가는 것이다. 엔딩을 두려워하지 말고 완성을 기대하라.

출발역: 승차권을 확인하라

인생의 본격적인 출발역에 서는 사람들이 겪는 두려움은 무엇인가? '내가 지금 바른 출발선에 있는가?'이다. 사명의 기차를 타고 시간의 선로 위에 설지라도, 제대로 된 역에서 출발하는가가 중요하다. 가끔 KTX를 타고 지방에 출장 갈 일이 있다. 역사에 들어와서 가장 먼저 확인하는 것은 내가 탈 기차가 몇 번 레인으로 들어오느냐이다. 왜냐하면 급하다고 엉뚱한 레인에서 기차를 타면 그것만큼 불안하고 두려운 일은 없기 때문이다.

감사하게도 나는 기차나 비행기를 잘못된 레인에서 타 본 적은 한 번도 없다. 다만 지하철은 몇 번 반대편에서 타 본 경험이 있다. 한참을 갔는데 잘못된 기차를 탔음을 깨닫게 되면 그 순간의 허탈함과 분노와 좌절감은 뭐라 말할 수가 없다. 인생도 명확한 부르심을 갖고 출발해야만 확신을 갖고 첫걸음을 내디딜 수 있다. 부르심의 승차권이 있어야만 두려움을 떨치고 사명의 출발선에 설 수 있기 때문이다.

사사시대에 강력한 부르심으로 시작한 한 사람이 있다. 기드온이다. 당시 이스라엘은 미디안 족속의 폭압으로 궁핍함이 심했다. 천사가 기드온을 만날 때 그는 포도즙 짜는 틀에서 몰래 밀 타작을 하고 있었다. 미디안 사람들에게 들키면 다 빼앗기기 때문이다. 그런데 천사가 그를 부른다. "큰 용사여! 여호와께서 너와 함께 계시도다!" 아니, 그가 무슨 큰 용사인가? 간이 콩알만

해져서 몰래 타작하는 사람에게 어울리지 않는 말이다. 그러나 하나님이 그렇게 부르셨다면 그는 하나님의 부르심의 출발선에 서게 된 것이다.

> "오 주여 내가 무엇으로 이스라엘을 구원하리이까 보소서 나의 집은 므낫세 중에 극히 약하고 나는 내 아버지 집에서 가장 작은 자니이다"
> (삿 6:15).

> "내가 반드시 너와 함께하리니 네가 미디안 사람 치기를 한 사람을 치듯 하리라"(삿 6:16).

기드온은 처음엔 사명의 기차를 타는 것이 두려웠다. 하지만 그는 양털과 이슬로 구한 기도 응답을 통해 두 번이나 명확하게 부르심을 확인할 수 있었다. 말하자면 기차를 타면서 역장에게 부르심의 승차권을 보여 주며 레인을 두 번이나 확인했다. 거부하기에는 너무나 분명한 부르심이었다. 그리고 자신과 함께 부르심을 받아 사명의 기차를 탈 300명의 승객들의 명단까지 받았다. 이후 그들과 함께 도저히 뚫고 나갈 수 없을 것 같던 미디안의 군대를 뚫고 나가게 된다. 기드온의 승리는 정확하고 분명한 부르심의 승리였다.

부르심의 첫 단추를 잘 꿰라. 부르심은 인생 선로 위에서 두려움을 극복하는 근본적인 요소다. 대학 입시생들은 당락에 대한 두려움보다 부르심의 출발역인가를 먼저 확인해야 한다. 떨어지는 것이 두려워서 '일단 아무 기차나 타고 보자', 재수하는 것이 두려우니 '빨리 출발하는 기차를 타자', 미래를 생각할 때 '좀 더 편안한 삶을 보장해 줄 기차를 타자' 해선 안 된다. 세상 사람들은 점수에 맞춰서 대학과 전공을 선택하지만, 하나님의 사람은 부르심의 선로 위에 서야 한다. 지금은 미약해 보여도 기드온과 같은 놀라운 승리를 거두게 될 것이다.

요즘은 다들 대입부터 취직이 잘되거나 전망이 좋은 전공을 따져서 간다. 여기에 하나님의 부르심이 고려될 리 없다.

언젠가 어느 장로님이 중3 학생과 진로 이야기를 하시다가 "영문과? 영문과는 가서 뭐 하게? 취직도 안 되는데" 하고 말하는 것을 듣고 내가 말했다.

"장로님, 제가 영문과 나왔는데요."

사실 남학생이 영문과에 가는 일은 드물다. 하지만 나는 부르심을 따라 선택했고 지금도 그것이 얼마나 감사한지 모른다. 승차권은 당신의 손안에 하나님께서 쥐어 주신다. 사람들이 어느 열차를 타라고 말하는 것은 중요하지 않다. 역장과 역무원조차도 아무 기차나 타라고 말할 자격이 없다. 그들도 당신 손에 있는 승차권을 확인해 줄 뿐이다. 출발역에서는 부르심의 승차권을 확인하라.

3등 칸에서 출발하더라도

바른 출발선에서 기차를 타기 위해 고집을 부리던 소년이 있었다. 다니엘이다. 대제국 바벨론에 포로로 끌려가서 왕의 인재 양성 프로그램에 들어갔다는 것만으로도 얼마나 좋은 기회인가. 그런데 그가 왕의 열차를 타고서도 갑자기 좌석을 옮기겠다고 말한다. 왕의 진미와 포도주로 자신을 더럽힐 수 없다는 결정 때문이었다. 식사 때마다 우상에게 바쳤던 제물을 먹어야 한다면 1등 칸을 포기하겠다는 의사였다.

그러나 그에게는 자신감이 있었다. 3등 칸에서 출발할지라도 하나님의 사람들이 더 빛날 것이라는 자신감이었다. 그리고 정말 3등 칸으로 자리를 옮겨 채소와 물만 먹었는데도 1등 칸에 앉아 있는 소년들보다 빛나는 것이 아닌가! 그리고 결국에는 3등 칸을 자처했던 그가 나라에서 가장 높은 재상의 자리에 오르게 된다.

오늘날 인생의 기차를 타는 사람들은 1등석에서 출발하는 것에 지나치게 집착한다. 왜냐하면 출발의 차이가 결과의 차이를 가져오기 때문이다. 그러나 다니엘은 인생을 경쟁이라고 생각하지 않았다. 그는 인생을 부르심이라고 보았다. 그는 다른 소년들과 경쟁하기 위해 이 기차를 탄 것이 아니라 하나님의 부르심이 '여기에' 있기에 탄 것이었다. 분명한 목적의식이 그의 존재를 빛나게 하는 힘이었다.

오늘날 3등석에서 인생을 출발하는 젊은이들은 시작부터 자기 인생을 실패라고 생각한다. 왜 그런가? 인생을 경쟁 구도로 해석하기 때문이다. 스펙 쌓기에 최선을 다했지만 여전히 가난한 스펙푸어, 열심히 일해도 빈곤을 벗어날 수 없는 워킹푸어, 빚내서 집까지 마련했지만 여전히 허덕이는 하우스푸어, 이런 자조적인 이미지들이 시작부터 경쟁에서 밀린 젊은이들의 자화상이 되어 버렸다.

현재의 점수로 내 인생 경주가 끝났다고 말하지 말라. 낮은 데서 시작해도 오르막이면 된다. 3등 칸에서 출발해도 부르심의 좌석이면 미래는 밝다.

요즘 취직하기가 하늘의 별따기다. 그러나 어찌 보면 모두가 1등 칸을 고집하고 레드 오션에만 몰리기 때문이다. 견실한 중소기업들에 지원하라. 일본과 유럽과 중동에서는 유능한 한국 청년들을 환영하고 있다.

해외 기업 인턴십 프로그램을 나라에서 위임받아 진행하는 집사님이 있다. 그런데 한국 대학생들이 이들 기업에 입사하는 것을 꺼린다고 했다. 좋은 인재들이 새로운 환경에서 새로운 도전을 하는 것 자체를 두려워한다는 것이다. 하지만 마라톤 경기에서도 진짜 자신감이 있는 선수들은 처음부터 치고 나가지 않는다. 다른 선수와의 경쟁 이전에 나의 페이스가 중요하기 때문이다. 크리스천들이여, 세상의 경쟁 구도에 흥분해서 자기만의 부르심의 페이스를 놓치지 말라.

운행: 실시간 부르심을 재확인하라

또한 인생의 중반을 가다가도 불안하고 두렵다면 부르심을 확인해야 한다. 인생길을 가다가 언제 두려움이 몰려오는가? '지금 내가 가는 길이 맞는가? 내가 지금 잘못된 방향으로 가고 있는 건 아닌가?' 하는 생각이 들 때다. 역경이 찾아오거나 오래도록 정체되어 있다는 느낌이 들 때 특히 그런 생각이 든다. 이때 호주머니에 넣어 둔 승차권을 꺼내서 확인하라. 당신에게는 매 순간 확인할 수 있는 부르심이 있다.

사사시대에 왕을 원한 것은 백성이었지만 사울을 부르신 분은 하나님이었다. 하나님이 그에게 주신 사명은 이방 민족들에게 고통당하던 이스라엘을 구해 내는 것이었다. 그러나 세월이 갈수록 그는 하나님을 경외하는 사람으로서의 근본적인 부르심에 순종하지 않았다. 제사를 마음대로 드리고 하나님의 명령을 어기는 등 계속 부르심에서 멀어져 갔다. 사울은 부르심이 아니라 자리를 지키려 했고, 사명이 아니라 욕망을 채우려 했다. 이렇게 본질을 상실한 그는 평생 불안과 두려움 속에서 살아야 했다. 급기야 누군가 자신을 해칠 것 같은 피해망상에 사로잡혔고, 귀신 들림 현상까지 나타났다. 그에게 급선무는 두려움에서 벗어나는 것이 아니라 부르심의 원점으로 돌아가는 것이었다.

사울 왕처럼 부르심의 승차권을 가지고 사명의 기차를 타서 시간의 선로를 잘 달리던 사람도 환승역에서 엉뚱한 기차로 갈아타는 경우가 있다. 그러면 시간이 갈수록 부르심에서 멀어지게 된다. 그리고 불안할 수밖에 없다. 자신의 불안과 두려움을 극복하겠다고 주변 승객들을 괴롭히고, 잘못된 기차를 탔다고 알려 주는 승무원들을 죽이려고 달려든다. 결국 어떻게 되겠는가?

난동소란죄로 체포되지 않겠는가.

반면에 다윗의 인생은 어떠했는가? 그가 처음에 탔던 기차는 좋은 구간들만 지나갔다. 골리앗에 대한 승리, 장수로서 얻은 많은 승리들, 왕의 사위로 왕궁에서 사는 삶이라는 멋진 파노라마가 이어졌다. 사무엘을 통해 손에 쥔 승차권을 들고 제대로 기차를 탄 것이다. 하지만 비상 방송을 듣고 급하게 환승역에서 갈아탔더니 기차는 이상한 방향으로 갔다. 반역자로 몰려 빈들로 쫓겨나야 했을 때는 다윗도 혼란스러웠다. 왕이 되라는 사명은 온데간데없고 기차는 계속해서 유대 광야로만 달렸다.

그의 인생에서 사명은 그대로 멈춰 버린 것만 같았다. 하지만 부르심은 여전했다. 비전은 보이지 않았지만 예배자로 살아가는 대의에는 변함이 없었다. 다윗은 '아무래도 잘못된 기차를 탄 것 같아'라고 말하지 않았다. '철도청의 착오가 분명해'라고 문제제기 하지도 않았다. 그저 하나님이 광야로 들어가게 하시면 광야로 들어갔다(삼상 22:5). 그에게는 왕이 되는 사명보다 하나님을 신뢰하는 삶의 부르심이 더 중요했기 때문이다.

여전히 인생 기차가 광야를 떠돌고 있다면, 기도와 예배 가운데 부르심의 승차권을 확인해 보라. 제대로 가고 있는 게 맞을 것이다. 그렇다면 지금은 광야를 떠돌지만 부르심의 목적지로 인도해 줄 가장 안전한 기차를 타고 있는 것이다.

> "하나님이여 내 마음이 확정되었고 내 마음이 확정되었사오니 내가 노래하고 내가 찬송하리이다 내 영광아 깰지어다 비파야, 수금아, 깰지어다 내가 새벽을 깨우리로다 주여 내가 만민 중에서 주께 감사하오며 뭇 나라 중에서 주를 찬송하리이다"(시 57:7-9).

광야에서 청중도 없는데 만민 중에 감사하고 열방 중에 찬송하는가? 그러나 그는 새벽마다 비파와 수금을 들고 굴 어귀에 앉아 모두가 자는 시간에 찬양했다. 도망 외에는 별다른 일정이 없는 사람이 새벽부터 일어나 희망의 찬가를 불렀다! 함께 열차를 타고 가며 실망하던 승객들도 다윗 주변에 모여 함께 찬양하기 시작했다. 함께 꿈을 꾸기 시작했다. "이런 광야에서 10년간이나 떠돌아다니려고 기차 탄 거 아니다"고 불평하던 사람들도 어느새 이 기차가 비전의 목적지에 이를 것임을 확신하기 시작했다. 어떻게 그럴 수 있었는가? 모두가 승차권을 분실했지만, 부르심의 승차권을 단단히 붙잡고 있던 단한 사람 때문이었다.

환승역에서 승차권을 확인하라

해외에서 비행기를 환승하려면 반드시 탑승권을 새로 확인해야 한다. 출발할 때 알고 있던 환승 시간과 게이트가 변경되는 경우가 자주 있기 때문이다. 처음 부르심이 이것이니 이대로 가면 되겠지 하고 탑승권을 확인하지 않으면 비행기를 놓칠 수 있다. 그러면 당황스런 상황이 연출된다. 누구를 원망하겠는가. 실시간으로 재확인하는 길밖에 없다.

돌다리도 두드려 보고 건너라는 말이 있다. 하나님의 부르심 안에서 잘 출발했어도 중간중간 부르심을 재확인하라. 운전할 때 내비게이션을 계속 확인하면서 가는 것처럼 말이다. 목적지에 안착할 때까지 내비게이션에서 눈을 떼지 말라. 고속도로에서 빠져나가야 할 출구를 놓쳐서 먼길을 돌아오고 싶지 않다면 말이다.

한 청년이 상담을 요청했다. 교사 임용고시를 준비하는 청년이었는데, 이미 여러 번 떨어져서 이번 시험도 실패할까 봐 두려움에 사로잡혀 있었다. 하지만 하나님께서 그에게 가르치는 은사를 주셨고 열악한 환경의 아이들을 품겠다는 열정을 주셨다. 우리는 함께 간절히 기도했다. 2년 뒤 그가 임용고시에 합격했을 때 세상을 다 얻은 것처럼 기뻐했다. 하나님께 이보다 더 감사할 수 없었다. 그것으로 그의 인생이 해피엔딩일 줄 알았다.

그런데 몇 년 뒤 다시 연락이 왔다. 너무 고통스럽다고 했다. 서울에 있는 학교에서 시작하고 싶었지만, 경기도에서 교사 생활을 시작했다. 꿈에 부풀었던 교사 생활은 과다한 업무와 연일 계속되는 야근으로 지쳐 갔다. 게다가 학생들의 학업 수준은 낮고 환경도 너무 열악했다. 가난한 아이들을 품고 싶다던 열정은 식어 버리고, 어떻게든 이곳을 벗어나고 싶다는 생각밖에 없었다. 이렇게 자기 인생이 끝날 것 같은 두려움이 몰려왔다. 그리고 두려움은 하나님을 향한 원망으로 변했다. 마음에 두려움과 원망이 가득하자, 아이들에게 짜증을 내고 다른 선생님들과의 관계도 어려워졌다.

과연 이 청년은 무엇이 문제일까? 경기도권 학교가 광야로 생각된다 할지라도, 광야에서 예배자의 부르심을 목숨처럼 지켜 낸 다윗이 되면 안 될까? 사울처럼 두려움의 자리만 벗어나려 하지 말고 부르심의 자리를 회복해야 하지 않을까? 그러지 않는다면, 설령 앞으로 서울권으로 들어온다 할지라도 이번에는 지나친 교육열로 과열된 지역에서 또 다른 절망을 경험하게 되지 않겠는가.

인생의 환승역에서 주머니에 꾸겨 넣었던 부르심의 승차권을 꺼내 확인하라. 인생은 처음에도 중간에도 부르심이다. 부르심이 분명해야 이겨 낼 수 있다.

모든 것이 부르심이다

부르심이 아닌 것이 없다. 결혼도 부르심이고 직장도 부르심이다. 교회 직분과 봉사도 부르심이다. 왜냐하면 모든 일은 우리가 선택한 것 같아도 이미 하나님의 섭리 가운데 있기 때문이다. 사랑해서 결혼했다. 하지만 싸우고 실망하여 갈라서기도 한다. 청운의 꿈을 품고 입사했다. 그러나 현실에 좌절해서 그토록 꿈에 그리던 직장을 박차고 나오기도 한다. 받은 은혜가 감사해서 교회에 충성 봉사했다. 하지만 더 큰 상처를 입고 그토록 사랑하던 교회를 등지고 떠나기도 한다. 왜 그런가? 우리가 이 땅에서 사명으로 시작한 일이라도 갈등과 혼란이 올 때가 있기 때문이다.

하지만 아무리 힘들어도 부르심의 자리라면 중단할 수 없고 떠날 수 없다. 나를 부르신 이가 하나님이시고 나를 보내신 이가 하나님이시다. 그분이 시작하셨으니 끝내는 것도 그분이 하신다. 내 맘대로 결혼을 끝낼 수 없다. 내 맘대로 직장생활을 끝낼 수 없다. 내 맘대로 교회를 떠날 수 없다. 내 맘대로 인생을 끝내서도 안 된다. 나라는 존재 자체가 그분의 부르심인데 내 맘대로 어디를 갈 수 있겠는가.

그래서 인생이 정말 어려워졌을 때 확인해야 할 것은 부르심이다. 하나님께서 맡겨 주신 사명이 있어서 여기까지 왔다고 생각했는데 길이 끊어지고 갈림길이 나오고 혼란스럽다면, 그때 질문하라. 이것이 나의 인간적인 생각이었는가, 아니면 하나님의 부르심이었는가?

나는 결혼식 주례를 자주 한다. 주례에서 신혼 커플에게 내주는 숙제가 있다. 그것은 10주년 여행을 준비하라는 것이다. 왜냐하면 기대감을 갖고 출발한 가정도 첫 10년을 평안하게 지내기가 쉽지 않기 때문이다. 남편은 직장일로 야근에 출장에 정신이 없고, 아내는 아기 낳고 키우면서 육아에 살림에 정신 없는 사이 부부 관계에 위기가 올 수 있다. 하지만 그토록 끝날 것 같지 않던 힘든 시간도 끝나는 때가 온다. 남편도 회사에서 어느 정도 안정적인 지위에 오르고 아내도 아이들이 커 가면서 자기 시간을 가질 여유가 생긴다. 그때가 딱 10년이다. 그때까지는 아무리 힘들어도 참고 살아야 한다. 10주년에 부부만의 자축 여행을 떠나라. 반드시 광야는 끝난다. 부르심을 중단하지 말라. 하나님의 부르심으로 이 결혼을 시작했다면 부르심의 종착역까지 가야 한다.

기착지 : 잠시 멈춘 것이 큰 문제일까?

모태에서부터 성령 충만했던 한 사람이 있다. 그는 태어나기도 전에 부르심을 받았고, 평생을 거룩한 하나님의 선지자로 부름 받았음을 망각한 적이 없다. 모두가 부르심에서 떠난 시대에 나타나 부르심을 회복할 것을 외쳤고, 마침내 모든 사람에게 부르심의 승차권을 재발급해 주었다. 게다가 그는 어느 날 가장 중요한 인물에게 부르심의 승차권을 발급하게 된다. 예수라는 이름의 청년, 하나님의 아들로 이 땅에서 대속물로 죽어야 하는 분에게 세례를 베푼 것이다. 그가 바로 세례 요한이다.

그런데 그가 정작 자신은 목적지에 이르지 못할 것 같은 두려움에 빠진 적이 있다. 헤롯에게 붙잡혀 투옥되었을 때 처음엔 괜찮았지만 곧 의심이 그의 마음을 사로잡았다. 그는 제자들을 예수님께 보냈다. "정말 당신이 우리가 기다리던 메시아가 맞습니까? 아니면 다른 분을 기다려야 합니까?" 그는 두려웠다. 지금까지 헌신했던 모든 일이 다 헛수고가 될까 봐 두려웠다.

세례 요한처럼 부르심의 승차권을 발급해 주던 사람이, 정작 자신의 부르심과 사명에 대해서는 흔들리는 모습을 보이다니 어찌된 일인가. 내가 탄 기차가 목적지에 거의 다 이른 줄 알았지만, 기착지에 멈춰 서 있는 동안 잘못된 선로 위에 있는 것만 같은 두려움이 몰려왔기 때문이다.

영국에서 왕당파와 의회파가 갈등하던 1628년, 한 사람이 태어났다. 그는 베드퍼드 인근의 엘스토우에서 땜장이의 맏아들로 태어났다. 16세에 의회군 병사로 징집됐다가 고향으로 돌아와 땜장이 일을 계속했다. 그러다가 27

세에 세례를 받고 침례교인이 된 이후로는 복음의 열정으로 마을마다 다니며 설교하기 시작했다. 하지만 나라가 인정하지 않는 불법 집회를 했다는 이유로 그는 여러 차례 투옥되기에 이른다. 국가는 그에게 땜장이로 살아가라는 것이었지만, 그는 복음 증거자의 삶을 포기할 수 없었다. 부르심 때문이었다. 12년간 감옥에 갇혀 지냈지만 그는 글로써 복음을 전하고 성도들을 권면했다. 그가 바로 역사상 성경 다음으로 많이 읽힌 책《천로역정》의 저자 존 번연이다.

기착지(寄着地)가 무엇인가? 목적지로 가는 도중에 잠시 들르는 장소다. 가끔 부산 출장을 갔다가 밤늦게 서울로 돌아올 때면 종종 경험하는 일이 있다. 기차가 속도를 내달리다가도 종착지에 다다르면 갑자기 속도가 느려진다. 어떤 때는 한참을 그냥 멈춰 서 있기도 한다. '아니 무슨 문제지? 이러다가 집에 못 가는 거 아니야?' 잠시 이런 생각이 들지만 기차는 이내 목적지에 도착한다. 하지만 인생의 기차는 기착지에서 상당히 오랜 시간을 보내기도 한다. 로마 감옥에 두 번 투옥됐던 바울처럼, 12년간 감옥에 갇혔던 번연처럼, 마지막 생을 감옥에서 보냈던 요한처럼 말이다. 그러나 두려워하지 말라. 기착지는 목적지로 가기 위해 반드시 거쳐야 할 장소일 뿐이다. 결코 그것으로 끝나지 않는다. 거기서 허무하게 마감하지 않는다.

이탈 : 지나치고 싶지 않은 구간에서

부르심의 목적지를 향해 가다 보면 정말 지나치고 싶지 않은 구간이 나올 때가 있다. 캐나다 밴쿠버에는 시내로 들어가는 길목에 헤이스팅스(Hastings)라는 거리가 있다. 밴쿠버는 태평양 바다를 끼고 있는 아름다운 해변 도시다. 수많은 관광객들이 몰리고 캐내디언이라면 누구나 평생 한 번 살고 싶다고 소원하는 도시다. 그러나 그 누구도 헤이스팅스 거리를 지나고 싶어 하지는 않는다. 왜냐하면 그곳에는 마약상들이 우글거리고 술과 마약에 취해서 비틀거리는 노숙인들이 돌아다닌다. 게다가 길바닥에 마약 주사들이 굴러다니고 중독자들이 운전하는 차 앞으로 마구 뛰어든다. 그래서 도보로든 차로든 외면하고 싶은 거리가 되어 버렸다.

북이스라엘의 초대 왕 여로보암의 이름을 그대로 딴 왕, 여로보암 2세가 등장했을 때다. 북이스라엘의 재건을 꿈꾸는 왕에게 영적인 버팀목이 되어 주던 선지자가 있었다. 그는 신앙이 무너진 북이스라엘에서 한 그루의 소나무처럼 독야청청(獨也靑靑) 한 인물이었다. 그를 통해서 하나님의 말씀이 선포되었고 왕은 담대하게 잃어버린 영토를 회복하고 확장하는 일을 진행했다(왕하 14:25). 그가 바로 요나 선지자다.

하지만 그도 지나가고 싶지 않은 구간이 있었다. 바로 앗수르 제국의 수도 니느웨였다. 그는 갈릴리 인근 가드헤벨 출신이었기 때문에 어려서부터 잔악한 앗수르인들에게 위협과 공격을 받은 아픔이 있었다. 그래서 그는 니느웨로 부르심을 받았을 때, 선지자로서 사표를 던져 버린다. 말하자면 니느웨역에 가기 싫다고 중간에 부르심의 승차권을 쓰레기통에 버리고 자기 맘대로 기차에서 내려 배로 갈아타 버린 것이다.

그는 당대 최고의 휴양지인 다시스로 가는 배표를 구입했다. 다시스는 오늘날 스페인에 있는 아름다운 도시이며 고대에는 지상낙원으로 여겨지던 곳이었다. 요나는 거룩한 선지자 의상도 벗어 버리고 편안한 반바지에 트로피컬 무늬의 셔츠를 입었다. 선글라스까지 끼고 "고생한 당신 떠나라!"를 외치며 다시스행 배를 탔다. 그런데 웬일인가? 안전한 항해 시즌에 갑자기 광풍이 불어닥치더니 깨어나 보니 물고기 뱃속이었다.

당신의 인생에서 아무리 부담스런 구간이 나온다 해도 절대로 선로를 이탈하지 말라. 헤이스팅스 거리를 지난다 해도, 원수들로 가득한 니느웨 거리를 지난다 해도, 부르심의 기차가 그곳을 관통한다면 가야 한다. 부르심의 좌표 위에 있는 것이 가장 안전하다. 요나가 지상 낙원인 다시스에 갔다고 해도 그 곳이 부르심의 자리가 아니라면 세상에서 가장 위태로운 자리가 된다. 그러 나 적의 심장부 니느웨에 갈지라도 그곳이 부르심의 자리라면 세상에서 가장 안전한 자리다. 나중에 요나는 니느웨 사람들이 회개했다고 성질을 냈는데, 사실 그들이 회개하지 않았다면 그는 형장의 이슬이 되었을지도 모른다.

당신은 지금 부르심의 좌표 위에 있는가? 부르심의 선로 위를 달리고 있는 가? 평생을 한 번도 선로를 이탈하지 않고 달린다는 것은 정말 어려운 일이 다. 모두가 그런 충동을 받는다. 평생 거룩한 선지자로 살던 요나가 '불순종 의 대명사'로 기억되는 것도 한순간의 충동 때문이었다. 10년을 광야에서 잘 버티던 다윗도 마지막 순간에 잡힐 것 같은 두려움에 가드 왕에게 망명했다 가 자기 사람들한테 돌 맞아 죽을 뻔하지 않았는가(삼상 30:6). 심지어 하나님 의 아들께서도 겟세마네 동산에서 이렇게 기도하셨다.

"할 수 있다면 이 잔을 내게서 거둬 주십시오"(마 26:39, 우리말성경).

십자가는 완성의 구간이었지만 인간적으로는 지나가고 싶지 않은 구간이 었다. 하지만 아들을 보내신 아버지의 뜻, 그 부르심 때문에 그 길을 가실 수 있었다.

두려움은 부르심의 좌표를 흔들어 놓는다. 하지만 부르심의 확인은 두려 움의 지진을 진정시킨다. 천성문에 이르기까지 절대로 부르심의 좌표를 떠 나지 말라.

종착역 : 끝인가 완성인가?

우리가 부르심의 승차권을 들고 사명의 기차를 타서 시간의 선로 위를 달리는 이유가 무엇인가? 목적지에 이르기 위함이다. 소망의 항구에 이르기 원하고, 완성의 정거장에 이르기 원하기 때문이다. 그것이 인생의 가장 큰 영광이요 유종의 미다. 그러나 그렇게 평생을 잘 달려왔는데도 완성의 종점 앞에서 두려움에 떠는 사람들이 있다. 부르심의 완성에 초점을 두기보다 종료(ending)라는 끝에 초점을 두기 때문이다.

엘리야는 북이스라엘 최악의 왕 아합이 활개 치던 때에 활동한 선지자요 시대의 신앙 양심이었다. 하나님의 심판으로 그 땅에 기근이 올 것을 예언한 뒤, 이스라엘 전역에 3년간 지독한 가뭄이 찾아왔다. 이후 엘리야가 역사의 전면에 재등장해서 갈멜 산에서 놀라운 승리를 거두며 바알과 아세라 선지자 850인을 죽인다. 그러고는 3년 만에 단비가 내리던 날 엘리야는 허리를 동이고 아합의 마차 앞에서 달리는 성령 충만한 능력을 보인다.

그런데 웬일인가? 바로 다음 장면에서 그는 시내 광야로 들어가 작은 덤불에 불과한 로뎀나무 아래 누워 "지금 내 생명을 거두시옵소서"(왕상 19:4)라고 기도한다. 이세벨이 그를 반드시 잡아 죽이겠다고 공언했기 때문이다. 평생을 선지자로 승리하며 달려왔던 그가 이세벨에게 잡혀 죽는 것이 두려워 차라리 광야에서 아무도 안 보이는 곳에서 죽게 해달라고 요청했다.

지금도 인생의 마지막 구간을 지나면서 원치 않는 죽음을 두려워하는 성도들이 있다. 암 투병으로, 노환으로, 중병으로 로뎀나무 아래 누워 있는 성도들이다. 시시각각 죽음의 그림자가 이세벨의 손길처럼 다가오는 것이 너무나 두렵다. 사실 이 순간을 위해 달려온 것이 맞다. 하지만 이런 모습으로 끝나려고 달려온 것은 아니라는 것이 문제다. 영광스럽고 평화로운 모습으로 결승점을 통과하고 싶은데 이런 초라하고 고통스런 모습으로 떠나야 하다니!

최근 한 성도님의 죽음을 접하며 많은 것을 느꼈다. 몸 안의 장기들이 여기 저기 고장 나 있었고 수년째 혈액 투석을 받던 분이다. 심방을 갔을 때 "주님 부르시면 천국 가야죠" 하고 밝게 웃으며 말씀하시는 모습이 참 놀라웠다. 그는 원래 사업에 성공하여 집도 여러 채 소유하고 남부러울 것 없는 삶을 살고 있었다. 그런 그가 예수님을 믿으면서 사업도 망하고 가정도 기울었다. 누구라도 하나님을 원망하지 않을 수 없는 상황이었다.

그런데 지난봄부터 매주 수요예배에 참석했다. 예배당도 크고 회중도 많은 데다가 이분이 얼굴이 까매서 뒤에 앉아 있으면 사실 잘 보이지 않는다. 그런데 신기하게도 설교하러 단상에 서면 그의 얼굴이 계속 눈에 들어왔다. 찬양을 하고 말씀을 듣는 그의 얼굴은 천사처럼 빛났다. 어떻게 그토록 아픈 분이 저렇게 빛이 나는지 놀라움 자체였다.

그러다 올해 여름이 시작되면서 그분이 뇌출혈로 쓰러졌다. 그 전에 며칠간 정신이 깜빡깜빡했는데 그게 전조증상이었던 모양이다. 그때 아내에게 이런 말을 했다.

"여보, 천국을 봤는데 너무 좋아. 나 빨리 천국에 가고 싶어. 그런데 당신은 이 어두운 세상에 살아서 어쩌지?"

홀로 남을 아내를 걱정하는 소리였다.

"성도들의 죽음은 여호와께서 보시기에 귀합니다"(시 116:15, 우리말성경).

천국문 앞에서 두 팔을 벌리고 달려 들어가는 성도들을 볼 때마다 가슴이 뭉클해진다. 모두가 마지막 문턱에서 두려워하는데, 이 지점에 이르기 위해 여기까지 달려왔다고 오히려 천국을 향해 침노하는 성도들이 있다. 원치 않는 모습으로 천성문에 이르렀다고 불평하는 사람들도 있다. 하지만 그 문을 넘어서면 천사와 같이 흰 옷을 입을 것이다. 그러므로 이제 심호흡을 하고 찬송을 부르며 부르심의 종착역을 향해 담대히 들어가라.

"하나님의 은사와 부르심에는 후회하심이 없느니라"(롬 11:29).

〈나의 부르심〉이라는 찬양이 있다. 하지만 부르심은 근본적으로 하나님의 부르심이다. 부르심에 관한 한 나는 수동태요 하나님이 능동태다. 그렇기 때문에 부르심에서 내 역할은 순종이요 하나님의 역할은 시작과 완성이다. 결국 내 안에 착한 일을 시작하신 이가 이 부르심을 완성하실 책임을 지신다. 부르심에 순종하면 감당할 수 있는 능력 또한 주신다. 오늘도 묵묵히 부르심의 길을 가는 성도여, 담대히 이 길을 가라. 주께서 동행하시고 동역하실 것이다.

LIFE

BEYOND

FEARS

PART 03

해답 2

사랑

chapter 07

사랑으로
넘어서라
_ 자신

————

"하나님께서 우리에게 주신 것은… 사랑"

(딤후 1:7)

.

외국계 회사에서 일하는 청년이 있었다. 미모에 고학력의 자매였다. 어머니의 교육열과 열정이 만들어 낸 작품이었다. 자매는 한 번도 어머니 말씀에 거역한 적이 없다. 가라는 대학에 갔고 들어가라는 회사에 입사했다. 어머니는 전형적인 한국식 타이거 맘(Tiger Mom)이었다. 모든 것을 다 이룬 것 같았다.

그런데 자매의 얼굴은 "나는 내가 누구인지 모르겠습니다"라고 말하고 있었다. 얼굴은 창백하고 눈에는 초점이 없었다. 얼마 전 회사에서 억울한 일로 궁지에 몰렸을 때 자매가 어찌할 바를 모르자 어머니가 버럭 화를 내며 어떻게 만들어 준 경력인데 일을 망쳤냐고 다그쳤다. 그러자 자매는 생애 처음으로 어머니에게 반항을 했고 집을 나간 뒤 친구 집을 전전했다.

두 번째 해법, 사랑

무엇이 이 청년의 문제일까? 직장이 맞지 않았을까? 끈기가 없었던 것일까? 은혜가 부족했던 것일까? 아니다. 평생을 지시만 받으며 살면서 한 번도 자기 자신으로 살아 본 적이 없었던 게 문제다. 자매는 어머니의 기준에 미치지 못하면 자신은 쓸모없는 존재라고 학습되어 있었다. 자신이 얼마나 소중하고 아름다운 존재인지 알지 못했다. 오늘날 이 땅에 이 자매처럼 자신조차 사랑하지 못하는 사람들이 얼마나 많은지 모른다.

능력이 일에 대한 두려움을 사라지게 한다면, 사랑은 사람에 대한 두려움을 사라지게 한다. 능력이 은사라면 사랑은 성품이다. 능력이 성령의 기름 부음이라면 사랑은 성령의 열매다. 능력은 사명을 감당하게 하고 사랑은 관계를 감당하게 한다.

이것이 두려움을 극복하도록 하나님이 허락하신 두 번째 해법이다. 두려움은 사람을 멀리하지만 사랑은 사람을 가까이한다. 두려움은 사람에게 집착하지만 사랑은 사람을 자유하게 한다. 두려움은 좋아도 표현하지 못하지만 사랑은 어려워도 표현할 수 있다. 두려움은 정직하지 못하지만 사랑은 거짓말하지 못한다. 두려움은 숨지만 사랑은 다가선다. 두려움은 안전한 성이요 사랑은 광활한 대지다. 두려움은 안정감을 주는 불안함이고 사랑은 불안을 뛰어넘는 역동성이다. 왜 그런가? 두려움은 두려워서 아무것도 안 하지만, 사랑은 적극적으로 행동하여 두려움을 제거하기 때문이다.

사랑이 두려움을 몰아낸다

사랑하면 두려움이 사라진다. 목숨까지 내어 주는 사랑에는 두려움이 없다. 두려움이 있다는 것은 그 사랑이 온전하지 못하다는 뜻이다. 사랑하면 관계의 한계선을 뛰어넘는 능력이 생긴다. 사랑하면 뭐든지 적극적으로 하려는 의지가 생기기 때문이다. 그래서 용감한 자가 사랑을 얻는 것이 아니라, 사랑하는 자가 용기를 얻는 것이다. 그렇게 사랑하면 용감해지고 지혜로워지고 감성적이 된다. 사랑에 빠지면 누구나 용사와 천재와 시인이 되는 법이다.

> "사랑 안에 두려움이 없고 온전한 사랑이 두려움을 내쫓나니"(요일 4:18).

얼마 전 한 호주 청년이 사후에 '용감한 호주인상'을 받았다. 2013년 5월 8일 폴 로싱턴(Paul Rossington)은 크루즈를 타고 뉴사우스웨일스 인근 해안을 지나던 중 한밤중에 여자 친구와 함께 실종됐다. CCTV 분석 결과 밤 9시 여자 친구가 발코니에서 미끄러져 바다로 떨어지자 그는 주저하지 않고 난간에 올라가 여자 친구를 구하기 위해 칠흑 같은 바닷속으로 뛰어들었다.

어떻게 그런 용기를 낼 수 있단 말인가. 그래서 때로 사랑은 무모하다. 목숨까지 걸기 때문이다. 사실 사랑해서 결혼하는 것만큼 무모한 일이 어디 있는가. 결혼은 엄청난 도박이다. 인생의 모든 것을 걸기 때문이다. 사실 사랑에 빠지는 강렬한 무모함이 발동되지 않는 한, 과연 누가 결혼하겠는가.

하나님은 이런 생리를 인간 안에만 두신 것이 아니다. 당신 자신이 가장 무모한 사랑을 선택하셨다. 바로 십자가다. 그러나 "하나님의 어리석음이 사람보다 지혜롭다"(고전 1:25). 무슨 뜻인가? 어리석어 보이는 사랑이 지혜로워 보이는 고독보다 낫다는 뜻이다. 하나님도 천상에서 누리는 평안한 고독보다 생명까지 내어 주는 바보 같은 사랑을 선택하셨다.

신은 완벽한 존재요 최고의 존재가 아닌가. 그런 신이 오해받고 미움받고 모욕과 조롱을 당하고 뺨을 맞고 채찍에 맞고 십자가에서 죽임을 당하다니! 불완전한 인간도 감당할 수 없는 일을 당하신 것이다. 그런 수치를 당하면서도 그분이 선택하신 것은 사랑이었다. 왜인가? 상처에 대한 두려움을 뛰어넘는 압도적인 사랑이 하나님의 본질이기 때문이다. 그리고 그 두려움 없는 사랑이 우리를 구원했다. 사랑이야말로 두려움에서 우리를 구원해 내는 능력이다.

두려움이 사랑을 몰아낸다

역으로 두려움이 사랑을 몰아내기도 한다. 요즘 젊은이들은 내 소중한 인생이 허비될 것이 두려워서 사랑도 결혼도 두려워한다. 그러나 사도 바울이 말한 것처럼 독신의 은사가 아닌 한, 사랑하는 길을 선택하는 것이 하나님의 창조 섭리요 구원 섭리다. 독신의 은사는 일신의 편안함이나 희생에 대한 두려움 때문이 아니라 바로 주의 영광을 위한 헌신이다. 왜 사랑의 길을 택해야하는가? 그것이 죽는 길이며 동시에 다시 사는 길이기 때문이다.

세상의 마지막 날이 가까울수록 사랑은 차가워지게 마련이다.

> "말세에 고통하는 때가 이르러 사람들이 자기를 사랑하며… 무정하며"(딤후 3:1-3).

갈수록 사람들이 자신만 사랑하고 냉담해져서 타인을 향한 헌신적인 사랑은 식어 가리라는 예언이다.

"교제 중인 사람에게 이런 문제가 있는데, 계속 교제해야 할까요?" 하고 묻는 청년들이 많다. 그러면 나는 이렇게 대답한다.

"정답은 본인만이 압니다. 어떤 난관이나 문제가 있어도 사랑하면 다 넘어설 수 있으니까요. 결국 사랑하는 만큼 가게 됩니다."

사랑하면 모든 염려, 걱정, 두려움을 넘어선다. 사랑하는 사람이 힘들어하면 나 자신을 걱정하고 있을 수가 없다. 당장 일어나 달려가야 한다. 사랑하기 때문이다. 용기로 표현되는 사랑 때문이다. 그래서 사랑은 무모한 도전이요 끝없는 희생이다. 그리고 결국은 참된 행복이다.

거절감에 대한 두려움

인생을 살면서 가장 힘들고도 가장 소중한 대상이 사람이다. 인간은 가장 매력적이면서 동시에 가장 위협적인 존재다. 또한 가장 완성도 높으면서 동시에 가장 불량률이 심각한 존재다. 인간은 애증의 대상이요 신과 짐승의 두 얼굴을 가진 분열적 존재다.

합리적으로 살겠다고 타인을 사랑하지 않으면 평안한가? 평안할 수 있다. 그런데 외롭다. 품안의 보석처럼 아름답지만 한겨울 눈발처럼 시리고 외롭다. 누구도 사랑하지 않고 누구한테도 사랑받지 않는 사람은 자유로운 인생이 아니라 갇혀 있는 인생이다. 그래서 인간에게는 근원적인 두려움이 있다. 바로 거절감에 대한 두려움(rejection fear)이다. 이 세상에서 그 누구에게도 아무런 의미도 되지 못한 채 살아야 하는가?

사랑하고 싶다. 하지만 실패할까 두렵다. 그래도 사랑하고 싶다. 하지만 상처받을까 두렵다. 사랑하면 용감해진다는데, 용감해지기 전에 사랑이 내 안에서 사그라진다. 왜 그런가? 나라는 존재에 대한 긍정이 부족하기 때문이다. 나 자신을 사랑하지 못하기 때문이다. 그래서 이처럼 빛나도록 아름다운 자신을 소맷자락에 감춰 둔 채 어느 누구한테도 보여 주지 못하고 살아간다.

그런 대표적인 인물이 구약의 사울 왕이다. 사울은 평생 가면을 쓰고 살았다. 다른 이의 훌륭한 점을 인정할 수 있는 용기도, 자기 잘못을 인정할 수 있는 용기도 없었기 때문이다. 그런데 그의 진짜 문제는 용기가 없는 게 아니라 사랑이 없는 것이었다. 그리고 그보다 더 큰 문제는 자기 자신을 사랑하지 못하는 것이었다.

사울 왕의 두려움

사울은 왜 다윗이 두려웠을까? 외적인 조건들을 놓고 보았을 때, 아무도 사울의 두려움을 예상하기도 이해하기도 어려웠다. 왜냐하면 그는 정말 모든 것을 갖춘 남자였기 때문이다. 그는 장신에 미남이었고, 온 백성이 원해서 세운 인물이었다. 게다가 아버지 기스는 유력한 사회 지도자였다(삼상 9:1-2). 사울은 성령의 감동과 하나님의 능력을 받아 중요한 전쟁을 승리로 이끈 장수요 왕이요 지도자였다. 또한 사울의 집정 기간에 모든 신민이 그에게 충성을 다했다. 사울은 자신감을 가질 만한 충분한 외적 조건들을 갖추고 있었다.

하지만 사울의 평정심에 균열을 일으키는 요소들이 생겼다. 첫째, 다윗이 가는 곳마다 훌륭한 리더십을 발휘하자 사울의 신하들이 그를 좋아하게 되었다(삼상 18:5). 둘째, 여인들의 노래 때문이었다. "사울이 죽인 자는 천천이요 다윗은 만만이로다"(삼상 18:7). 아니 여인들이 왕 앞에서 이런 불온한 가요를 부르면 어쩌자는 것인가. 셋째, 사울의 아들 요나단이 그를 생명같이 사랑했고(삼상 18:1) 딸 미갈도 그를 흠모했다(삼상 18:20). 하지만 그게 전부였다. 이중 어느 누구도 반역을 모의한 적이 없다. 다만 사울만 두려움에 사로잡혀 있었다.

도대체 사울 왕이 두려워한 그 근원은 무엇인가?

첫째, 불행한 가문의 역사였다. 부친 기스는 자수성가한 지도자였지만 베냐민 지파는 불과 몇 십 년 전에 지파 전체가 멸절될 위기를 겪었다. 사사시대 말미에 베냐민 기브아 사람들이 한 레위인의 첩을 밤새 윤간해서 죽이는 충격적인 사건이 벌어지자, 이에 분노한 11개 지파가 베냐민 지파를 멸절하기까지 쳤던 역사는, 베냐민 지파에게 깊은 상처와 두려움의 트라우마를 남겼다(삿 19-20장).

둘째, 사울의 낮은 자존감이었다. 그는 사람들을 두려워했다. 백성 앞에서 왕으로 세움 받을 때 그는 짐 보따리들 사이에 숨었다(삼상 10:22). 영예로운 순간에 왜 숨었을까? 겸손이었을까? 아니다. 그것은 나 같은 사람이 이렇게 주목받아도 되는가 하는 낮은 자존감 때문이었다(삼상 9:21).

셋째, 사울의 지나친 자기애였다. 사울은 아버지 기스에게 소중한 존재였다. 사울이 아버지의 잃어버린 나귀들을 찾으러 갔을 때 아버지는 나귀는 안중에 없고 자식의 안위를 걱정했다(삼상 9:5). 이렇게 금지옥엽으로 자란 자식은 자신이 주목받지 못하면 분노한다. 이것이 사울의 두 마음이었다. 주목받는 것이 부담스러운 낮은 자존감과 주목받지 못하면 분노하는 병적인 자기애, 그것은 양가감정이었다.

사울의 낮은 자존감과 지나친 자기애는 겸손과 교만이라는 전혀 다른 두 얼굴로 드러났다. 하지만 밝은 면이든 어두운 면이든 핵심은 자기중심성이다. 하나님보다 내가 중요하고 하나님보다 내가 중심인 상태인 것이다.

그리고 마침내 그를 가장 두렵게 만드는 원인에 이르게 된다. 바로 영적 분리불안이다. 실제로 하나님의 영이 그를 떠나셨다(삼상 16:14). 이것은 인간의 존재 근원을 송두리째 뒤흔드는 불안장애를 일으킨다. 주님이 내주하다 떠나신 자리의 공허함과 두려움은 형용 불가한 것이다.

나는 군대에서 비슷한 경험을 한 적이 있다. 카투사로 용산에서 근무했는데, 처음에는 부대 분위기가 좋았으나 새 1등상사가 오면서 어려워졌다. 그는 주일마다 성경을 끼고 교회를 가는 신자였다. 하지만 카투사들을 인종적으로 차별했다. 나는 한 사람의 인생을 망칠 수 없어서 고소를 포기했지만,

결국 군 내사기관에 걸려 그는 문제 군인이 되었다. 그 과정에서 나의 영혼은 미움과 분노로 시커멓게 타들어 갔다. 너무나 어둡고 힘들었다. 하루는 막사에서 혼자 엎드려 기도하는데 주님의 임재가 떠난 것이 느껴졌다. 두려웠다. 캄캄한 어두움이었다. 두 시간을 고통스럽게 울부짖었다. 다시는 경험하고 싶지 않은 어두움이었다.

심리적으로 완전히 궁지에 몰린 사울의 눈에 활개치고 다니는 한 소년이 들어왔다. 사울의 눈에 그는 자신이 갖지 못한 모든 것을 가진 너무나 완벽한 소년이었다. 자유로움, 담대함, 하나님의 영의 충만함, 자신보다 뛰어난 무용에 대중의 마음을 사로잡는 시적 감수성까지, 도대체 그에게 없는 것이 무엇인가? 그러나 모순적이게도 이 젊은이야말로 결핍 덩어리였다. 사울은 적어도 아버지에게 촉망받는 아들이었지만 다윗은 부모에게 버림받은 아들이었다! 그러나 사울은 거짓 영에 사로잡혀 그를 두려워하고 미워하기 시작했다. 사실 사울은 그 젊은이를 미워한 것이 아니라 자신을 미워하고 있었던 것이다.

내면이 건강한 사람은 훌륭한 사람이 나타난다고 자신을 미워하지 않는다. 그도 나름 훌륭하고 나도 나름 훌륭하다고 생각한다. 하지만 사울은 그 소년 때문에 열등감과 시기심으로 영혼의 열병을 앓았다. 자신이 세상에서 가장 비참한 존재라고 스스로 세뇌시켰다.

우리 역시 그렇다. 누군가가 탁월해서 두려운 것이 아니라 나 자신을 사랑하지 못하기 때문에 두려운 것이다.

눈을 주님께 돌리라

어떤 청년이 두려움의 문제를 호소했다.

"일하는 것도 사람 만나는 것도 자신이 없어요. 새로운 일에 도전하고 싶은데 열정도 없고 걱정만 앞섭니다. 두려움에 사로잡혀 꼼짝도 못하는 나 자신을 보면 자존감이 바닥을 칩니다. 위장병이 재발하고 화병이 생기죠. 저는 목사님처럼 회복하지 못하는 것이 제 탓 같아서 자책감과 죄책감이 듭니다. 이것이 저를 가장 크게 좀먹는 나쁜 것임을 아는데도 벗어나지 못하고 있어요."

청년은 어린 시절 부모님의 잦은 출장 때문에 할머니 손에서 자랐다. 이 과정에서 부모에게 버림받았다는 거절감의 상처가 생겼고, 그것은 30여 년간 그를 괴롭혔다. 계속해서 스스로 자신을 비난하는 소리를 듣는 것이다. 하지만 이 청년이 얼마나 성실하고 멋지고 모범적인지는 자기 자신만 모른다. 자신을 사랑하지 못하기 때문이다.

나도 오랜 세월 낮은 자존감 때문에 나 자신을 탓하고 비난해 보았지만 하등 도움이 되지 않았다. 그런 생각과 감정의 패턴 자체가 사탄의 지독한 거짓말이다. 그 중독에서 빠져나와야 한다. 자신을 사랑하지 못하는 사람에게 다음의 네 가지(4 L's)를 권면하고 싶다.

1. 시선(Look) : 자신을 바라보지 말고 하나님을 바라보라.

　　　　　　　내게는 소망이 없다. 그분께만 소망이 있다.

2. 사랑(Love) : 내가 나 자신을 스스로 사랑할 힘이 없는가?

　　　　　　　나를 향한 하나님의 사랑을 받아들이라.

3. 경청(Listen) : 사탄의 말을 듣지 말고 하나님의 음성을 경청하라.

4. 생활(Live) : 매일 자신을 사랑하는 지속적인 삶의 과정을 만들라.

많은 사람들이 지금도 매 순간 부정적인 생각과 씨름하며 살아간다. 시선을 주님께 돌리고 주님이 속삭이는 사랑의 소리를 듣는 귀를 열어야 한다. 한순간에 이 부정적인 생각이 물러난다면 좋겠지만 그러기 힘들다. 아니 한순간에 해결되면 영적 안일에 빠질 수 있다. 오히려 매일 꾸준히 주님과 동행하며 내 시선과 귀와 생활을 주님께로 돌리는 것이 축복이다.

사울의 피가 흐르고 있다

한국인의 몸에는 사울의 피가 흐르고 있다. 사랑의 공급은 부족한데 무한 경쟁 속에서 피만 끓고 있다. 경쟁심과 열등감과 두려움에 잠을 이루지 못한다. 그래서 공부도 일도 신앙도 '더 열심히!'를 외치지만, 여전히 이 땅에 사는 이들의 행복지수는 바닥을 치고, 신앙생활은 우울한 영화의 주인공처럼 하고 있다. 자신을 사랑하지 못하면 인생은 악몽이 되어 버린다.

사랑하지 않으면 두려움이 생긴다. 우리 영혼은 사랑을 품지 않으면 두려움을 품게 된다. 왕궁에 거하는 사울은 초조했고 광야에서 노숙하는 다윗은 평안했다. 따라서 평안과 두려움은 환경이나 지위, 나이, 경험의 문제가 아니다. 그것은 사랑의 문제다. 오늘날 사울처럼 두려움과 거절감으로 범벅이 된 분노장애자들과 우울증 환자들이 급증하고 있다. 인생의 과제들은 늘어 가는데 그것을 감당할 내면의 힘이 없는 것이다. 체력이 있어야 몸을 감당하고 능력이 있어야 일을 감당하고 자신을 사랑하는 심력이 있어야 인생을 감당한다.

얼마 전 한 청년이 미국에서 그토록 원하던 대학병원에 간호사로 취직하게 되었다. 그러나 기쁨도 잠시, 두려움이 몰려왔다. 일도 모르고 사람들도 낯설고 언어소통도 아직 부족했다. 첫 근무 전에 나는 그에게 이메일을 보냈다.

"실수를 두려워 마라. 실수해도 배우면 돼. 넌 잘할 수 있어."

얼마 뒤 답장이 왔다.

"지난 일주일 동안 너무 정신없이 지냈어요. 저는 계속 울기만 했고 아무 노력도 안 했습니다. 이렇게 앞이 캄캄하니 제 욕심이었나 싶습니다."

나는 그에게 답했다.

"매사에 낙천적인 사람들은 근심 걱정 없으니 부럽지. 하지만 일을 꼼꼼하게 배우지 못하는 경우가 많단다. 그러나 너처럼 걱정이 많은 사람은 두려움 때문에 많이 힘들어. 하지만 낯선 일을 잘 배우려고 아주 꼼꼼하게 노력한단다. 그리고 결국에는 남보다 더 많이 기여하는 경우가 많아. 다만 자신에 대한 평가가 박할 뿐이지. 그러니 자신에게 조금만 더 점수를 주렴. 그러면 마음이 평안해질 거야."

자신에게 조금만 더 점수를 주자. 내가 마음에 들지 않아도 나를 마음에 들어 하시는 분이 계시지 않는가. 성경이 원하는 사랑은 우리가 보기에 사랑스러우면 사랑하라는 것이 아니다. 그분이 보시기에 사랑스럽다면 사랑하라는 것이다.

하나님의 사랑으로 돌아가자

"하나님께서 우리에게 주신 것은… 사랑"(딤후 1:7)에서 '사랑'은 아가페 사랑이며 신적인 사랑이다. 하늘 보좌까지 버리고 이 어둠과 저주의 땅에 오셔서 창조주의 생명까지 내어 주시는 과감한 사랑, 불가해한 사랑, 완전한 사랑이다. 수천 년간 포기하지 않고 집요하게 찾아와서 건지시는 사랑이다.

삼위 하나님은 사랑이시다. 첫째, 성부의 창조도 사랑이다. 우리와 사랑의 교제를 원하셔서 영원에서 시간으로 뚫고 다가오셨다. 둘째, 성자의 구속도 사랑이다. 그리스도께서 십자가를 지신 것은 우리를 향한 그분의 포기할 수 없는 사랑의 헌신 때문이다. 셋째, 성령의 임재도 사랑이다. 에덴에서의 동거가 파괴된 후 하나님은 얼마나 우리와 다시 만나기를 기다리셨는가. 육체로 전락한 인간에게 거룩한 하나님의 영이 다시 오심도 오직 사랑 때문이다. 이제 주님이 우리에게 말씀하신다.

"내 계명은 곧 내가 너희를 사랑한 것같이 너희도 서로 사랑하라 하는
　　이것이니라"(요 15:12).

　그렇다. 내가 나를 사랑하기 이전에, 선결 조건은 하나님의 사랑을 받는 것
이다. 우리 안에는 사랑이 없기 때문이다. 영원한 사랑의 마중물이 부어져야
우리 영혼 밑에 가라앉아 있는 사랑의 샘이 솟아오르게 된다.

　성도들을 상담하다 보면 참 많은 고민들이 있다. 다양하고 지혜로운 대답
이 필요하다. 그러나 결론은 언제나 하나다. "하나님을 뜨겁게 사랑하십시
오. 그 길밖에 없습니다." 왜인가? 인생도 신앙도 문제풀이가 아니라, 사랑의
원동력을 회복해야 가능하기 때문이다.

　권사님 한 분이 아들 때문에 죽을 것 같았다. 잘생기고 착하고 공부도 잘하
고 늘 리더였던 아들이 진로가 막히면서 우울증에 하나님을 멀리하고 한숨
만 쉬었다. 권사님은 하나님 앞에 엎드려 작정기도를 시작했다.

　"하나님, 이 아들을 언제 회복시켜 주실 건가요?"

　일주일을 금식하고 2주일을 금식했다.

　"내가 그 아들을 사랑한다."

　하나님이 말씀하시자 권사님은 반박했다.

　"아니요, 그런 거 말구요! 언제 회복시켜 주실 건데요?"

　"얘야, 내가 그 아들을 사랑한다."

　우리는 당장의 해답을 원한다. 하지만 하나님이 그 아들을 사랑하신다는
말보다 더 분명한 약속이 있을까.

　　"날 사랑하심 날 사랑하심 성경에 쓰였네"(찬송가 563장).

창세기부터 계시록까지 하나님 계시의 핵심은 사랑이다. 하나님이 사랑이시기 때문이다. 저 하늘의 해와 달과 별들, 저 푸른 대양과 웅장한 산들, 각양 열매 맺는 수목과 짐승과 가축과 청초한 꽃들, 그리고 이름 모를 들풀들까지도, 주님은 온통 우리를 향해 "난 널 사랑한다"고 고백하신다. 그런데도 사람이 이 놀라운 하나님의 사랑 고백은 듣지도 않고 "도대체 하나님이 인간을 사랑하기는 하십니까?" 하고 원망한다. 그런 사람들을 위해 하나님은 선지자를 보내 "그러지 말고 돌아와라. 다시 돌아와라" 하고 당신의 절절한 사랑 고백을 하신다. 그러느라 두꺼운 성경 한 권이 쓰였다. 얼마나 놀라운 러브레터인가!

이렇듯 인간이 자연으로 계시된 사랑도 못 알아보고 성경으로 계시된 사랑도 이해하지 못하니, 하나님은 마침내 독생자를 우리에게 보내 주셨다. 바로 사랑 때문이다.

"하나님이 세상을 이처럼 사랑하사 독생자를 주셨으니"(요 3:16).

십자가는 사랑이다. 사랑의 결정체다. 그러므로 두려움으로 사는 우리에게 하나님이 쏟아 붓고 싶으신 것은 오직 사랑이다. 두려움을 극복하기 위해 새로운 해답을 구하지 말고 하나님의 선물(3 C's + 2 S's)로 돌아가자.

1. 자연(Creation)으로 돌아가라.
   자주 자연에서 산책하며 하나님의 사랑을 호흡하라.
2. 십자가(Cross)로 돌아가라.
   십자가의 목숨을 건 사랑이 모든 거절감을 치유한다.
3. 공동체(Community)로 돌아가라.

하나님은 우리가 공동체에서 회복되기를 원하신다.

4. 성경(Scripture)으로 돌아가라.

하나님의 말씀이 꿀보다 달게 느껴지면 영혼은 반드시 치유된다.

5. 성령(Spirit)께 돌아가라.

날마다 성령 안에 거하면 거짓 생각과 감정이 사라진다.

당신 자신을 사랑하라

하나님의 사랑의 현현이신 예수님이 우리에게 찾아와서 주신 사랑의 명령은 무엇인가? 첫째는 하나님을 사랑하라. 둘째는 "네 이웃을 네 자신과 같이 사랑하라"(Love your neighbor as yourself, 막 12:31). 직역하자면 당신 자신을 사랑하는 것처럼 당신의 이웃을 사랑하라는 뜻이다. 그러면 이웃 사랑보다 선행되어야 할 것이 자기 사랑이다. 물론 자신을 사랑하지 않는 사람이 어디 있겠는가? 모두 자기보호 본능이 있잖은가. 하지만 건강한 자기애와 건강하지 않은 자기애는 확연히 다르다. 21세기는 어느 때보다 자기중심적인 시대이지만 갈수록 사람들은 자기 혐오와 죄책감에 시달리고 있다.

2009년 귀국해서 가장 놀란 것 중 하나가 과도한 술 광고였다. 그러나 요즘 더 놀라는 것은 과도한 성형 광고다. 신앙 간증보다 더 강력한 '비포 앤 애프터'가 있다. 이제 성형수술은 단순히 아름다움에 대한 열망만이 아니다. 왜냐하면 바늘구멍 같은 입사 경쟁에도, 정보전이 돼 버린 결혼 도전에도 외모는 마법 같은 필수 요소가 되었기 때문이다. 일단 효과를 보면 나중에 탈이 날지라도 거부할 수 없는 유혹이 되었다. 성형 광고는 겉으로는 "당신도 소중한 사람임을 확인하라"고 말하지만, 이면에는 "지금 당신의 모습으로는 결코 사랑받을 수 없다"를 말하고 있다. 이 말은 축복이 아니라 저주다.

하나님은 우리가 못났을 때, 우리가 죄인일 때 사랑하셨다(롬 5:8). 탕자일 때 안아 주시고 입 맞추셨다. 그래서 복음은 정말 복된 소식이다. 세상의 메시지처럼 이중 플레이하지 않는다. 세상의 이중성을 주의하라. 결국 진정한 만족은 절대자 하나님의 사랑의 품안에 안겨야 얻을 수 있다. 그 신적 사랑을 경험하면 세상살이의 모든 두려움과 긴장감이 눈 녹듯이 녹아내린다. 그리고 비로소 진정으로 자신을 사랑할 수 있게 된다.

건강한 자기애(self-love)

건강한 자기애는 자기애성 성격장애(Narcissistic Personality Disorder, NPD)와는 다르다. 병적인 자기애는 자신을 과대 포장한다. 그래서 다른 사람의 평가에 상당히 민감하고 집착한다. 자신이 기대한 만큼 호응해 주지 않으면 공격적이 되기도 한다. 이런 성향을 보이는 사람들 중에 예술가나 예능인 또는 지도자들이 많다. 그런데 현대 도시 문명은 갈수록 이런 병적인 자기애 성향들이 증가하고 있다. 왜냐하면 적은 수의 자녀를 낳아 너무 소중하게 키운 개인들이 성인이 되면서 자기 가치감이 이전 어느 시대보다 높아졌기 때문이다.

2013년 〈타임〉에 '밀레니엄 세대: 나 나 나 세대'라는 글이 실렸다. 미 보건 당국의 조사에 의하면, 1989년의 대학생들보다 2009년의 대학생들이 자기애 성향에서 무려 58퍼센트나 높게 나왔다. 이 세대의 특징은 자신이 너무 소중하기 때문에 힘든 직업을 원치 않고 좋은 직장과 주요 직책만 원한다. 그것이 충족되지 않으면 부모에게 재정적으로 의존하면서까지 취직을 하지 않는다. 그러면서도 가족이 자신을 인정해 주지 않으면 쉽게 분노한다. 최근 이 같은 역기능 가정이 급증하고 있다. 일인가구도 급증하는 추세이지만, 부모에게서 사회경제적으로 독립하지 못한 30~40대 자녀들도 급증하고 있는 것이다.

하지만 이런 나르시시즘은 조울증처럼 두 얼굴을 갖고 있다. 자신에 대한 기대치는 높은데 현실에 대한 만족도는 낮다. 그러면 참을 수 없는 부적응감과 분노장애와 우울증이 나타난다. 말하자면 사회적 심리적 교착 상태다. 21세기 초 미국발 부동산 버블처럼 심리적인 거품이다. 그래서 이 시대의 젊은이들 상당수가 정신적 공황 상태에 빠져 있다.

그런데 이것은 하나님의 저울 위에 있는 것이 아니라 원수의 저울 위에 올라가 있는 형국이다. 물질만능과 성공 제일의 기준으로 한 영혼의 가치를 폄훼하는 시장 논리는 사탄의 저울이다. 우리 영혼은 하나님의 창조 섭리와 십자가 원리 안에서 재평가되어야 마땅하다. 건강한 자기애가 무너져 있다면, 세상적으로 층수 올리려고 애쓰지 말고 기초부터 다시 쌓자. 하나님의 소중한 자녀로 거듭날 때 영혼의 새 힘을 얻게 될 것이다.

그 모습 그대로 소중하다

나는 결혼식 주례를 자주 서는데 신랑신부를 만나 반드시 묻는 질문이 있다.

"어떤 점이 좋아서 결혼을 결심했습니까?"

그러면 행복한 고백들이 쏟아진다. 그때 두 번째 질문을 한다.

"결혼 전 고치고 싶은 상대의 단점은 무엇입니까?"

그러면 금세 분위기가 심각해진다. 사실 이 질문을 던지는 이유는 단점을 고칠 수 없다는 말을 하기 위해서다. 사람은 사람을 바꿀 수 없으며 바꾸려 해서도 안 된다. 그저 있는 모습 그대로 받아들여야 한다. 그것이 사랑이다.

얼마 전 청년부에서 지도하던 선남선녀가 결혼하겠다고 손잡고 행복하게 찾아왔다. 두 사람을 마음껏 축복해 주었다. 그리고 그들에게도 동일한 질문을 던졌다. 그러자 심각해졌다. 신부가 말했다. "사랑 표현을 좀 더 적극적으로 해주면 좋겠습니다." 신랑이 말했다. "감정 조절을 좀 해주면 좋겠습니다."

얼마 전 설교 시간에도 이 일화를 말했다. 그 순간 회중 전체가 빵 터졌다. 왜인 줄 아는가? 한국의 커플 80퍼센트 이상이 동감하는 대답이기 때문이다.

그런데 문제는 상대방이 변하지 않으면 마음이 상한다는 것이다. 자존심에 상처가 난다. 아내는 남편의 사랑을 받지 못하면 맘이 상한다. 남편은 아내가 성질을 내면 맘이 상한다. 그러고는 마음이 닫히고 곧 결혼을 후회한다. 과연 이것이 순리일까? 아니다.

배우자의 사랑 이전에 하나님의 사랑으로 내 영혼을 충분히 채워야 한다. 그러면 배우자가 긍정해 주지 않아도 나 자신을 무한긍정 하는 건강한 자기애의 힘이 생긴다. 다시 말해서, '맘에 안 들어도 다시 사랑해야지'라는 다짐도 중요하지만, '내가 나를 긍정하고 사랑해야지' 하는 다짐이 더 중요하다. 그래야 배우자와의 갈등과 다툼, 비난과 분노 앞에서도 자괴감이나 절망감에 빠지지 않는다. 많은 기혼자들이 배우자의 무례함과 공격성 때문에 불행한 것이 아니라, 나 스스로를 사랑하고 존중하는 마음이 무너져 버리기 때문에 비참하고 불행해지는 것이다.

사랑에는 반품 제도(return policy)가 없다. 결혼 후에 하자가 드러나도 (물론 결혼 전에 정직해야 하지만) 하나님은 반품하라고 말씀하시지 않는다. 결혼한 크리스천들이여, 반품을 고려하지 말라. 하나님께 반품 제도를 문의하지 말라.

> "여호와께서 그들을 사랑하듯이 너도 비록 네 아내가 다른 사람의 사랑을 받고 간음한 여자이지만 가서 다시 사랑하여라"(호 3:1, 우리말성경).

원수 같은 남편도 가서 다시 사랑하라. 밉상인 아내도 가서 다시 사랑하라. 하나님이 죄 많은 우리를 다시, 또다시 사랑하시는 것은, 우리가 사랑스러워서가 아니라 그분이 사랑으로 충만하시기 때문이다. 내 안에 사랑이 바닥날 때 주님의 사랑의 마중물부터 채우라.

하나님은 탕자가 집으로 터벅터벅 돌아올 때 돌려보내지 않으신다. 하나님은 당신이 건강을 잃어도, 그것이 과욕 때문이든 유흥 때문이든, 돌려보내지 않으신다. 하나님은 당신이 인격적으로 망가졌어도, 그것이 과거의 상처 때문이든 힘든 현실 때문이든, 돌려보내지 않으신다. 하나님은 당신이 우상숭배와 무신론에 빠졌어도, 그것이 영적인 이유이든 지적인 이유이든, 돌려보내지 않으신다. 여전히 당신을 사랑하시고 소중하게 생각하신다.

당신도 당신 자신을 소중하게 여기라. 사랑하라. 땅의 물질문명에 근거한 나르시시즘이 아니라 하늘의 십자가 복음에 근거한 아가페 사랑으로 자신을 긍정하라. 사울의 강박적인 자기애가 아니라 다윗의 건강한 자존감을 품을 때까지, 하나님의 사랑 안에 머물라.

우주적인 신데렐라 스토리

나는 사랑받기 위해 태어난 사람이다. 참 많이 부르는 노래다. 하지만 개인적으로 나는 이것을 긍정하기 힘들었다. 나는 태어날 때부터 가난했고 허약했고 멍청했다. 그래서 나라는 존재에 대한 부적응감과 불만이 가득했다. 그렇게 내가 나 자신을 만족하지 않으니 어디에 있어도 무엇을 해도 불안하고 두려웠다. 그래서 처음에는 그 두려움을 극복할 자신이 없어서 아예 그 안에서 벗어날 생각도 하지 않았고 별다른 노력도 하지 않았다.

그런 나를 중3 겨울에 주님이 찾아오셔서 구원하셨다. 그때부터 낮은 자존감과 그로 인한 두려움의 문제를 극복하기 위해 참 부단히 노력했다. 지나칠 정도로 모든 일에 노력했다. 그래서 학업에 실력이 생기고, 목회사역에 실력이 생기면서, 일에 대한 두려움을 많이 극복하게 되었다.

하지만 여전히 나는 부엌에서 검댕을 뒤집어쓰고 식모처럼 살아가는 존재처럼 느껴졌다. 더 열심히 더 일을 잘해야 가치가 있는 존재 같았다. 사람들에게 지적이라도 받으면 수치심에 어쩔 줄 몰라 하는 인생이었다. 누가 설교에 대해 지적하면 도망가고 싶었다. 누가 옷 입은 것을 지적해도 쥐구멍에 숨고 싶었다. 내가 나를 온전히 사랑하지 못했기 때문에 '더 분발하면 되지, 취향이 다른가 보지' 하고 생각하지 못했다. 바울처럼 내 안에 두 가지 법이 있었다. "나는 가치 있는 존재야", "아니야, 나는 무가치한 존재야."

계모는 신데렐라를 딸이 아닌 종처럼 부렸지만, 왕자는 신데렐라를 가장 사랑스런 여인으로 맞았다. 나의 내면은 오랫동안 양방향의 줄다리기를 했다. 그런 나를 성령님이 따스하게 만져 주셨다. 지속적으로 오셔서 얼어붙은 내 영혼을 녹여 주셨고, 이제 나는 영혼의 한기에서 많은 자유를 얻었다.

몇 년 전까지도 나는 내 설교에 확신이 없었다. '나 혼자만의 사변에 빠지는 것은 아닌가? 회중들이 지루해하는 게 아닌가?' 고민이 많았다. 재미와 감동을 동시에 주는 다른 설교자들에 비하면 나는 너무 부족해 보였다. 그렇게 비교하고 있자니 마음이 어두워졌고 낙심이 됐다. 그런데 그것은 하나님이 주시는 마음이 아니었다. 그 사실을 분명히 인지한 뒤로 '생긴 대로 살자. 주신 대로 하자'고 마음을 완전히 고쳐먹었다.

어떤 사람은 즐거운 설교, 희망찬 설교를 하지만, 내 설교는 하나님이 주신 대로 일관되게 진지하다. 이제 나는 그런 내가 좋다. 바꿀 생각이 없다. 내가 나 자신을 사랑하고 긍정하게 되었기 때문이다.

나는 매일같이 확인하는 말씀이 있다. 개인 컴퓨터에 붙여 놓은 말씀이다.

> "내가 비록 검으나 아름다우니 게달의 장막 같을지라도 솔로몬의 휘장과도 같구나"(아 1:5).

술람미 여인이 들판에서 양치기를 해서 얼굴이 게달(사막의 유목민들)의 장막처럼 까맣게 되었지만, 이 나라 최고의 존재인 솔로몬의 사랑을 받기에 그의 휘장처럼 아름답고 보배로운 존재라는 의미다! 또 이 구절도 붙여 놓고 매일 읽는다.

"나는 여호와께서 보시기에 귀중한 사람이 됐다"(사 49:5, 우리말성경).

내 영혼은 날마다 이런 말씀으로 펌프질을 해야 정상적으로 활동한다. 자존감의 문제와 평생 씨름하는 사람들에게 권해 주고 싶은 하나님의 말씀이다.

얼마 전 신문에서 브라질 리우 패럴림픽에서 육상 단거리에 출전한 브라질의 길례르미나(Guilhermina) 선수와 관련된 감동적인 스토리를 접했다. 그녀는 시각장애인이다. 형제 12명 중 5명이 시각장애인이었다. 어머니가 세상을 떠나자 아버지도 집을 나가 버렸다. 어릴 때부터 동네 아이들의 놀림감이었다. 하지만 놀림을 당할 때마다 뛰었다. 크면서 육상을 하고 싶었지만 운동화 살 돈이 없어서 못했다. 처음으로 출전한 대회에 그녀가 신은 운동화는 동생의 스니커즈였다. 그러던 그녀가 2012년 런던 올림픽에서 T11등급(전혀 빛을 감지하지 못하는 시각장애)으로 100미터, 200미터의 2관왕에 올랐다. 그리고 세계에서 가장 빠른 시각장애인 여성으로 기네스북에 올랐다. 더 감동적인 것은 그녀의 인터뷰 내용이었다.

"나는 가진 게 아무것도 없는 많은 사람들도 성공할 수 있다고 믿어요. 그리고 나에게 삶이라는 기회가 다시 주어진다 해도 나는 장애를 포함해서 모든 것을 똑같이 선택할 거예요."

어떻게 그럴 수 있는가? 이미 그녀는 자신의 인생을 사랑하기 때문이다. 자기를 사랑하는 사람은 자신의 모든 것이 소중하기 마련이다.

종인가, 자녀인가?

건강한 자기애는 인생의 반전을 가져오는 힘이 있다. 탕자의 비유(눅 15장)에서 우리는 그것을 확인할 수 있다. 큰아들은 줄곧 모범생으로 살았다. 둘째 아들은 줄곧 문제아였다. 그런데 큰아들의 내면세계가 좀 이상하다. 아버지가 돌아온 둘째를 받아 주며 잔치를 벌이자 이런 말을 한다.

> "내가 여러 해 아버지를 섬겨 명을 어김이 없거늘 내게는 염소 새끼라
> 도 주어 나와 내 벗으로 즐기게 하신 일이 없더니 아버지의 살림을 창
> 녀들과 함께 삼켜 버린 이 아들이 돌아오매 이를 위하여 살진 송아지
> 를 잡으셨나이다"(눅 15:29-30).

정말 그랬는가? 아버지가 그를 지금까지 종으로 부려먹기만 했는가? 둘째만 사랑하고 예뻐했겠는가? 아니다. 아버지는 큰아들을 누구보다 신뢰했다(31절). 그런데 큰아들은 동생과 비교하면서 자괴감에 빠져 있다. 아버지의 사랑을 느낄 수 없다고 말하지만, 사실은 낮은 자존감이 문제였다. 정반대로, 종보다도 못한 짓을 하며 살던 둘째 녀석은 자신을 아들로 받아 주신 아버지의 사랑을 있는 그대로 받아들였다. 그리고 행복해했다.

건강한 자존감과 자기애는 내가 얼마나 잘 살았는가가 아니라 나를 향한 아버지의 사랑을 내가 받아들였는가에서 생겨난다. 당신은 끊임없이 타인과 자신을 비교하며 종의 마음으로 비참하게 살고 있는가, 아니면 나 같은 죄인도 안아 주시는 아버지의 사랑을 신뢰하며 아들의 마음으로 만족하며 살고 있는가?

당신은 하나님의 자녀다. 큰아들처럼 모범생으로 지내야만 인정받는다는 생각을 가지고 있다면, 생각을 전환하라. 당신이 일을 열심히 해서 아버지가

사랑하시는 것이 아니다. 당신이 소중한 자녀이기 때문에 있는 그대로 사랑하신다. 둘째 아들처럼 사고 치며 지내고 있다면 마음을 전환하라. 당신이 삶을 제대로 살아 내야만 아버지가 사랑하시는 것이 아니다. 당신이 소중한 자녀이기 때문에 있는 모습 그대로 사랑하신다. 그 사랑에 힘입어 아버지 앞에 나아가라.

> "우리가 예수의 피를 힘입어 성소에 들어갈 담력을 얻었나니"(히 10:19).

이제 우리를 아들딸로서 사랑하시고 절대로 포기하지 않으시는 하나님 아버지와 친밀한 부자관계 부녀관계를 세워 가자. 이제 매일같이 하나님의 사랑의 음성을 듣고 나도 하나님께 친밀한 사랑의 고백을 하며 지내 보자.

다음의 고백을 매일 출근할 때, 그리고 기쁨과 슬픔의 순간마다 고백해 보라. 다섯 번씩 열 번씩 반복해서 고백해도 좋다. 그러면 영혼의 온열기처럼 내면의 한기와 떨림이 사라질 것이다.

- 하나님은 나의 아버지이십니다.
- 나는 하나님의 소중한 자녀입니다.
- 나는 하나님의 사랑받는 아들/딸입니다.
- 하나님은 나를 있는 모습 그대로 사랑하십니다.

> "너희는 다시 무서워하는 종의 영을 받지 아니하고 양자의 영을 받았으므로 우리가 아빠 아버지라고 부르짖느니라"(롬 8:15).

종의 두려움은 사라지고 아들의 자유함을 얻으라. 두려움은 삶을 가라앉게 만든다. 큰아들의 두려움은 율법주의에 빠지게 만들고 둘째 아들의 두려움은 세상 향락에 빠지게 만든다. 그러나 사랑받는 아들은 일을 잘해도 행복하고 회개하고 용서받을 때도 행복하다. 막힘이 없다. 어떤 상황에서도 아버지의 사랑에서 막을 자가 없다.

이제 종이 아니니 두려워하지 말라. 아들이니 친밀하게 아빠라 부르라. 종은 일 하나 그르쳐도 벌 받을까 두려워 떤다. 그러나 아들은 실수하고도 얼마나 당당한지 모른다. 자식은 성적을 엉망으로 받아 오고도 부모가 밥 먹여 주고 재워 주고 학비 대주는 것을 당연하게 생각한다. 절대적인 사랑을 받는 사람은 좀 대책 없고 근거 없는 자신감을 갖는다. 물론 그 대책과 근거는 부모의 절대적인 사랑이다. 이것이 바로 어떤 세상 풍파에서도 당신의 영혼을 붙드시는 하나님 아버지의 절대적이고 무한한 사랑이다.

이 사랑에 대한 확신만 있다면, 일터에서 누가 비난을 해도, 교회에서 어떤 오해를 받아도, 가정에서 어떤 역기능이 있어도, 나 자신이 아무리 부족해도, 아무 문제가 되지 않는다. 부족한 점은 채우면 되고, 잘못한 점은 고치면 되고, 오해는 주님께 맡기면 된다. 건강하게 자신을 사랑하는 사람은 어떤 장애물도 넘어갈 수 있다. 세상의 지위나 능력에 상관하지 않는다. 건강한 자기애는 지위나 능력에서 나오는 자신감이 아니라 불변하는 아가페 사랑에서 나오는 자존감이기 때문이다.

아버지의 변함없는 사랑을 받아들인 당신, 이제 어떤 두려움도 당신을 흔들지 못할 것이다. 그리고 이제부터 당신의 삶은 매 순간 값지고 아름다운 보석이 될 것이다. 그분의 사랑 안에서.

chapter 08

사랑으로
넘어서라

_ 이웃

"하나님께서 우리에게 주신 것은… 사랑"

(딤후 1:7)

.

최근 한 성도를 상담했다. 남편이 최고의 학력에 좋은 회사에
다니고 예의 바른 사람이어서 결혼했는데, 같이 살아 보니 보기와 완전히
딴판이라는 것이다. 완벽주의자인 남편은 사회생활은 완벽하게 수행하
면서도 집에 오면 예민하고 신경질적으로 변해서 집안 살림을 일일이 지
적하고 비난했다. 성격 좋고 친구 많고 감성적이던 아내는 언제나 사람들
에게 인정받고 사랑받다가 남편의 온갖 비난에 자존감이 무너졌다. 자신
이 관계지향적인 반면 일에는 비체계적인 사람인지라 남편의 지적이 늘
뼈아팠다. 이제는 남편에게 화가 나는 것을 넘어 남편의 존재가 두려웠다.
그의 시선과 표정과 언어까지도 두려웠다.

최근 또 다른 성도를 상담했다. 아내가 쾌활하고 신앙심 좋고 교회 봉사도 열심히 하는 사람이어서 결혼했다. 새로 이사한 집에서 가까운 교회를 다니며 부부는 열심히 봉사했다. 그런데 아내는 두 얼굴이었다. 교회에서는 사교적이고 헌신적인 반면, 집에서는 맘에 들지 않으면 소리 지르고 욕하고 심지어 물건까지 집어던졌다. 그는 갈등 상황이 싫어서 무조건 참으려 하지만 지금까지 두어 번 참지 못해 폭발하기도 했다. 아직 신혼인데 내 가정만 심각한 위기인 것 같아서 인생도 결혼생활도 불행하다고 했다. 이제 아내와 갈등할까 봐 집에 들어가는 것조차 두렵다고 했다.

그래서 집안사람이 원수라는 말들을 한다. 많은 부부가 저 사람만 아니면 내 인생이 행복할 거라고 생각한다. 사랑하며 살고 싶은데 사랑은 마치 이상론 같고 꿈속의 아지랑이 같다. 행복하게 살고 싶은데 사랑 없이 행복할 수 없으니 그 또한 요원해 보인다. 날마다 빡빡한 철로 위를 사랑의 엔진도 없이 행복의 기운도 없이 굴러가야 하는 인생살이가 너무나 버겁게 느껴진다. 사랑하며 산다는 것, 과연 어떻게 살아야 할까?

하나님의 사랑의 원리

사랑의 외연은 언제나 첫 지점에서 출발한다. 마치 도미노 현상과 같다. 자기 자리를 넘어 곁에 있는 패에 다가가는 첫 번째 패가 있어야만 전체의 도미노 그림이 드러나는 법이다. 하나님이 먼저 우리에게 다가오셨다. 선을 넘는 사랑으로 다가오셨다. 그리고 이제는 우리가 다시 선을 넘는 사랑으로 다가가기를 원하신다. 사실 이것은 도미노 효과처럼 연쇄적으로 이어지는 것이 당연한 귀결이다. 그러면 하나님이 시작하신 사랑의 원리는 무엇인가?

"형제들아 너희가 자유를 위하여 부르심을 입었으나 그러나 그 자유로 육체의 기회를 삼지 말고 오직 사랑으로 서로 종 노릇 하라"(갈 5:13).

하나님이 우리에게 명령을 주실 때는 두 가지 차원이 전제된다. 첫째, 우리에게 가능한 것을 명령하신다. 둘째, 하나님이 본을 보이신 것을 명령하신다.

그렇다면 위 성경 구절에서 드러나는 하나님 사랑의 원리는 무엇인가? 네 가지 순환적인 과정이 연결되어 있다. 첫째는 자유, 둘째는 사랑, 셋째는 구속, 넷째는 죄사함이다. 이것을 도표로 보면 다음과 같다.

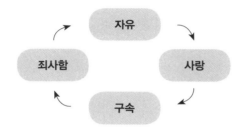

첫째, 하나님은 자유하신 분이다. 그분은 어떠한 존재에게도 구속받지 않으신다.

둘째, 하나님은 그 자유로 사랑을 선택하셨다. 그 자유를 홀로 누리실 수 있음에도, 당신의 사랑을 부어 줄 대상을 창조하는 기회로 삼으셨다.

셋째, 사랑은 매임이다. 사랑하는 대상에 종노릇하는 것이다. 사랑하는 대상의 필요를 채우기 위해 섬기는 것이다. 놀랍게도 하나님은 친히 사람과 사랑의 언약을 맺으심으로 사랑의 종노릇을 하겠다고 다짐하셨다. 이것이 하나님의 사랑에서 특징적으로 드러나는 '자발적인 구속(拘束)'이다. 그 정점이 바로 십자가다.

넷째, 그 십자가에서 나타내신 자발적인 구속과 섬김의 사랑으로 하나님은 우리의 죄를 구속(救贖)하셨다. 우리의 죄 값을 대신 지불하고 우리의 생명을 건져 주셨다. 그래서 이제는 우리가 자유의 몸이 되었다.

이제 우리는 자유로 부름을 받았다. 마음껏 자유를 누리며 살 수 있다. 그러나 말씀은 그 자유로 육체의 기회를 삼지 말고 사랑으로 종노릇하라고 하신다. 왜 그래야 하는가? 그것이 하나님이 시작하신 사랑의 도미노이기 때문이다. 그런데 이것은 매임인 동시에 구원이다. 우리가 서로에게 사랑으로 매이지 않는 한 세상 어디에서도 인간에게 구원은 일어나지 않는다. 사랑 때문에 매이고 섬기고 대신 죽을 때에, 가정에서 교회에서 사회에서 구원의 사건들이 일어난다. 우리는 사람을 사랑하는 것이 너무 힘들 때 영혼의 비명을 지른다. "내가 왜 너를 위해 종노릇해야 하지?" 그때 십자가가 대답한다.

"무엇보다도 뜨겁게 서로 사랑할지니 사랑은 허다한 죄를 덮느니라"
(벧전 4:8).

매이는 것이 두려우면 사랑을 포기하게 된다. 그러나 사랑하면 기쁘게 매일 수 있다. 종노릇하는 것이 두려워서 이 놀라운 구원의 역사를 포기하겠는가. 이것은 사명이다. 물론 사랑은 선택이다. 그러나 사랑은 사명이기도 하다. 당신이 존재하는 한 사랑은 사명이다. 물론 하나님께도 사랑은 선택이었다. 태초 이전에도 그리고 지금까지도. 그런데 하나님은 이 어려운 사랑을 매번 선택하신다. 왜냐하면 이 길 외에는 구원이 없기 때문이다. 그리고 이보다 더 좋은 길은 없기 때문이다. 당신은 무엇을 선택하겠는가? 아무 매임이 없는 우아한 인생을 선택하겠는가, 매임과 종노릇이 있어도 사랑하는 인생을 선택하겠는가? 선택은 당신에게 있다. 그리고 그 결과도 당신에게 온다. 사랑을 선택하면 십자가도 따라온다. 그러나 십자가 뒤에는 구원도 따라온다.

그렇게 우리는 주님 가신 길을 따라가게 된다.

사람이 사명이다

사람을 사랑하는 것처럼 아름답고도 위험한 일은 없다. 사람은 타인을 사랑하기를 갈망하면서도 동시에 두려워한다. 그래서 우리는 갈망과 두려움 사이에서 종종 길을 잃는다. 회사에서 상사에게 인정받고 싶은 만큼 눈 밖에 날까 두려워 밤샘 술자리를 피하지 못하고 불법과 편법을 강요받아도 거부하지 못한다. 그러나 그것은 사랑으로 매이는 게 아니라 두려움으로 매이는 것이다. 또 남자친구에게 사랑받고 싶은 만큼 그가 나를 떠날까 봐 두려워서 데이트 폭력이나 혼전 성관계를 용인하게 된다. 이 역시 사랑으로 매이는 게 아니라 두려움으로 매이는 것이다.

사랑은 자발적인 구속이지만, 두려움은 강압적인 구속이다. 사랑은 매여 있지만 자유하다. 그러나 두려움은 벗어날 수 없기에 매여 있는 상태다. 사랑의 결과는 구원이지만 두려움의 결과는 파멸이다. 그렇게 헌신적으로 회사에 종노릇했는데 어느 날 위법 사례가 적발됐다거나 무능하다고 버림받는다. 그렇게 헌신적으로 연인에게 매달렸는데 헌신짝처럼 버림받는다. 매인다고 다 사랑이 아니고, 종노릇한다고 다 구원하지 못한다.

그러면 위험에 빠지지 않기 위해 사랑하지 않으면 어떨까? 하지만 우리가 하는 모든 일이 결국에는 사람을 위한 일이다. 하나님께서 벌이신 일도 다 사람을 사랑하셔서 하신 일들이다. 창조도 구원도 종말의 완성도, 심지어 천국조차도 사람을 사랑하셔서 하신 일들이다. 사람이 우리의 사명이다. 이것이 기독교 신앙의 균형추다. 하나님은 당신이 사람을 사랑하고 회복하고 구원하는 일에 동참하기를 원하신다. 그러면 이 어렵고도 중요한 이웃 사랑을 어떻게 해낼 수 있을 것인가? 몇 가지 해법들을 살펴보자.

1st. 사랑이 흘러가게 하라

나는 사랑을 만들어 낼 수는 없다. 그러나 내 안에 사랑이 흘러 들어와 흘러가게 할 수는 있다. 우리는 영적인 전도체이기 때문이다. 차갑던 우리 영혼도 주님의 뜨거운 사랑에 녹아졌고 이제 그 사랑을 흘려보내면 된다. 우리는 그저 사랑의 물길만 열어 놓으면 된다. 사랑하려고 애쓰지 말고 하나님 앞에 마음을 열려고 애쓰라. 이것이 이웃을 사랑하는 첫 번째 비결이다.

하나님의 사랑을 받아 본 사람만이 자신을 사랑할 수 있고, 자신을 사랑하는 사람만이 이웃을 사랑할 수 있다. 위로부터 강복이 임해야 내 영혼이 행복하고 나 자신이 행복해야 이웃을 축복할 수 있다.

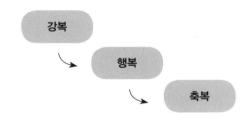

이것은 물이 흘러가는 것과 같다. 그래서 모든 선한 일의 출발은 예배다. 누군가가 밉고 힘든가? 인간관계가 빡빡해졌는가? 사랑의 실천부터 고민하지 말고 예배의 회복부터 고민하라. 하나님의 은혜의 상수도가 먼저 열려야 하기 때문이다.

공동체 목회를 하다 보면 교제 시간을 많이 가져도 친밀해지는 데는 한계가 있다. 그런데 놀랍게도 함께 성령 충만한 예배를 드리고 나면 사람들이 다 은혜 안에 녹아지면서 얼마나 친밀해지는지 모른다. 이것이 교회 공동체가 진정한 가족 공동체가 될 수 있는 비결이다.

"보라 형제가 연합하여 동거함이 어찌 그리 선하고 아름다운고"(시 133:1).

여기서 '선하다'는 하나님이 태초에 천지를 창조하셨을 때 보시기에 '좋았다'(히브리어 '토브')와 같은 단어다. 즉 예배하는 공동체가 영적인 가족으로 연합하는 모습이 태초의 창조 원형을 회복하는 상태임을 말해 준다. '가화만사성'(家和萬事成)이라 했다. 혈연적인 가정과 영적인 가정인 교회가 화목하면 만사가 잘 이루어진다. 그러므로 오늘날 교회는 성도들에게 윤리적인 삶을 강조할 것이 아니라, 깊은 예배의 체험을 강조해야 한다.

2009년 밴쿠버 온누리교회의 담당목사로 섬기기 위해 출국할 때 한 성도의 이상한 부탁을 받았다. 딸이 이혼하게 되었는데 현금을 전달해 달라는 부탁이었다. 거절하기에는 딱한 상황이었다. 나는 밴쿠버에 도착한 뒤 그분 딸에게 새벽예배 때 만나자고 했다. 나는 새벽예배를 참 좋아한다. 새벽처럼 하나님의 임재 앞에 민낯이 되는 때가 없기 때문이다. 그래서 나는 새벽예배를 부흥회처럼 뜨겁게 찬양하고 말씀 나누고 기도하는 자리로 세워 간다. 그분의 딸을 새벽예배에 부른 것은 단지 이혼 자금을 전달하기 위함이 아니라 그가 그 자리에서 하나님의 음성을 듣기 원해서였다. 나의 바람대로 딸은 그날 이후 매일같이 새벽을 깨우게 되었고, 1년 후 부부는 재결합했다. 그리고 2년 뒤 부부는 새벽예배 스태프로 섬기는 가정이 되었다.

우리 중 어느 누구도 다른 누군가를 사랑할 기운이 없다. 그 기운은 하나님에게 받아야 한다. 사랑은 내가 만들어 내는 것이 아니라 그저 흘려보내는 것이다. 그래서 사랑할 기운이 바닥났을 때 받아야 하는 응급처치는 예배의 회복이다. 예배자만이 다시 사랑할 능력을 얻기 때문이다.

사랑은 흐르는 물이다

예배자인 우리는 축복의 통로일 뿐 아니라 사랑의 통로다. 사랑받고 사랑하는 것이 아무런 막힘이 없는 행복한 존재가 되는 것이다. 내가 그분께 사랑받아 보니 이보다 좋은 것이 없다. 그리고 그 사랑이 내 가정으로 일터로 이웃으로 심지어 땅 끝의 이름 모를 종족에게로 흘러간다. 하지만 세상적인 사랑을 하는 사람은 축복도 사랑도 자기 품안에 고이게 만들기 때문에 결국 썩고 만다. 그래서 사회적으로 성공한 사람들 중에 자기 가족을 학대하고 부하들을 괴롭히고 이웃을 적대시하는 사람들이 의외로 많다.

구약의 예를 보자. 아브라함의 아내 사라는 아름다운 여인이었다. 얼마나 아름다운지, 66세의 나이에 이집트 바로의 마음을 훔쳤고 90세에 그랄 왕 아비멜렉의 마음을 사로잡았다. 아브라함은 허술한 점도 실수도 많았지만, 사라는 똑똑하고 정확하고 사리분별이 있는 여자였다. 그러면 지성에 미모를 겸비한 사라는 행복했을까?

아니었다. 그녀는 늘 두려움 가운데 인생을 살았다. 먼저는 무자식으로 인생이 끝날까 두려웠다(창 16:2). 하갈이 자신을 업신여기자 남편을 빼앗길까 두려웠고 여주인의 자리를 빼앗길까 두려웠다(창 16:5). 그리고 서자 이스마엘이 자기 아들 이삭을 희롱하는 것을 보고 이삭이 상속권을 잃을까 두려웠다(창 21:10).

사실 사라의 냉철한 판단은 일리가 있다. 한 집에 어떻게 두 주인이 있겠는가. 불안 요소를 제거하는 것이 마땅할 것이다. 하지만 문제는 사라가 사랑이 아닌 두려움으로 그것을 선택했다는 점이다. 그녀의 모든 행동의 원천은 사랑이 아니라 두려움이었다. 남편 아브라함을 사랑하기보다 남편을 이용해서 아들을 얻어 내고 싶었다. 또한 여종 하갈을 인격적으로 사랑하기보다 아들을 얻기 위한 도구로 이용했다가 마음에 들지 않자 학대했다. 자신이 원해서 낳게 한 아들 이스마엘도 미워하다가 아들 이삭이 태어나자 쫓아냈다. 사라에게는 그 누구도 사랑의 대상이 아니라 두려움의 대상이었다. 결국 오늘날 중동 전쟁은 이삭과 이스마엘, 두 집안의 싸움 아닌가. 사라의 두려움이 남긴 엄청난 나비 효과다. 사라가 하갈과 이스마엘을 축복하며 보내기만 했어도 세상은 달라졌을 것이다.

반대로 두려움이 아닌 사랑을 선택한 사람이 있다. 야곱의 열한 번째 아들 요셉이다. 요셉은 아브라함 가문에 오래도록 드리워 있던 두려움의 흐름을 사랑의 흐름으로 바꿔 놓은 인물이다. 사라의 두려움은 아들 이삭의 편애로 이어진다. 이삭이 묵상하는 사람이고 기도하는 사람인데 의외로 자신과는 정반대 타입인 에서를 사랑하고 자신과 비슷한 조용한 야곱은 사랑하지 않았다. 왜 그랬을까? 강한 이스마엘에 대한 모친의 두려움과 역으로 강함에 대한 갈망의 이중주가 그의 핏속에 흐르고 있었던 것 같다.

결국 이삭의 심리는 야곱의 심리로 이어진다. 약자인 자신의 존재가 소멸될 것에 대한 두려움(창 34:30), 강자가 되고 싶은 지독한 갈망(창 25:31), 자기 것에 대한 집착(창 37:3), 자식들에 대한 편애(창 37:4). 하나님은 이 가정이 축복의 통로가 되기 원하셨지만, 사라를 통해 흘러 내려온 두려움과 갈망 및 강박과 편애는 가정 안에 집단적인 병리 현상을 만들어 냈다. 결국 아버지의 사랑을 받지 못한 레아의 자식들이 아버지의 사랑을 독차지한 요셉을 죽이려는 음모를 꾸민다.

요셉이 물 없는 구덩이에 갇혔을 때 얼마나 두려웠을까. 이집트에 종으로 팔려 갔을 때는 또 얼마나 두려웠을까. 종살이도 모자라 옥살이까지 하게 됐을 때 얼마나 괴로웠을까. 그러나 그의 심령 안에는 이 모든 두려움의 댐을 넘어설 만한 사랑의 수위가 있었다. 그것은 그가 어디를 가든 무엇을 하든 하나님이 그와 함께하신다는 절대적인 사랑의 확신이었다. 요셉은 자신을 죽이려던 형들을 용서했다. 종살이 옥살이를 하면서도 주인과 동료들과 간수까지도 사랑했다. 자기 인생에 고난을 허락하신 하나님도 사랑했다. 결국 요셉을 통한 사랑의 흐름이 가문의 역사를 뒤바꾸어 놓았다. 과연 우리는 우리 가정에 사랑이 흘러가기 원하는가, 아니면 두려움이 흘러가기 원하는가?

2nd. 중보기도하며 품으라

이웃을 사랑하는 법 첫째가 예배자가 되는 것이라면, 둘째는 중보자가 되는 것이다. 중보자가 된다는 것은 사람을 내 영혼의 품에 끌어안는 것이다. 내 영혼은 너무나 비좁아서 누군가를 품을 수 없다. 하지만 기도 가운데 그 영혼을 품으면 놀라운 하나님의 사랑의 온기가 내 영혼을 녹이고 그의 영혼을 녹인다. 이것이 중보기도의 놀라운 신비다.

그렇게 사랑은 품는 것이며 품는 훈련을 하는 것이다. 선별해서 품는 것이 아니라 먼저 품고 녹이는 것이다. 그래서 교회에서 교사나 순장이나 양육자가 되는 것이 얼마나 귀한 기회인지 모른다. 나 자신조차 품을 수 없는 내가 천하보다 귀한 한 영혼을 품게 되다니! 내 비좁은 품에 한 영혼을 품을 때 경험되는 하나님의 사랑은 나부터 먼저 변화시킨다.

밴쿠버 온누리교회에서 목회한 4년간은 내게 큰 축복이었다. 목회적 환경은 녹록치 않았지만 성도들과 함께 울고 웃었던 기억은 평생의 추억이 되었다. 교회는 꾸준히 성장했다. 성인도 부흥하고 차세대도 부흥하고 연합사역도 부흥했다. 그런데 유일하게 정체된 부서가 청년부였다. 미국과 한국은 물론 세계 곳곳의 청년들을 만나 보았지만 이 친구들처럼 열정이 없는 청년들은 보지 못했다. 극장식 좌석에 푹 눌러앉아 찬양을 하는지 설교를 듣는지도 모르겠는 그들을 향해 3년째 되는 어느 날 설교 시간에 쓴소리를 했다.

"내가 정말 많은 집회를 다녀 보았지만 너희들처럼 열심 없는 청년들은 없다!"

청년 부흥이 안 되는 이유가 너희들 때문이라는 공격적 발언이었다. 하지만 나의 분노는 청년사역이 실패할지도 모른다는 두려움의 발로였다. 그날 단에서 내려오는데 성령께서 강하게 질책하셨다.

"네가 그 말을 할 자격이 있느냐? 네가 그들을 정말 사랑하느냐?"

대답할 말이 없었다. 내 안에 사랑이 없었다. 나는 회개했다. 나는 그저 부흥을 원했을 뿐 그들을 진심으로 사랑하지 않았다. 그때 회개하며 청년들을 위해 기도할 때 하나님이 주신 말씀이 있다.

"그리스도 안에서 일만 스승이 있으되 아버지는 많지 아니하니"(고전 4:15).

가르치는 자가 되지 말고 품는 자가 되라는 말씀이었다. 그 해 겨울 청년부 수련회는 초빙강사를 모시지 않고 내가 직접 인도했다. 예전 같으면 비전이나 헌신을 설교했을 것이다. 그러나 성령께서 상처와 아픔에 대한 설교를 하라고 하셨다. 첫날 저녁은 '상처와 우울증', 둘째 날 저녁은 '거절감과 분노중독'에 대해 메시지를 나눴다. 그런데 놀라운 일이 일어났다. 비전과 헌신을 외칠 때는 아무런 반응이 없던 청년들이, 내가 그들의 아픔에 깊이 공감하니까 성령님의 터치하심이 일어났다. 그리고 치유 메시지를 듣고 여러 명이 예수님을 영접하기까지 했다.

수련회 뒤에 나는 더 고민에 빠졌다. 청년들을 위해 기도했다. 그리고 이미 안정된 성인 공동체는 부목사들에게 맡기고 내가 직접 청년부를 맡았다. 그리고 순장들을 매주 집에 불러 밥을 먹이고 찬양하고 기도하고 성경공부를 했다. 참 재미있는 것은, 전에 교회에서 모일 때는 공부에 일에 바쁘다고 10시면 가겠다던 청년들이, 집에서 자식처럼 품으니까 새벽 1~2시가 되어도 가지 않았다. 청년들을 사랑하니 청년들이 모이기 시작했다. 두려움도 원망도 분노도 아무런 해답이 되지 못한다. 오직 사랑, 사랑만이 해답이다.

아비와 어미의 마음으로

당신은 나름 사랑하려고 노력하는데 상대가 별 반응이 없는가? 그래서 원망이 되고 화가 나는가? 어쩌면 그를 향한 내 사랑의 분량이 미흡하기 때문이 아닐까. 먼저 중보기도의 자리로 나아가 구체적으로 그 사람을 위해 기도하라. 정말 그 영혼이 잘되기를 위해 간절히 눈물로 기도하라. 그러면 그 영혼을 하나님 아버지의 마음으로 품게 된다. 그 사람의 잘잘못을 지적하고 원망하고 불평하는 마음이 아니라, 안타까운 마음으로 그 영혼이 회복되기를 원하게 된다. 이것이 사도 바울이 말한 아비의 마음이다(고전 4:15). 그리고 독신 상태였던 그가 성도들을 향해 가졌던 해산하는 심정이다(갈 4:19). 이 마음을 품게 되면 절대로 사랑이 어렵다고 말하지 못한다. 그저 그 불쌍한 영혼을 품고 살려 내기 위해 나 자신을 던지는 진정한 사랑이 솟아 나오기 때문이다.

뉴저지에서 감동적인 이메일을 받은 적이 있다. 한 성도가 어머니의 기일에 어머니를 추모하며 쓴 글이다. 제목은 '두려움과 용기'다.

"제 나이가 사십대 초반이던 2006년 가을 어느 날, 저는 뉴욕에 위치한 50층짜리 건물의 로비에서 몹시 두려운 마음으로 서 있었습니다. 생애 처음으로 제대로 된 직장을 얻어 첫 출근을 하던 날이었습니다. 제 옆에 서 있던 사람들과 비교해 보니 역시 제가 가장 고령이었고, 그들은 저보다 10년 이상 젊은 사람들이었습니다. 저도 모르게 다리가 떨렸습니다. 그 긴장된 순간에, 갑자기 제 어머니 기억이 나기 시작했습니다.

바로 저랑 비슷한 40대 초반의 나이에 단신으로 용감하게 미국에 오셨던 어머니. 미국 대사관에 처음 비자를 신청한 날 어머니는 거절을 당했습니다. 어떻게 여자 혼자 아이 셋을 부양할 수 있냐는 게 거절의 이유였습니다. 그래서 어머니는 용단을 내리고 혼자 미국으로 갔습니다. 1년 후 수입이 생겼을 때 장남인 제게 비자가 나왔습니다. 제가 막 미국에 가서 살던 첫 해에 한국에서 연락이 왔습니다. 막내 동생이 돌봐주는 어른도 없이 혼자 지내다가 배가 아파서 자기 발로 병원을 찾아가 맹장수술을 받았다는 소식이었죠. 그 소식을 듣고 어머니는 일주일 동안 통곡만 하셨습니다. 하루라도 빨리 한국에 있는 동생들을 데려오기 위해서는 높은 연봉의 일자리가 필요했습니다. 그러던 어느 날 어머니가 뉴욕 시내의 명품 전문 백화점에 취직하게 되었어요.

1980년대 초반인 당시 일본인들이 명품에 돈을 뿌려대던 시절이었습니다. 마침 백화점에서 일본 고객을 응대할 직원을 찾다가 어머니가 선발된 것이죠. 저는 의아했습니다. 어머니는 일본어를 못하시는 분이었거든요. 인터뷰 때 영업장 책임자가 일본어 한번 해 보라는 말에 "곤니찌와, 오하이요 고자이마스" 딱 두 마디 하고 일본어 실력자로 인정을 받으셨다더군요. 채용 소식을 듣고 곧바로 서점에 달려가 일본어 회화책을 여러 권 사서 추운 겨울밤을 새우며 공부하셨던 어머니. 첫 출근 전에 책을 통째로 외우지 못한 것을 못내 아쉬워하시던 어머니. 일본어 실력이 형편없다는 사실이 탄로 나서 해고될까 봐 며칠간 말할 수 없는 공포심 가운데 있으면서도 절대 집중하셨던 어머니.

그러나 놀랍게도 어머니의 실력은 탄로 나지 않았고 도리어 우수한 상담 실적으로 회사에서 보너스도 받고 승진도 했습니다. 그렇게 해서 이듬해 여름 우리 네 가족이 한 지붕 아래 모이게 되었습니다.

지금의 제 나이와 비슷한 40대 초반의 어머니가 직면한 심적인 압박감을 생각하니 혼자서 얼마나 두려우셨을까, 겉으로는 당당해 보이셨지만 속으로는 얼마나 가슴을 졸이셨을까 싶습니다. 인생에서 우리에게 주어진 기회가 무엇인지, 용기가 무엇인지, 사랑이 무엇인지 깨우쳐 주신 어머니…."

아버지의 마음 어머니의 마음으로 사랑하면 두려워할 새가 없다. 수치도 불안도 근심도 걱정도 문제되지 않는다. 사랑하는 내 자녀를 품을 수만 있다면, 초인적인 집중력이 발휘되는 법이다. 이것이 부모가 가진 사랑의 힘이다.

형제들은 늘 싸우고 다툰다. 하지만 부모는 자식을 위해서 놀라운 사랑을 쏟아 붓는다. 상대방이 수준이 낮아서 다투게 되는 것이 아니다. 나랑 상대방의 수준이 비슷하기 때문에 다투는 것이다. 기도하며 아버지의 마음을 품으면 싸움이 되지 않는다. 상대가 두렵지도 않다. 그저 상대가 불쌍하고 안쓰러울 따름이다. 중보기도는 그렇게 주님의 마음을 품는 것이다.

3rd. 영적 리더십을 가지라

이웃을 사랑하는 법 셋째는, 실제로 리더의 자리에 있는 사람들이 영적 리더십을 갖는 것이다. 세상의 리더십은 지위와 권력을 기반으로 하지만, 영적 리더십은 섬김과 헌신을 기반으로 한다. 그것이 우리의 선한 목자이신 주님께서 보여 주신 참된 리더십이다.

주님이 말씀하셨다. 세상 집권자들은 권세를 오남용하지만 너희 중에 크고자 하는 자는 섬기는 자가 되어야 한다. 하나님의 아들도 섬김을 받으려 함이 아니라 섬기러 왔다(막 10:42-45).

놀라운 말이 아닌가. 신이 인간을 섬기다니! 인간이 신을 섬겨야 하는 것 아닌가. 그런데 이것이 하나님이 세우신 리더십의 법칙이다. 당연히 자식이 부모를 섬겨야 하지만, 집에서 보라. 부모가 자식을 섬긴다. 밥해 주고 입혀 주고 재워 주고 놀아 주고…. 하나님은 부모가 자식을 섬기도록 하셨다. 학교에서는 어떤가? 학생이 교사를 섬기는가? 종일 지식과 지혜를 전해 주고자 누가 섬기는가?

그러므로 세상의 리더는 자기 자리에 집착하지만, 크리스천 리더는 자기 사람들에 애착을 갖는다. 세상 리더는 민심의 지지를 얻으려고 포퓰리즘(populism)에 빠지지만, 영적 리더는 백성(population)의 유익을 위해 자신을 헌신한다. 리더의 자리에 오를수록 사람을 두려워하지 말고 사랑하라. 두려움에 빠진 리더는 비굴하거나 포악해진다. 그러나 사랑에 빠진 리더는 부드럽고 용감해진다.

이것이 사울 왕과 다윗의 차이였다. 사울 왕은 자기 자리를 잃을까 봐 두려움에 빠져서 사무엘의 옷자락에 매달리는 비굴한 모습을 보였다(삼상 15:27). 그러나 다윗을 제거하기 위해서는 제사장들까지 무참히 죽이는 포악함을 드러냈다(삼상 22:18). 반면에 다윗은 도망자가 되어 자기 앞가림도 힘들었지만 자신에게 찾아온 불쌍한 인생들을 아무 말 없이 받아 주었다(삼상 22:2). 하지만 블레셋의 공격을 받는 그일라 거민을 보고는 목숨을 걸고 뛰어들어 도와주었다(삼상 23:2).

지도자가 될수록 예배자와 중보기도자의 마음이 중요하다. 왜냐하면 리더가 두려움에 빠지면 하나님보다 사람을 의지하기 때문이다. 그리고 두려움을 해결하기 위해 반드시 지위와 권력을 오남용하기 때문이다. 그래서 지도자는 예배라는 수직적인 영성과 중보라는 수평적인 영성의 기본 얼개가 튼튼한 사람이어야 한다. 그래야만 두려움에 흔들리지 않고 사랑으로 사람들을 선도할 수 있다.

얼마 전 한 일본 목회자와 장시간 나눔을 가진 적이 있다. 영적으로 척박한 일본에서 그는 상당히 큰 교회의 담임목사였다. 그런데 그가 담임이 된 지 1년 만에 건강에 적신호가 오고 탈진(bum-out) 증상이 나타났다. 성도들에게 은혜로운 설교를 해야 한다는 부담감 때문이었다. 물론 그는 성도들을 사랑했다. 하지만 그들을 만족시키지 못할 것 같은 두려움이 더 컸다. 나는 그에게 권면했다. "논리적인 설교, 설득력 있는 설교, 화려한 설교 등 뷔페 식단이 있어도 엄마가 끓여 주는 미소된장국과 집밥에 비교할 수 없는 법입니다."

온누리교회에서 설교할 때면 참 부담스럽다. 각 분야 전문가들이 회중석에 가득하기 때문이다. 스피치 전문가는 말한다. "강연 중에 물 마시는 것은 아마추어가 하는 행동이다. 대통령이 연설할 때 물 마시는 것 보았는가?" 학식이 있는 분들은 말한다. "회중이 학생도 아닌데 성경에 밑줄 치라고 하지 않았으면 좋겠다." 언어에 조예가 있는 분들은 말한다. "목사님의 언어 구사에 문법적으로 틀린 표현들이 많다." 여기에 목회자가 두려움으로 반응하면 절망이나 분노를 표출하게 된다. 하지만 목회자가 사랑으로 반응하면 희망과 감사가 생긴다. 왜냐하면 자신의 메시지를 진단하고 향상시킬 수 있기 때문이다. 나도 한때는 그런 말들이 부담스러웠다. 그러나 지금은 감사할 따름이다.

무엇보다 설교자는 세상적인 전문성과 경험과 지식을 만족시키는 사람이 아니라 하나님의 사랑의 음성을 전하는 사람이다. 회중을 두려워하는 것이 아니라 회중을 사랑하면 자유할 수 있다.

죽으면 죽으리다

주님이 보여 주신 영적 리더십의 핵심은 십자가의 희생이다. 사랑하기에 희생하고, 사랑하기에 헌신하고, 사랑하기에 뒤돌아보거나 곁눈질하거나 주저하지 않는 삶을 사는 존재가 리더다. 하나님은 그런 순전한 사랑을 기뻐하신다.

"사랑은 죽음같이 강하고"(아 8:6).

2014년 9월이었다. 당시 나는 양재온누리교회 송파공동체 담당이었다. 그 날은 2학기 공동체 개강예배 날이었다. 그런데 저녁 6시에 장례사역자에게 전화가 왔다.

"목사님, 대천에서 공동체 식구 장례가 났습니다. 장례 주관은 고인이 다니던 교회에서 한답니다."

"그렇군요. 내일은 도저히 일정이 안 되고, 간다면 오늘 개강예배 끝나고 가야 하는데 새벽이나 되겠군요."

사실 공동체 장례 기준이 수도권 외 지역은 일정이 안 되면 안 가는 것이 원칙이었다. 물론 나는 그동안 대구 부산 광주 등 가능한 한 모든 장례에 참석했다.

그러나 그날은 두려웠다. 3일 전 아내의 꿈 때문이었다. 내가 죽어서 누워 있고 가족이 통곡을 하는 꿈이었다. 예사롭지 않다고 생각했는데 그 전화를 받는 순간 '오늘 대천에 가다가 죽겠구나'라고 직감했다. 그래서 일정도 어렵고 거리도 멀어서 완곡하게 거절하려던 참이었다. 그런데 수화기 건너편에서 말하기를 "뭐 안 가셔도 되죠. 그러나 가지 말라는 법도 없습니다" 했다. 순간 주저했다. 하지만 곧 이런 생각이 들었다.

'하나님이 데려가시려면 집으로 도망가다가도 죽을 텐데…. 목사가 성도 돌보다 가야지, 주님 앞에 무슨 면목으로 서겠는가.'

집에 전화했다. 아내와 아들들에게 사랑한다고 마지막 메시지를 남겼다. 예배 후 장로님과 리더들이 같은 차로 가자고 했다. 하지만 한사코 거절했다. 내가 그 차에 동승하면 그들도 죽을 것이라고 생각했기 때문이었다. 대천까지는 무사히 갔다. 슬픔 중에 있는 성도를 위로하고 새벽 2시 반에 서울로 출발했다. 서해안고속도로 위 홍성에서 해미를 향해 가던 내 차에 갑자기 문제가 생겼다. 뒷바퀴에 펑크가 난 것이다. 편도 2차선 고속도로에서 핸들은 먹통이 되고 차가 흔들리더니 중앙분리대를 박고 180도 돌아서 갓길분리대를 박았다. 새벽 3시 반. 차는 폐차 지경이 되었다.

그런데 나는 멍 하나 든 곳 없이 깨끗했다. 죽음에서 건져 주신 하나님의 은혜였다. 뒤따라오던 트럭이 나를 치지 않았고, 대형 트레일러가 때마침 없었고, 내 차가 중앙 분리대를 넘어가지도 않았고, 갓길 너머 30미터 낭떠러지로 떨어지지도 않았으며, 도로 한복판이 아니라 갓길에 멈췄다. 하나하나가 주님의 개입하심이었다.

그날 아침 큐티 본문이 에스더서의 '죽음에서 생명으로 옮겨진 은혜'였다. 사실 나는 죽음을 각오하고 있었기 때문에 바퀴가 터지는 순간 전혀 긴장하거나 놀라지 않았다. '아 이거였군요. 이렇게 가겠군요.' 했다. 그 순간 몸이 깃털처럼 가벼웠다. 하나님의 임재가 나를 포근하게 감싸 안았다. 그때 두려움에 웅크렸다면 외상이든 내상이든 입었을 것이다. 하지만 두려움을 맡기자 하나님이 보호하셨다. 그전 주일 설교가 '세상의 마지막 밤에'였다. 최후 죽음의 순간까지 부르심의 자리를 떠나지 말라는 메시지였다. 설교자로서 종종 설교하고 나면 사탄이 꼭 시비를 건다. '너나 잘하시지. 네가 선포한 대로 너 살 수 있어?'

사탄의 시험에서 승리하게 하신 하나님을 찬양한다! 하나님을 사랑해서 들어선 목회의 길, 어느새 몸을 사리게 될 때가 많다. 그러나 두려움에 빠지면 스스로를 다치게 하고 교회를 다치게 만든다. 사랑에 사로잡혀야만 리더도 살고 공동체도 산다. 사랑, 그 길만이 살 길이다.

4th. 원수를 위해 수금을 들라

이웃을 사랑하는 법 넷째는 원수를 위해 위로의 노래를 부르는 것이다. 믿는 사람, 좋아하는 사람과 노래를 부르기는 쉽지만 믿지 않는 사람, 원수 같은 사람에게 무슨 노래를 부르겠는가? 그러나 성경은 말한다.

"너희를 박해하는 자를 축복하라 축복하고 저주하지 말라"(롬 12:14).

그러므로 원수에 대한 두려움을 제거하기 위해 원수 자체를 제거하려고 하지 말라. 하나님께 기도하면서 원수를 내 눈앞에서 사라지게 해 달라고 하지 말라.

"주께서 내 원수의 목전에서 내게 상을 차려 주시고"(시 23:5).

하나님은 원수를 제거하시는 분이 아니라 원수 앞에서도 평안한 마음을 갖게 하시는 분이다. 어떻게 평안한 마음이 가능한가? 내가 그를 축복하는 마음을 가질 때 가능하다. 두려움은 공격성을 띠지만 사랑은 평안을 주기 때문이다. 그리고 공격하면 복수의 악순환이 시작되지만 평안하면 관계의 개선이 이루어진다.

원수를 대하는 마음의 차이를 보여 주는 인물 하면 역시 사울과 다윗이다. 사울 왕은 두려움 때문에 창을 들었다. 그러나 다윗은 축복의 마음으로 수금을 들었다. 사울은 반역한 적도 없는 충성스런 다윗에게 창을 던졌다. 심지어 아들 요나단에게도 창을 던지려 했다. 그렇게 두려움은 분노로 그리고 더 큰 두려움으로 변해 갔다. 하지만 다윗은 자신을 죽이려는 사울에게도 칼을 아꼈다. 사울을 원수로 생각하지 않고 지쳐 있는 하나님의 사람으로 생각했던 것이다. 그러고는 오히려 원수의 분노를 가라앉혀 주기 위해 수금을 탔다.

1997년 파푸아뉴기니에 비전 트립을 갔을 때 마지막 한 주간을 해변가 원주민 마을에 들어가 지냈다. 하루는 주민들과 사냥을 나갔다. 마을에 큰 잔치를 준비하기 위해서였다. 아침 일찍 우리는 사냥꾼의 집에 들렀다. 사냥꾼은 총을 사용하고 우리는 창을 사용한다고 들었다. 그래서 나는 연습해 보려고 집 앞에서 창을 던져 보았다. 그런데 갑자기 앞집에서 원주민 아주머니가 나오더니 불같이 화를 냈다. 파푸아뉴기니 사람들은 웬만해서는 화를 내지 않는데 깜짝 놀랐다. 선교사님 말씀이, 이들은 절대로 마을에서 창을 던지지 않는단다. 창은 마을 밖에서 사냥할 때나 전쟁할 때만 쓰기 때문이다.

우리는 가정에서 수금을 들어야 할 손에 창을 드는 경우가 얼마나 많은가. 세상에서 고군분투할 때 창을 드는 것은 그나마 이해가 된다지만, 왜 평화로운 가정에서 창을 드는가? 그것은 평안한 사람은 수금을 들지만 두려운 사람은 창을 들게 되어 있기 때문이다.

가정과 교회와 일터는 창 금지구역이다. 이곳은 무제한 축복 구역이다. 내 자녀에게 "너 잘되라는 소리다"고 하면서 창을 던지지 말라. 회사 직원들에게 "일 잘하라는 소리다" 하면서 창을 던지지 말라. 교회에서 "사역 잘하라는 소리다" 하면서 창을 던지지 말라. 그렇게 공격적이 되는 것은 잘되기를 바라서가 아니라 두려움 때문이다.

두려움의 창인가, 사랑의 수금인가?

사람들에게 아주 매너 있는 남성이 있었다. 그런데 결혼하고 돌변했다. 아내에게 지나치게 집착했고, 자기 갈망을 채워 주지 않으면 공격적이 되었다. 사회생활에서는 전혀 드러나지 않던 강박성과 공격성이 드러났다. 왜 그럴까? 그 사람의 매너는 사랑이 아닌 두려움에서 나온 것이었기 때문이다. 그의 매너는 바로 거절감에 대한 두려움이었다. 그래서 이런 경우 자신의 단점이 노출되면 몇 가지 전형적인 반응을 보인다. 자신을 버리지 말라고 애원하거나, 버림받을까 두려워서 자신이 먼저 상대를 버리거나, 자신을 버렸다고 분노하며 공격하기도 한다. 이것이 병적인 사랑, 두려움으로 범벅이 된 사랑이다.

사람을 사랑하는 것이 아니라 두려워하면, 두 가지 측면이 드러난다. 약한 면과 악한 면이다. 거절감에 대한 두려움이 조절 가능할 때는 겸손, 배려, 예의로 드러나지만 심해지면 불안, 공포, 강박으로 드러난다. 그리고 거절당하는 일이 현실화되면 언성을 높이고 폭력을 휘두르고 스토킹을 한다. 사울의 창을 드는 것은 두려움 때문인 것이다.

그런데 문제는 너무나 많은 부모들이 자식을 향해 사울의 창을 든다는 사실이다. 자녀가 잘되기를 바라는 마음은 모든 부모가 같다. 하지만 부모인 자신도 자기를 사랑할 줄 모른다. 그러면 자녀에 대한 사랑이 병적인 패턴으로 나타난다. 분명히 사랑한다고 말하는데 실제는 집착한다. 아이의 성적, 실력, 외모, 태도 등에 강박적으로 집착한다. 그러다가 자신의 뜻대로 되지 않으면 공격적이 된다. 그러나 정상적인 사람이라면 정도 이상의 공격성은 건강하지 않다는 사실을 자각한다. 하지만 내면이 건강하지 않은 부모는 학대조차도 사랑이라고 스스로 합리화한다. 그러다 끔찍한 가정폭력이 발생하는 것이다. 아이의 성공을 위한다고 지나치게 다그치고 체벌하다가 아이의 자존감과 자기주도성을 꺾어 놓는다. 결국 사랑이라는 이름으로 집착하고 학대하는 것이다.

내면이 건강한 사람은 자신도 타인도 있는 모습 그대로 사랑할 줄 안다. 내가 나 자신을 건강하게 사랑하면 내게 아무리 강한 욕망이 있어도 절제할 줄 안다. 하고 싶은 것이 많아도 건강이나 인격을 해치면서까지 자신을 압박하지 않는다. 타인에게도 마찬가지다. 건강하게 사랑할 줄 아는 사람은 자녀와 배우자에게 이것저것을 요구하며 상대방의 인격까지 침해하면서 압박하지 않는다. 그래서 사랑이라는 이름으로 집착하고 공격하고 학대하는 모든 패턴은 건강하지 않은 관계의 전형이다. 가정폭력, 학교폭력, 데이트 폭력이 전부 이런 것이다.

그러면 어떻게 해야 하는가? 정직해야 한다. 정직이란 이성적 논리만이 아니라 감성적 논리를 받아들이는 것을 의미한다. 가령 이번 장 서두에서 다정다감해야 하는(이성적 논리) 배우자가 지적하고 화를 내면 "어떻게 그럴 수 있느냐?"고 반응하는 것이 아니라 배우자의 어려운 마음을 있는 그대로 인정하는 것이다(감성적 논리). 그러면 억울하지 않은가. 물론 억울하다. 그러나 상대가 선을 넘는다고 나도 선을 넘으면 가정은 무너진다. 사울이 창을 든다고 다윗도 칼을 들면 나라는 망한다.

당신에게 원수를 향해 노래를 부를 수 있는 여유가 있어야 평화가 회복된다. 다윗은 '왕이 저러면 안 되지 않은가' 하고 이성적 논리로 사울을 판단하지 않았다. '왕이 마음이 많이 힘드시구나' 하고 감성적 논리로 받아들였다. 배우자 한쪽이 분노해도 다른 한쪽이 수긍을 들어야 파국을 막을 수 있고, 치유와 회복의 길이 보인다(물론 가해자와 피해자 패턴이 굳어지는 것은 바람직하지 않다. 그럴 때는 전문적인 가족 상담이 필요하다).

정직이 최선의 대답이다

어떻게 보면 자기감정에 솔직한 사람들은 남에게는 피해를 주지만 자기 맘에는 담아 두지 않는다. 오히려 참는 사람들이 억울함과 거절감과 분노를 쌓아 두었다가 폭발하는 경우가 많다. 예의라는 관점에서 보면 후자가 건강해 보이지만, 정직이라는 관점에서 보면 전자가 더 건강하다.

사람들 앞에서 자기 속내나 감정을 솔직하게 말하는 것을 두려워하는 사람들이 있다. 대부분 내향적이거나 자기감정에 솔직하지 못한 사람들이다. 더구나 상대가 어려운 사람이면 마음이 더 어려워진다. 그래서 미리 각본까지 짜서 어렵게 얘기를 꺼내면 분위기가 더 이상해지고 관계가 더 어려워진다.

나도 그런 사람이었다. 하지만 성령의 임재를 체험하고 내면이 치유되면서 많이 변했다. 이제는 어려운 사람일수록 바로 가서 만난다. 어려운 이야기일수록 많이 고민하지 않고 말한다. 왜냐하면 준비된 멘트보다 진정성을 담은 말이 최선의 대답임을 알게 되었기 때문이다.

'제대로 대답하지 못하면 어떡하지? 중요한 자리에서 엉뚱한 소리를 하면 어떡하지?' 하는가? 그런데 상대방은 당신의 대답을 듣는 것이 아니라 당신의 태도를 듣고 있다. 당신의 멘트를 듣는 것이 아니라 당신의 뉘앙스를 듣고 있다. 갈등과 오해를 피해 보겠다고 애매하게 말하면 정말 분위기 애매해진다. 그냥 솔직하게 말하라. 무례하라는 말이 아니다. 마음속에 어둠을 키우지 말라는 말이다. 내가 공을 던졌는데 저쪽에서 잘 받으면 좋고, 어렵게 받으면 그것은 그가 하나님 앞에서 해결할 문제다.

이야기하기 어려운 상대가 있다면, 어떤 내용을 말할까 고민하지 말고 그에 대한 당신 마음의 색깔을 정하라. 다시 말해, 그를 두려워하는 이유가 미움인지, 거절감인지, 권위자에 대한 어려움인지를 정직하게 대면하라는 것이다. 그런 다음 상대방에 대한 마음이 사랑의 마음이 되거나 적어도 미움의 마음이 아니도록 하라. 그러면 무슨 이야기를 하든 편안해진다.

사회(대인)공포증, 적면공포증, 시선공포증, 무대공포증 등도 사람에 대한 두려움이다. 이 두려움이 적의나 반감이 전혀 없는 상대방을 가상의 적으로 만들어 버린다. 우리는 앞에서 사울의 문제가 다윗의 공격에 있는 것이 아니라 자신을 스스로 사랑하지 못함에 있었음을 알았다. 이런 공포가 있는 사람은 당신 자신이 되기 위해 노력하고 훈련해야 한다.

- 자기가 좋아하는 것을 정말 좋아한다고 자주 어필하라.
- 자기가 싫어하는 것은 단호하게 싫다고 말하라.
- 내가 옳다/그르다고 생각하는 것을 분명하게 주장하라.
- 억지로 착한 척하지 말고 자기감정에 충실하라.
- 무엇이든 의무감으로 하지 말고 마음이 동할 때 하라.

남은 그만 배려해도 된다. 이제 당신 자신을 배려하라. 자신을 배려하는 것이 곧 남을 배려하는 것이다. 왜냐하면 당신이 행복하지 않는 한 당신과 대화하는 사람도 행복할 수 없기 때문이다.

5th. 분별하고 대안을 제시하라

이웃을 사랑하는 법 다섯째는 판단이 아닌 분별하는 사랑을 하는 것이다. 이웃을 사랑하라고 해서 무비판적으로 수용하라는 뜻은 아니다. 진리 안에서 사랑하고 포용해야 한다. 먼저 판단의 문제에 있어서 우리가 정직하려면, 내가 하는 판단에서 나 자신이 자유로울 수 있는가를 자문해 봐야 한다.

> "비판을 받지 아니하려거든 비판하지 말라 너희가 비판하는 그 비판으로 너희가 비판을 받을 것이요"(마 7:1-2).

우리가 타인을 판단하는 순간 모든 악을 심판하실 하나님께서 우리도 판단하신다는 점을 두려워해야 한다.

종종 이런 이야기를 듣는다. "남편이 어떻게 내게 이럴 수 있는가?", "부모가 어떻게 내게 이럴 수 있는가?", "자식이 어떻게 내게 이럴 수 있는가?" 그러면 나는 반문한다. "사람을 모르시나요? 모든 인간은 죄인입니다. 남편도 부모도 자식도 다 죄인입니다." 사람 때문에 분노하지 말라. 절망하지 말라. 두려워하지 말라. 모든 인간은 심판주 하나님 앞에서 죄인일 뿐이다.

직장상사가 잘못했는가? 비난하지 말라. 뒷얘기하지 말라. 그러나 분별하라. 무엇이 바른 리더십인지 마음에 새기라. 언젠가 당신도 그 자리에 설 날이 온다. 시어머니가 잘못했는가? 판단하지 말라. 남편에게 시어머니 흉을 보지 말라. 그러나 분별하라. 내가 내 며느리를 들이는 날 어떻게 할지 지금부터 다짐하라. 당신의 부모에게 잘못이 있는가? 원망하고 떠나지 말라. 받은 은혜도 많잖은가. 그러나 분별하라. 어떤 부모가 되어야 할지 고민하라. 남편이 잘못했는가? 비난하지 말라. 사람들 앞에서 흉보지 말라. 다만 분별하라. 기도 가운데 하나님 앞에 아뢰라. 미워하지 말라. 미워하면 적이 되고 두려움에 빠진다. 그러나 기도하면 긍휼히 여기게 되고 남편에 대한 마음을 회복하게 된다. 교회에서 목사나 장로나 리더가 잘못했는가? 판단하지 말라. 부정적인 언어와 생각이 당신 영혼을 피폐하게 만들 것이고 설교는 들리지 않을 것이며 은혜의 샘은 마를 것이며 결국 당신이 더 위험한 사람이 될 것이다. 그러나 분별하라. 어떤 목사가 되어야 하는지, 어떤 리더가 되어야 하는지 분별하라. 당신도 그 자리에 서기 때문이다.

그리고 당신이 그 자리에 서는 날, 문제를 지적하는 사람이 아니라 대안을 제시하는 사람이 되라. 아니 한 걸음 더 나아가 당신 자신이 대안이 되라.

하나님의 아들조차 죄 많은 세상을 정죄하지 않으셨다. 그러나 문제의 근원이 죄라는 것은 분별하셨다. 그래서 그 문제를 해결하기 위해 대안으로 당신 자신의 생명을 십자가에서 내어 주셨다. 심판주이신 예수님도 판단이 아닌 분별을 하셨다. 두려움이 아닌 사랑을 하셨다. 대안만 제시하지 않으시고 직접 대안이 되어 주셨다.

한 권사님이 있었다. 성실하게 사업하는 남편을 만나서 결혼했다. 그러나 안 믿는 사람이었고 안 믿는 가정이었다. 제사상도 차려야 했다. 마음이 어려울 때도 많았다. 그러나 묵묵히 남편을 열심히 뒷바라지했다. 그러자 남편이 어느 날 마음을 돌이켜 교회에 나오기 시작했다. 그리고 시부모님을 시누이들보다 정성껏 섬겼더니, 시어머니는 딸들보다 며느리를 더 의지하게 되었고 모든 일을 며느리와 상의하게 되었다. 20년이 지난 어느 날, 처음으로 시어머니에게 말했다.

"어머니, 이제는 교회 나가셔야죠?"

"그래, 교회에 나가는 게 좋겠구나."

시댁 식구들이 복음화되었고 남편은 주님과 교회를 사랑하는 장로가 되었다.

우리는 사랑하지 못해서 분노로 끓고 절망에 빠지고 두려움에 떤다. 사랑만이 살 길이다. 사랑만이 구원하는 길이다.

지금까지 어떻게 사랑해야 하는가를 논했지만, 그보다 중요한 것이 있다. 사랑하지 않으면 죽음이고 어둠이고 절망이다. 사랑하지 않는 공간은 사탄이 활개 치는 영역이다. 사랑해야만 생명과 빛과 희망이 보인다. 그리고 사랑해야만 비로소 하나님이 당신의 인간관계를 건강하고 행복하게 세워 가신다.

chapter 09

사랑으로
넘어서라

_ 하나님

―――――

"하나님께서 우리에게 주신 것은… 사랑"

(딤후 1:7)

·

가끔 이런 질문을 하는 성도들이 있다. "목사님, 술 한 잔은 괜찮죠?", "목사님, 사업이 어려운데 십일조를 당분간 쉬어도 되죠?" 난감한 질문들이다. 성도들이 목사들에게 면죄부를 받고 싶어 하는 이유는, 그들에게 두 가지 두려움이 있기 때문이다. 첫 번째 두려움은 세상에서 도태될 것 같은 두려움이요, 두 번째 두려움은 하나님께 벌 받을 것 같은 두려움이다.

두 갈래의 길

사람은 두 가지 시선 속에서 살아간다. 하나는 세상의 시선이고 또 하나는 하나님의 시선이다. 우리는 어느 쪽 시선에 맞춰서 살아가야 할까? 라틴어로 '코람데오'(Coram Deo)는 '하나님의 얼굴'이라는 뜻이다. 히브리어 표현으로는 '하나님의 두 눈에'라는 뜻이다. 하나님의 시선은 우리 영혼에 양가감정을 일으킨다. 내가 새벽 날개 치며 저 바다 끝에 가서 거할지라도 어둠도 그분의 시선에서 날 감출 수 없다. 하나님은 속으로 흘리는 나의 고통의 눈물과 한숨을 다 알고 계신다. 그때 하나님의 시선은 은혜롭다. 반면에 내가 몰래 지은죄, 부지중에 뱉은 악담, 기억조차 못하는 죄상들을 다 보고 다 알고 계신다. 하나님의 시선에는 사각지대가 없다. 아, 그때 하나님의 시선은 두렵다.

구약성경을 보면 엘리 제사장도 어린 사무엘도 하나님을 두려워했다. 둘 다 하나님의 시선을 느끼고 있었기 때문이다.

엘리는 이미 하나님의 사람을 통해 자식들이 성전에서 범죄하도록 놔둔 죄를 책망하시는 음성을 들었다(삼상 2:27-29). 그런데도 엘리는 사무엘을 압박하여 강박적으로 하나님의 뜻을 캐내려고 했다(삼상 3:17). 하나님의 뜻에 순종하지 않는 만큼 하나님께 벌 받을 것이 두려웠기 때문이다. 하지만 아이 사무엘은 성전에서 처음 하나님의 음성을 들으며 "말씀하옵소서 주의 종이 듣겠나이다"(삼상 3:10)라고 고백한다. 그것은 들음과 순종이 함께 가는 청종(聽從)의 태도였다. 사무엘은 엘리와 달리 하나님을 두려워하는 만큼 하나님의 뜻에 평생 순종하며 살았다.

로버트 프로스트가 쓴 '가지 않은 길'(The road not taken)이라는 시가 있다. 인생은 마치 두 갈래 길과 같아서 한쪽 길을 선택하면 다른 길로 들어설 수 없다. 우리 앞에는 두 갈래 길이 놓여 있다. 신을 계속 두려워하면서 가는 엘리의 길을 갈 것인가, 아니면 신을 적극적으로 사랑하는 사무엘의 길을 갈 것인가?

신에 대한 거절감

오늘날 전 지구적으로 자연재해가 빈발하고 있다. 잦은 대지진과 쓰나미는 세기말적 불안과 공포를 불러일으키고, 기후변화와 지구온난화, 사막화는 유토피아를 추구하는 문명의 약진만큼 디스토피아를 확장시키고 있다. 흔히 자연의 역습이라 하지만 그것은 초자연의 경고임을 알아야 한다. 그뿐인가. 1차, 2차 세계대전으로 이미 인간 악의 극단을 보았음에도 불구하고, 오늘날 종교 간 갈등 양상은 마지막 전쟁을 초래할 것만 같은 불길함을 자아낸다.

그런데 이런 세상을 보면서 신에 대한 거절감을 느끼는 사람들이 있다. 도대체 선하신 하나님이 계시다면 뭘 하고 있는 것인가? 왜 세상 문제에 적극적으로 개입하지 않으시는가?

구약의 선지자들 중에도 그런 질문을 던진 이가 있었다.

> "주께서는 눈이 정결하시므로 악을 차마 보지 못하시며 패역을 차마 보지 못하시거늘 어찌하여 거짓된 자들을 방관하시며 악인이 자기보다 의로운 사람을 삼키는데도 잠잠하시나이까… 그가 그물을 떨고는 계속하여 여러 나라를 무자비하게 멸망시키는 것이 옳으니이까"(합 1:13, 17).

하박국은 갈대아 인들이 전쟁을 일으키며 세상을 어지럽히는 것이 못마땅했다. 격앙된 어조로 하나님을 피고석에 앉혀 놓고 따져 묻는다. 목에 핏대를 세우고 삿대질을 하며 하나님과 시시비비를 가려 보겠다고 소리를 지른다.

선지자가 '그가 나의 질문에 어떻게 대답하실는지 보리라'(합 2:1)면서 팔짱 끼고 기다릴 때 하나님이 아주 분명한 말씀을 하셨다.

"오직 의인은 그의 믿음으로 말미암아 살리라"(합 2:4, 롬 1:17).

무슨 말씀인가? "하박국아, 네가 그렇게 의로우냐? 네가 그렇게 의로워서 나를 불의하다 하느냐? 인간의 의는 나를 신뢰하는 데에 기초하는 것이다." 결국 하박국은 신뢰와 불신의 갈림길에서 하나님의 음성을 듣고 그분을 신뢰하는 길을 선택한다.

> "여호와여 주는 주의 일을 이 수년 내에 부흥하게 하옵소서… 비록 무화과나무가 무성하지 못하며… 외양간에 소가 없을지라도 … 나의 구원의 하나님으로 말미암아 기뻐하리로다"(합 3:2, 17-18).

그러나 정반대 길을 선택하는 사람들도 있다. 대표적인 인물이 다윈이다. 학자들마다 해석이 분분하지만, 그가 비극적인 사건을 경험한 후 하나님께 등을 돌리게 되었음은 모두가 동의한다. 가장 사랑하던 딸 애니가 열 살에 갑자기 죽은 사건이었다. 그 뒤 다윈은 생명체는 신의 보살핌으로 환경에 적응하는 것이 아니라 상대적으로 적응해 가면서 종의 멸종과 변화를 일으킨다는 생각에 이른다. 결국 1859년 그는 《종의 기원》이라는 책을 쓰게 된다. 젊은 시절 성직자가 되려고도 생각했던 다윈은 딸의 생명을 건져 주지 않은 신을 향해 반기를 들었다. 그 후 40년간 그는 밤낮으로 심한 위장병과 구토로 인한 히스테리, 심장이 과도하게 뛰는 심계항진, 각종 피부질환, 불면증에 시달렸다(〈Sciencetimes〉, 2016년 10월 19일). 73세에 심장병으로 사망하기 전 몇 달간 병상에 있었을 때, 호프 부인 앞에서 진화론을 후회하였다는 주장과 죽음을 두려워하지 않았다는 상반된 주장이 있다. 진위는 천국에 가 봐야 알겠지만, 그는 평생 하나님을 등지고 영혼과 육신의 고통과 피폐함 속에서 살았다.

하나님께 가까이 다가가라

왜 인간은 하나님께 버림받을까 두려우면서도 하나님을 멀리할까?

> "너희는 여호와를 만날 만한 때에 찾으라 가까이 계실 때에 그를 부르라"(사 55:6).

인간관계도 두렵다고 멀리할수록 더 거리감이 생기고 서운함이 쌓인다. 하나님이 두렵다고 멀리할수록 내 영혼이 피폐해질 뿐이다. 주께서 부르실 때 돌아가야 한다. 가까이 다가가야 한다.

최근 5년간 주일성수뿐만 아니라 교회도 전혀 다니지 않은 성도가 있었다. 이전까지는 매주 교회에 나가 예배도 드리고 기도도 드렸으나 일부 교회의 타락과 크리스천의 실망스런 모습 등으로 냉담에 빠지게 되었고, 곧 교회를 떠났다. 그러자 적은 믿음마저 한순간에 사라져 버렸다고 그는 고백했다.

그러다 취업에 대한 스트레스로 인해 불면증에 시달렸다. 그래서 밤마다 설교 영상을 보기 시작했고, 그러다 문득 '아 그동안 하나님은 나를 늘 바른 길로 인도해 주셨는데 내가 하나님에게서 너무 멀리 떠나왔구나' 하고 깨달았다. 그 순간 두려움이 몰려와서 얼른 교회를 찾아 나섰다고 했다. 그는 이렇게 돌아와 나중 된 자가 되었지만 이런 자신도 하나님의 은혜를 받을 수 있는지를 내게 물었다.

가슴 아픈 고백이지만 교회와 목사가 문제가 많다. 개혁도 필요하고 회개도 필요하다. 하지만 그렇다고 하나님과 멀어지면 안 된다. 문제는 교회이고 목회자이고 성도이지 하나님이 아니다. 인생이 아무리 어려워져도 절대 등지지 말아야 할 곳이 있는데 바로 가정과 교회다. 왜냐하면 육적 영적 가정이 없으면 채울 곳이 없기 때문이다. 가정이 아팠던 만큼 좋은 가정을 세워야 하고, 교회가 힘들었던 만큼 좋은 교회를 세워야 한다. 두렵다고 포기하거나 도망가면 안 된다. 오히려 더 가까이 다가가고 더 적극적으로 사랑해야 한다.

한편, 예정론에 갇혀 하나님을 두렵게 여기는 사람들이 있다. 가령 입시를 앞두고 하나님이 열쇠를 쥐고 있다는 사실이 전혀 위로가 안 되는 사람들이다. '하나님이 함께하시면 할 수 있다!'는 긍정이 아니라 '하나님이 날 떨어뜨리시면 어떡하지?' 하는 부정적인 생각이 드는 사람들이다. 그러나 사람이 왜 하나님의 일까지 걱정할까? 하나님은 선하시니 그분이 그분의 선을 이루실 것을 신뢰하고, 사람은 그저 자기 자리에서 최선을 다하면 된다.

지난해 가을, 중3 여학생이 꾸준히 주일예배를 나오면서 기도 요청을 했다. 객관적으로 볼 때 자신의 성적으로는 외고에 들어가기 어렵지만, 도전하고 싶다고 했다. 기도하며 정신을 집중하더니 몇 차에 걸친 서류와 시험을 통과했다. 그런 중에도 마음은 불안하고 두려웠다. 하지만 끝까지 약속의 말씀을 붙잡더니 마침내 마지막 면접까지 가게 됐다. 그때 이런 고백을 했다.

"저는 마지막 면접 준비를 하고 있습니다. 일찍 잠자리에 들었다가 새벽에 면접을 보러 갑니다. 3년간 준비한 그 시간이 이제 하루밖에 남지 않았다니 실감이 나지 않습니다. 긴장도 되고 설레기도 합니다. 이제 저는 저의 최선 위에 하나님의 은혜가 더해질 때 불가능한 것은 없다는 말씀을 붙잡고 나아갑니다. 혼자인 그 시간에 하나님께서 함께하실 것임을 믿습니다. 무슨 말을 할지 염려하지 않겠습니다. 성령 충만하여 주님께서 주시는 말씀을 할 뿐이라는 것을 믿고 담대히 면접 보러 가겠습니다. 저는 할 수 있습니다. 응원해 주시고 기도해 주셔서 감사합니다. 하나님과 함께 면접 잘 보고 오겠습니다."

얼마나 기특한지 모른다! 오히려 너무 자신감이 넘쳐서 걱정스러울 정도였다. 그래서 이렇게 답했다.

"하나님과 동행하는 삶에는 언제나 균형이 있단다. 자신 있으나 자만하지 않고, 겸손하지만 주눅 들지 않는 균형 말이다. 하나님께서 면접 보는 동안 네게 그런 균형의 지혜를 주실 거야. 평안하거라."

나도 많은 신입 목회자와 간사 면접을 보지만 대개 지나치게 위축되거나 자랑하려는 경향이 있다. 그러나 중심이 잡혀 있는 사람들은 자신감이 있으면서 겸손하다. 하나님을 의지하는 사람은 하나님께서 그 영혼의 무게중심이 되어 주시기에 언제 어디서든 균형을 잃지 않는다. 그 여학생은 합격의 기쁨보다 더 귀한 체험을 얻었다. 그 체험의 교훈은 이것이었다.

"하나님께 가까이함이 내게 복이라"(시 73:28).

복음이 두려움에서 해방시킨다

하나님을 사랑하지 않는 사람은 하나님을 두려워하게 된다. 하나님을 멀리하는 사람은 하나님을 의심하고 판단하게 된다. 세상에 많은 두려움이 있지만 가장 큰 두려움은 역시 신에 대한 두려움이다. 종교공포증(religiophobia) 내지 신공포증(theophobia)이다. 어릴 때 강압적이거나 율법적인 종교 환경에서 자란 사람이 신은 진노하고 심판하는 존재라는 강박적인 생각에 사로잡힐 때 이런 공포증이 생긴다. 종교적인 암시나 활동이나 사람들을 보면 증상이 나타나는데 신에 대한 알레르기 반응이다. 정반대로 신에게 벌을 받을까 봐 두려워서 강박적으로 종교 활동에 매여 사는 종교중독자들도 있다.

그래서 처음 신앙을 접할 때 복음을 제대로 아는 것이 중요하다. 교회가 성도들에게 바르게 복음을 심어 주는 것이 중요하다. 하나님은 경외할 분이면서 동시에 깊이 사랑할 분이다. 하나님은 만물의 창조주요 심판자이지만 또한 나를 사랑하시는 아버지이시다. 이것이 얼마나 놀라운 역설인가! 그래서 시편 기자는 이렇게 고백한다.

"여호와를 경외함으로 섬기고 떨며 즐거워할지어다"(시 2:11).

하나님 곁에 가면 두려워 떨리면서도 또 너무 즐겁고 좋다는 고백이다. 왜 그런가? 온 세상 최고의 주님이 나의 사랑하는 주님이시기 때문이다. 마치 경기에서 가장 두려운 선수가 우리 팀이 될 때 느끼는 기쁨과 같다. 마치 전쟁에서 가장 두려운 장수가 아군이 될 때 고취되는 사기와 같다.

"하나님이 우리를 위하시면 누가 우리를 대적하리요"(롬 8:31).

복음은 하나님에 대한 우리의 두려움에 균형추를 달아 준다. 왜 그런가? 내 영혼을 영원히 거절하실 수 있는 분이 나를 받아 주셨다는 사실은, 절대적 차원의 자유와 평강을 주기 때문이다. 우리는 십자가에 드러난 하나님의 진정성을 보며 저주와 심판과 사망을 두려워하지 않게 된다. 세상 모든 종교가 신에 대한 두려움과 구원에 대한 갈망 사이에서 공회전하고 있지만, 십자가의 복음은 단번에 신에 대한 두려움과 구원에 대한 갈망의 문제를 해결한다. 내가 하나님 편이 되는 순간 이 경기는 시작도 하기 전에 이미 이겼기 때문이다. 그런 면에서 계시록은 두려움의 책이 아니라 최후 승리를 보장하는 소망의 책이다.

미국에서 매일 노방 전도하는 친구 목회자가 있다. 어느 날 그는 아침에 아이들을 등교시키고 주유소에 들렀다. 그런데 갑자기 복음을 전하라는 마음을 성령님이 주셨다.

'주님, 저 너무 피곤합니다. 옷도 아무거나 입었고요. 게다가 바쁘게 출근하는 사람들은 지금 굉장히 예민한 상태입니다. 지금은 아닙니다.'

주유비를 결재하고 돌아오는데 주유소에 차들이 분주하게 들어오고 나간다. 손에 집었던 전도지를 도로 넣고 떠나려는데, 그 순간 그날 아침 가장 말 쑥하고 예민해 보이는 한 신사가 눈에 띄었다. 친구는 영어 전도지를 들고 심 호흡을 하고 다가갔다.

"좋은 아침입니다."

"좋은 아침입니다. 그런데 손에 든 게 뭐죠?"

"복음에 대한 겁니다."

"나는 무슬림이요."

"오 그래요? 저는 교회에 있는 이맘(이슬람 종교지도자)입니다."

"하하, 교회 이맘이라고요?"

"네, 목사입니다. 하나 물어봐도 될까요?"

"그러시오."

"오늘밤 신이 당신을 불러도 천국 갈 수 있나요?"

"아… 사실 확신이 없습니다. 천국에 가려면 죄 문제부터 해결해야지 않겠 어요?"

"그래서 예수님이 오셔서 당신을 위해 죽으셨고 부활하셨습니다. 부활을 아시죠? 그가 부활하시지 않았다면 그저 사람일 뿐입니다. 하지만 부활하심 으로 우리의 하나님이심을 증명하셨습니다. 당신이 회개하고 그분을 영접 하고 따르면, 당신은 오늘에라도 천국에 갈 수 있습니다!"

큰 BMW 차에 깔끔한 양복을 입고 있던 신사는 그때까지 차가운 표정을 짓 고 있었다. 그런데 갑자기 얼굴이 환하게 밝아지면서 너무 고맙다고 인사하 며 전도지를 꼭 읽어 보겠다고 하면서 떠났다.

모든 종교가 행위 구원을 말한다. 선행이나 고행이나 수행으로 구원될 수 있다고 말한다. 그러나 행위가 완벽한 사람은 아무도 없다. 따라서 구원의 문 제는 상대성의 저울 위에 올려질 수밖에 없고, 그러면 누가 구원받을지는 아무도 확신할 수 없다. 당연히 불안하고 두렵다. 결국 행위 구원을 말하는 어떤 종교도 신공포증을 벗어날 수 없다.

하지만 하나님은 우리가 행위로 구원받는 것이 아니라 전적인 하나님의 은혜를 믿음으로 구원받는다고 말씀하신다(엡 2:8-9). 이것이 복음이다. 이보다 복된 소식이 없다. 신에 대한 두려움은 복음을 받아들이는 순간 사라진다. 하나님은 당신을 사랑하신다. 그리고 이제 당신도 하나님을 사랑하기 원하신다.

신을 사랑하며 살겠는가, 신을 두려워하며 살겠는가? 신공포증(theophobia) 환자가 되지 말고 데오빌로(theophilus), 즉 신을 사랑하는 사람이 되라(눅 1:3, 행 1:1).

홀로 하나님 앞에 서라

오늘날 혼자 살아가는 사람들이 늘고 있다. 혼밥족(혼자 밥을 먹는 사람), 혼술족(혼자 술을 마시는 사람)을 위한 전용 식음점이 나오는가 하면, 다른 사람들과 관계를 멀리하고 혼자 살아가는 솔로족, 결혼하지 않고 사회활동에 치중하는 싱글족, 이혼이나 사별로 인해 혼자 살아가는 홀로서기족이 급증하고 있다. 현대 사회의 변화와 가정의 개념 변화에 따른 결과이기도 하지만, 그만큼 개인이 느끼는 외로움과 박탈감, 두려움이 심해지고 있다.

인생이 아무리 외롭고 힘들어도 나를 사랑해 주는 이가 단 한 사람이라도 있으면, 그는 존재 가치를 느낀다. 마치 자신의 별을 떠나서도 사랑하던 꽃을 그리워하던 어린 왕자처럼 말이다. 직장에서 어려움을 당해도 가족의 지지가 있으면 큰 힘을 얻는다. 친구들이 많지 않아도 단짝친구 한 명이면 행복한 학창 시절을 보낼 수 있다. 모두에게 사랑받는 것은 불가능해도 우리는 그 누군가에게는 기대어 사랑하고 사랑받을 수 있는 존재로 살아간다.

"왜 사람들은 삶의 의지를 잃게 될까? 그것은 우리가 느끼는 고통이 너무 큰 나머지, 사랑이나 이해라는 감정조차 숨겨 버리기 때문이다. 그러나 결코 잊지 말아야 할 것은 하나님은 우리가 그분께 가져가는 모든 고통을 이해하신다는 사실이다. 하나님의 사랑에는 결코 제한이 없다. 예수님은 결코 우리를 떠나지 않겠다고 말씀하셨다."

자살 문제 전문 상담가인 도널린 포웰(Donaly Powell)이《하나님 삶의 이유를 알고 싶어요》에서 한 말이다. 외로운 현대 사회에서 하나님은 우리의 생명줄이다. 세상 모든 것은, 물질도 성공도 인기도 쾌락도 다 유한하기 때문에 어느 순간 썰물처럼 빠져나간다. 그러나 나를 붙드시는 그분의 사랑이 끝까지 나의 생명을 꼭 붙잡아 주신다.

구약성경에는 세상에서 가장 외로운 인생을 살았던 한 남자가 등장한다. 애정 결핍의 삶이 아니라 애정 박탈의 삶을 살았던 남자다. 정말 모든 관계의 끈이 끊어져 나가는 불우한 삶을 살았다. 그런데도 자신을 그렇게 만든 하나님을 원망하지 않고 사랑했다는 점이 놀라울 따름이다. 그는 하나님을 두려워하지 않았고 오히려 더 사모했다. 오늘과 같은 미디어 시대에 은둔형 외톨이로, 거대 도시에서 일인 가구로 살아가는 수많은 이들의 상담자가 되어 줄 법한 인물을 소개한다. 그와 상담이 끝나면 당신은 홀로 하나님 앞에 나아가 엎드려 찬양할 수 있을 것이다.

외로움의 대명사, 다윗

다윗이 겪었던 깊은 외로움은 무엇이었을까?

첫째, 그는 부모에게 버림받고 형제들에게 미움받은 소년이었다. 위로 형이 일곱이나 있는데 아버지는 막내 다윗만 양치기로 들판에 보냈다. 당시의 양치기는 들판에 누워 한적하게 풀피리나 부는 사람이 아니었다. 한낮의 찌는 듯한 더위와 한밤의 살을 에는 추위를 버티며, 맹수라도 나타나면 사투를 벌여야 했다. 사무엘이 이새의 가족을 초대해 왕을 세우고자 하는데도 아버지 이새가 끝까지 부르기 꺼려한 아들, 도대체 왜 부모에게 미움을 받았는지 이해가 되지 않는 아들이었다. 전쟁터에 양식을 전달하러 갔다가 형들에게 욕설과 저주를 듣게 되는 장면에서는 이게 뭔가 싶을 정도다(삼상 17:28). 이 정도면 집단 따돌림이고 가정 학대다. 어떻게 온 가족이 아들 하나를 죽일 듯이 미워했을까! 이것은 결코 과장된 해석이 아니다. 시편에 다윗이 직접 고백한 말이 있다.

"내 부모는 나를 버렸으나 여호와는 나를 영접하시리이다"(시 27:10).

둘째, 그는 사울에게 버림받았고 요나단과도 헤어졌다. 천하의 골리앗을 쓰러뜨리고 왕에게 인정받던 날 그는 얼마나 가슴이 부풀었을까. 드디어 잃어버린 아버지의 역할을 찾았다. 게다가 왕자가 나의 의형이 되어 주었다. 하지만 꿈같은 시간도 잠시뿐, 지명수배자가 되어 국제적 망명 인사가 된 다윗은 국부도 잃었고 사형도 잃었다.

셋째, 영적 지도자 사무엘과도 관계가 끊어졌다. 사무엘은 다윗에게 변함없는 영적 위로자였다. 하지만 다윗이 왕이 될 것이라고 기름 부었던 선지자는 그가 왕이 되기도 전에 세상을 떠났다. 다윗은 큰 상실감에 평정심을 잃더니 칼을 차고 사람까지 죽일 뻔했다(삼상25:13). 그만큼 그의 영혼은 관계의 줄들이 하나씩 끊어질 때마다 갈대처럼 마구 흔들렸다.

넷째, 다윗은 자기 부하들과도 평생 가까이할 수 없었다. 아말렉에게 온 가족이 포로로 잡혀갔을 때 다윗이 10년간 지켜 줬던 다윗의 사람들이 돌을 들어 그를 죽이려 했다. 또한 다윗의 오른팔 왼팔이던 요압과 아비새는 평생 다윗을 정치적으로 압박했으며, 특히 요압은 비록 역모자였지만 다윗의 아들 압살롬을 죽이기도 했다. 그러고는 다윗이 아들의 죽음을 슬퍼하자 당장 얼굴을 펴지 않으면 평생의 고난보다 더 큰 화를 보게 해주겠다고 협박했다.

다섯째, 다윗은 가족과도 행복하지 못했다. 다윗이 도망자 신세에서 왕이 되어 돌아와 첫 아내인 미갈을 데려왔지만 이미 다른 남자랑 살던 미갈은 삐딱했고 하나님 앞에 예배하는 다윗을 비웃다가 독수공방을 했다. 그들의 사랑은 새드 엔딩이었다. 그뿐인가. 다윗의 아들들끼리 서로 죽이고 반란을 일으켰다. 다윗의 가정은 결코 행복하지 못했다.

여섯째, 다윗의 신하들도 호시탐탐 다윗을 무너뜨리려고 했다. 다윗도 왕이 되더니 사울처럼 기우에 빠진 것이었을까? 아니다. 얼마나 쿠데타 위협이 많았으면 밤잠을 이루지 못하고 눈물로 침상을 띄우며 기도했을까(시 6:6). 자신의 친구들이 자신을 죽이려고 종일 음모를 꾸민다고 탄식했다(시 38:11-12, 41:9). 다윗은 동족을 믿을 수가 없어서 친위대를 외국 용병으로 고용했으니 크레타 섬 사람들과 블레셋 사람들이었다(삼하 8:18). 구중궁궐에서 그 누구에게도 기댈 수 없었던 다윗이 얼마나 애처로워 보이는지 모른다.

하나님이 다 끊으셨다!

정말 어떻게 한 사람의 인생이 이렇게도 철저히 외로울 수 있을까 싶다. 하나님이 허락하시지 않고는 일어날 수 없는 일이다. 그러면 하나님은 도대체 왜 그러셨을까?

오늘날 인생이 너무 외롭고 힘들어서 죽고 싶은 사람들이 많다. 부모조차 날 버리고 형제조차 날 등져서 갈 곳이 없다고 호소한다. 그렇게 떠난 타지에서 제2의 가족이라 여겼던 사람들에게 배신당하고 분노하는 사람들도 있다. 인생살이가 이렇게 힘들어서 교회를 찾았건만 오히려 더 깊은 상처를 받왔다는 사람들도 있다. 이쯤 되면 과연 내게 문제가 있는 것인가 반문하게 된다. 아내와도 자식과도 속마음을 나눌 수 없고, 빈 방에 덩그러니 혼자 남겨져서 나를 치시는 하나님이 두렵기만 하다.

도대체 왜 이런 외로움과 두려움, 고난과 고통을 주시는가? 하나님이 다윗을 그토록 철저하게 외롭게 하신 것은, 그가 철저하게 하나님 한 분만을 의지하게 하기 위함이었다. 인간적으로는 참 가슴 아프지만, 하나님 외에는 신뢰할 분도 사랑할 대상도 없음을 알게 하기 위함이다. 그런데도 결코 불행하고 허무한 인생으로 끝나지 않고 하나님의 마음에 합한 사람이 되었고, 역설적으로 오늘날까지도 가장 사랑받는 성경 인물이 되게 하사, 외로움과 두려움에 처한 많은 사람들에게 살아 있는 메시지가 되게 하셨다.

> 여호와는 나의 빛이요 나의 구원이시니 내가 누구를 두려워하리요
> 여호와는 내 생명의 능력이시니 내가 누구를 무서워하리요
> 군대가 나를 대적하여 진 칠지라도 내 마음이 두렵지 아니하며
> 전쟁이 일어나 나를 치려 할지라도 나는 여전히 태연하리로다
> 내가 여호와께 바라는 한 가지 일 그것을 구하리니
> 곧 내가 내 평생에 여호와의 집에 살면서
> 여호와의 아름다움을 바라보며 그의 성전에서 사모하는 그것이라
> 내 부모는 나를 버렸으나 여호와는 나를 영접하시리이다

(시 27:1, 3-4, 10)

극도의 외로움과 두려움, 고난과 고통을 인생에서 겪는 이들이여, 그대는 어떤 선택을 하려는가? 신을 두려워하고 미워하는 삶을 선택하려는가, 아니면 신을 사랑하고 의지하는 삶을 선택하려는가? 오직 하나님 한 분만이 이

땅에서 나의 유일한 생명줄이시다. 다 잃어도, 다 떠나도, 다 사라져도, 하나님만 나와 함께하시면 다시 일어설 수 있다. 다시 노래할 수 있다. 다시 이 길을 갈 수 있다.

하나님을 향한 분노

한 성도가 어머니를 잃고서 깊은 영적 침체에 빠졌다. 어머니는 갑상선암 초기여서 수술만 하면 괜찮을 줄 알았다. 하지만 수술 후 방사선치료를 받다가 폐렴에 걸렸고 중환자실에 들어간 지 한 달 만에 58세에 돌아가셨다. 그는 도저히 이해할 수 없었다. 하나님께 그렇게 간절히 매달려 기도했는데 하나님은 들어주지 않으셨다. 만약 예수님이 옆에 있다면 멱살이라도 잡고 따지고 싶은 심정이라고 말했다. 그 후 그는 3년간 교회에 발길을 끊었다.

이런 고통을 겪는 사람에게는, 그의 아픔을 위로하는 동시에 하나님의 선하심을 설명하기가 참 어렵다.

이해할 수 없는 고난을 당한 성경의 대표적인 인물은 욥이다. 그는 재난으로 막대한 재산을 하루아침에 잃었고, 눈에 넣어도 아프지 않을 일곱 아들과 세 딸을 한날한시에 떠나보냈으며, 멀쩡하던 몸이 병들더니 온몸에 종기가 나서 기왓장으로 몸을 긁는 신세가 되었다. 아내마저 하나님을 저주하고 죽어 버리라는 악담을 퍼붓고 떠났다.

소식을 듣고 찾아온 세 친구는 일주일간 침묵으로 슬퍼해 주더니 그 뒤로 무려 욥기 4장에서 37장에 이르기까지 험악한 말들을 쏟아 부어 욥의 가슴에 비수를 꽂았다. "네가 죄가 있으니 하나님께 심판을 받는 거 아니냐!" 초지일관 인과응보의 논리로 욥의 영혼을 파리하게 만들었다. 결국 사면초가가 된 욥은 하늘을 바라보며 하나님만이 나의 중보자이시니 나의 억울함을 풀어 달라고 호소하기에 이른다. 왜 그런가? 이 고난을 주신 분도 하나님이시지만 결국 이 고난을 거두실 분도 하나님이시요 날 위로하실 분도 하나님 한 분뿐이기 때문이다.

> "그러나 내가 가는 길을 그가 아시나니 그가 나를 단련하신 후에는 내가 순금같이 되어 나오리라"(욥 23:10).

'19세기의 욥' 스패포드

호라시오 스패포드(Horatio Spafford)는 1828년 뉴욕에서 태어났다. 그는 유능한 변호사요 법학과 교수였으며 성공한 사업가였다. 또한 세계적인 부흥사 D. L. 무디의 동역자로서 물심양면 그의 사역을 도왔다. 그런데 1870년 네 살 난 아들 호라시오를 열병으로 잃게 된다. 이듬해에는 시카고 대화재로 자신의 집과 대부분의 재산을 잃었다.

1873년 스패포드는 무디의 집회를 돕는 한편, 병약해진 아내와 가족을 쉬게 하려고 유럽행을 계획한다. 그런데 갑자기 처리할 비즈니스가 생겨서 아내와 네 딸만 먼저 배에 태운다. 그러나 9일 뒤 비보를 듣게 되었는데, 가족이 탄 배가 대서양 한가운데서 영국 철갑선과 충돌하여 12분 만에 침몰했다는 것이다. 열한 살 애니, 아홉 살 매기, 일곱 살 베시, 두 살 태니타가 226명의 승객들과 함께 물속에 잠겨 버렸다. 건져 낼 수도 없었다. 아내 애나만이 기적적으로 살아 돌아왔다.

스패포드는 바로 배를 타고 대서양을 건넜다. 침몰 지점에 이르렀을 때 바다는 너무나 고요했다. 아내 애나가 말했다.

"여보, 우리 예쁜 네 딸이 아주 없어진 건 아니잖아요. 우리는 잠깐 헤어질 뿐 천국에서 다시 만날 거예요."

그러나 비통함을 주체할 수 없었던 스패포드는 객실로 내려가 밤새 부르짖었다.

"하나님, 왜 제게 이런 고통을 주십니까? 아들을 데려가셔도, 집과 재산을 가져가셔도 하나님을 원망하지 않았습니다. 그러나 이제 네 딸들까지 데려가셨군요."

한참을 울부짖는데 갑자기 한순간 이해할 수 없는 평안이 그의 영혼에 임했다. 그 순간 그는 그 자리에서 찬양시를 썼다. 바로 그 곡이 '내 평생에 가는 길'이다. 다음은 19세기의 욥이라고 불린 호라시오 스패포드가 찬양으로 써 내려간 고백이다.

1. 내 평생에 가는 길 순탄하여 늘 잔잔한 강 같든지
   큰 풍파로 무섭고 어렵든지 나의 영혼은 늘 편하다
2. 저 마귀는 우리를 삼키려고 입 벌리고 달려와도
   주 예수는 우리의 대장되니 끝내 싸워서 이기리라
3. 내 지은 죄 주홍 빛 같더라도 주 예수께 다 아뢰면
   그 십자가 피로써 다 씻으사 흰 눈보다 더 정하리라
4. 저 공중에 구름이 일어나며 큰 나팔이 울릴 때에
   주 오셔서 세상을 심판해도 나의 영혼은 겁 없으리
[후렴] 내 영혼 평안해 내 영혼 내 영혼 평안해

풍랑 이는 바다 한가운데서 그의 영혼에 어떻게 평강이 임했는가? 그는 그 순간에도 그에게 베푸신 은혜를 기억했다. 사탄의 아귀에서 건져 주시고 주홍 같은 죄를 씻어 주시고 영원한 천국으로 인도하시는 은혜를 기억했다. 그는 이 처절한 상실의 고통 속에서도 내 영혼은 주님을 바라보기에 평안하고 또 평안하다고 찬양했다.

이후 스패포드는 어떤 삶을 살았는가? 하나님께서 그들 부부에게 큰딸 버사와 아들 호라시오와 막내 딸 그레이스를 주셨다. 그러나 아들 호라시오를 다시 열병으로 잃고 말았다. 이후 그는 모든 것을 접고 아내와 두 딸을 데리고 1881년 예루살렘으로 이주해 선교기관을 세우고 복음 증거와 빈민 구제에 평생을 바쳤다. 인생에서 하나님 나라에 대한 소망 외에는 다른 기쁨이 없다는 결론에 이르렀기 때문이다. 그리고 1888년 스패포드 자신도 60세에 말라리아에 걸려 세상을 떠났다. 하지만 아내와 딸 버사가 빈민 구제 사역을 이어 갔고 이들이 세운 스패포드 어린이센터는 오늘날에도 매년 3만 명의 가난한 아이들을 돌보고 있다.

스패포드도 욥도 다윗도, 하나님을 사랑하지 않았다면 과연 그 고난의 세월을 극복할 수 있었을까? 어떻게 과거의 상처로 인한 트라우마를 감당할 수 있었을까? 오직 하나님 한 분만 바라보고 의지하고 사랑했기에 삶을 이어 갈 수 있었다. 오직 하나님의 사랑만이 우리를 이 두려운 세상에서 건져 내실 수 있다.

도대체 하나님이 계시다면

얼마 전에 '응답한다 0519'라는 기독교 변증 컨퍼런스가 열렸다. 세계적인 기독교 변증가 라비 재커라이어스(Ravi Zacharias)가 강연을 하고 질의응답을 했다. 첫 번째 질문은 '도대체 하나님이 계시다면 어떻게 세상에 악이 있을 수 있는가?'였다. 이것은 사람들이 가장 많이 던지는 질문이기도 하다. 사실 이 질문에 대한 답을 찾을 수 없어서 또 얼마나 많은 이들이 하나님을 등지고 신앙을 버리고 무신론에 빠지는가. 라비가 대답했다.

"제가 어느 대학에 갔을 때도 한 청년이 동일한 질문을 했습니다. 그래서 제가 반문했죠. '그렇다면 청년은 악이 존재한다고 믿는군요?' 잠시 주저하더니 청년은 '그런 것 같네요'라고 대답했다.

'그러면 선도 존재한다고 믿는 것이군요?'

'네, 그런 것 같습니다.'

'그렇다면 선악을 구분하는 기준인 도덕법도 존재한다고 믿는 것이군요?'

'네, 그런 것 같습니다.'

(사실 여기서 이야기는 끝난 것이나 다름없다. 왜냐하면 유물론적인 진화론자나 무신론자는 도덕법의 존재를 믿지 않기 때문이다. 왜냐하면 물질이 전부이기에 인간이 남을 가해하면 안 된다는 식의 도덕법은 단지 종족 유지를 위한 생리적 본능이라고 설명하기 때문이다. 유물론자들은 인간의 도덕성, 정신세계, 영혼 등을 단순히 생리적이고 화학적인 현상일 뿐이라고 일축한다. 그래서 내세도 영혼도 신도 존재하지 않는다고 믿는다.)

'자, 그러면 도덕법의 존재를 인정하니, 그 절대적인 선악의 기준이 되는 도덕법을 제시하는 절대자의 존재를 인정하는 게 되는군요?'

청년에게는 다른 대답이 없었다.

'아, 그런가요? 그런 것 같군요.'

'그렇다면 본인은 신의 존재를 인정하는 것 아닌가요?'

'네… 아니, 제가 무슨 질문을 하는지도 모르고 질문한 것 같습니다.'"

라비의 대답을 들으며 크리스천이 이겼다고 마냥 좋아할 일이 아니라는 생각을 했다. 수많은 사람들이 고통의 문제로 호소하는 것은 이 세상이 그저 물질이 전부일 수 없다는 절규라는 것을 깨달아야 한다.

세월호 사건으로 수많은 소중한 생명들이 죽어도, 유물론자들은 그저 물질이 존재하다가 소멸됐다고 인식하고 설명할 수밖에 없다. 그러나 신의 존재를 거부하는 사람들조차도 세상의 악이나 고통에 대해서 참을 수 없는 분노와 두려움을 느끼지 않는가? 왜 그런가? 이럴 수는 없기 때문이다. 누군가는 이 고통과 고난의 문제에 대해 답변을 해야 하고 해결해 주어야 하기 때문이다. 그리고 인간 영혼은 보이는 사실(Fact) 너머로 보이지 않는 의미를 갈구하기 때문이다. 인간의 영혼은 절대로 물질세계만으로 만족할 수 없다. 결국 우리가 고난과 고통의 문제 때문에 신을 등지면 더 해답이 없다. 고난과 고통의 문제는 신에게로 돌아가지 않는 한 해소되지도 않고 해결되지도 않는다.

인생이 고통스러워 하나님을 등졌다면 속히 하나님께로 돌아오기를 바란다. 더 바라기는 처음부터 하나님을 붙잡고 가는 인생이었으면 좋겠다.

나는 오래도록 다윗의 인생을 묵상하면서, 도대체 하나님은 왜 다윗을 선택하셨을까 탐구해 보았다. 그러다 하나님이 아무도 주목하지 않는 시골 목동을 그토록 열애하신 이유가 있었음을 알게 되었다.

그에게는 세 가지 사랑이 있었기 때문이다. 첫째, 양들을 자기 목숨처럼 사랑했다. 가족에게 버림받고 들판에 버려졌으니 대충 살 법한데, 오히려 자기와 같은 연약한 처지의 양들 한 마리 한 마리를 위해 맹수와 목숨을 걸고 싸우는 목자의 마음이 그에게 있었다. 둘째, 하나님을 전심전력으로 사랑했다. 그는 탄식만 하거나 일에만 몰두하지 않았다. 그는 들판에서도 왕궁에서도 성전에서도 평생 찬양하고 예배했다. 자기 영혼의 텅 빈 공간을 하나님만으로 채운 진정한 예배자였다. 셋째, 자기 자신을 건강하게 사랑했다. 역기능적인 가정에서 자랐고 리더에게 버림받은 트라우마가 있을 만한데도 그는 하나님의 이해할 수 없는 사랑을 충만히 누렸다(시 8:4). 다윗은 그랬기에 온갖 인간 군상들을 사랑할 수 있었다.

"네 마음을 다하고 목숨을 다하고 뜻을 다하고 힘을 다하여 주 너의 하나님을 사랑하라"(막 12:30).

"네 이웃을 네 자신과 같이 사랑하라"(막 12:31).

"(사랑은) 모든 것을 참으며 모든 것을 믿으며 모든 것을 바라며 모든 것을 견디느니라"(고전 13:7).

LIFE

BEYOND

FEARS

PART 04

해답 3

절제

chapter 10

절제로
넘어서라
_ 자기 부인

"하나님께서 우리에게 주신 것은… 절제의 영이다"

(딤후 1:7, 우리말성경)

우리 집 둘째 아들은 자신보다 네 살 위의 형을 따라잡기 위해 어려서부터 매사에 악착같이 노력했다. 자기는 이제 네발자전거를 타면서도 형이 두발자전거를 타면 자기도 그걸 타야 한다고 고집을 피웠다. 결국 다섯 살 때 두발자전거를 타기 시작했다. 운동장에서 아들의 소원대로 두발자전거 타는 법을 가르쳤는데, 운동신경도 좋고 집중력도 좋아서 금세 페달을 밟으며 전진하기 시작했다. 그러나 다음 순간 '아차!' 싶었다. 브레이크 밟는 법을 안 가르친 것이다. 결국 너른 운동장을 가로질러 학교 건물 벽에 갖다 박고서야 멈췄다. 이 일로 아들은 몇 달간 두발자전거를 타지 못했다.

이것이 두려움에서 탈출한 인생을 다시 반대편의 두려움에 빠지게 만드는 무절제의 전형적인 패턴이다. 둘째는 형을 따라잡고 싶은 갈망과 형에게 뒤처질 것 같은 두려움을 갖고 있었다. 그러나 포기하기보다 노력했고 능력을 갖게 되자 두려움을 극복했다. 두려움만 사라진 것이 아니라 환희에 가득찼다. 그러나 그 능력을 절제하는 법을 알지 못해서 사고를 경험했다. 그러고는 사고에 대한 기억 때문에 두려움에 빠져서 이미 얻은 능력마저 발휘하지 못했다.

세 번째 해법, 절제

세 번째 해법은 앞의 두 가지 해법과는 성격이 다르다. 능력도 넘치는 것이고 사랑도 넘치는 것이다. 그러나 절제는 넘치는 것을 다스리는 것이다. 능력도 채우는 것이고 사랑도 채우는 것이다. 그러나 절제는 그 채운 것을 비우는 것이다. 지나친 능력 발휘가 완벽주의적 강박증과 일중독으로 귀결되면 반대편의 두려움에 빠지기 쉽다. 또한 과도한 사랑이 오히려 건강한 관계를 해치게 되면 정반대의 두려움에 빠지게 된다. 그러므로 절제는 극단으로 치우치지 않게 만드는 미덕이요 지나침에서 오는 두려움을 넘어서는 해법이다.

과유불급(過猶不及)이라는 말이 있다. 어느 날 자공이 공자에게 물었다.

"자장과 자하 중 누가 더 어진가요?"

"자장은 지나치고, 자하는 미치지 못한다."

"그럼 자장이 더 낫다는 말씀입니까?"

"지나친 것은 미치지 못한 것과 같다(過猶不及)."

과유불급은 부족하지도 과도하지도 않은 상태, 즉 중용지도(中庸之道)를 의미한다.

절제는 중용의 미덕이다. 균형 감각이다. 능력을 사용하지만 능력을 맹신하지 않고, 사람을 사랑하지만 사람을 과신하지 않는다. 능력은 일이라는 대상에 대한 두려움을 극복하게 해주는 해법이고, 사랑은 사람이라는 대상에 대한 두려움을 극복하게 해주는 해법이다. 한편 절제는 능력과 사랑, 일과 사람을 대할 때 무절제로 인해 빠지는 두려움을 극복하게 해주는 해법이다. 인생은 일의 장벽을 넘어서고 관계의 미로를 풀어내도 자신을 다스리지 못해 무너지는 일이 많다.

그러므로 마지막 관문은 일도 사람도 아닌 나 자신을 다스리는 것이다. 자신을 통제하지 못하면 전혀 다른 두려움에 빠지기 때문이다.

'절제'는 헬라어로 '소프로니스모스'인데 두 가지 의미를 갖는다. 첫째는 평정심(sound mind)이다. 둘째는 자기절제(self-discipline)다. 전자는 내적인 상태요 후자는 외적인 행위다. 흔히 '절제' 하면 행위에 초점을 맞추기 쉽지만, 내적 평정심에 이르러야 절제라는 행동이 가능해진다. 이 절제 훈련을 통해 하나님이 위로부터 내려 주시는 샬롬(shalom)을 누릴 수 있다. 그러므로 절제의 두 가지 의미는 상호보완적이다.

두 마리 토끼를 잡는다?

능력과 사랑을 채우라더니 이제 와서 절제하라니 상반되고 모순된 것처럼 보인다. 두 마리 토끼를 잡으라는 말처럼 들리기도 한다. 어떻게 상반된 두 가지 가치를 추구할 수 있는가? 이런 원리다. 자동차에는 중요한 두 가지 요소가 있다. 하나는 가속력이고 다른 하나는 안정감이다. 어떻게 하면 더 빨리 달리면서도 더 안전하게 만들 것인가? 이것이 자동차의 생명이다.

능력은 일에 대한 가속 페달이다. 사랑은 관계에 대한 가속 페달이다. 그리고 절제는 안정감을 위한 브레이크 페달이다. 물론 우리가 차를 타는 것은 빨리 목적지에 가고 싶기 때문이다. 그러나 과속으로 사고가 나서 목적지에도 못 가고 생명까지 위태로워진다면 그것은 우리가 원하는 바가 아니다. 그래서 브레이크가 필요하다. 그래서 안정성이 중요하다. 좋은 차는 고속으로 달릴수록 무게중심이 잡히면서 안정감이 생기는 법이다. 인생도 마찬가지다.

능력과 사랑 그리고 절제는 인생에 필요한 요소이면서 동시에 끊임없이 반복되는 요소다. 마치 시계추가 오른쪽 끝에서 왼쪽 끝으로 반복해서 왔다 갔다 해야 시간을 제대로 전진시키는 것과 같다. 인생도 낮에는 열심히 일하고 밤에는 절제하여 쉬어야 건강하게 돌아간다. 또한 관계도 사람들과 적극적으로 만나고 교제해야 하지만 때로 절제하여 홀로 하나님 앞에 머무는 시간이 있어야 건강해진다.

능력과 사랑이 채움이라면, 절제는 비움이다. 사람들은 끊임없이 채우려고 들지만 인생의 그릇에는 한도가 있다. 어느 정도 채우고 나면 더 이상 채울 수 없다. 비워야만 채울 수 있다. 밤에 잠을 자야만 낮에 일할 수 있다. 물레방아가 그릇마다 물을 채웠다가 비웠다가를 반복해야만 동력이 생기는 법이다. 그래서 사도 바울이 능력과 사랑을 먼저 언급하고 절제를 마지막에 언급한 것이다. 채움이 있고 나서야 비움이 있기 때문이다.

"누구든지 나를 따라오려거든 자기를 부인하고"(마 16:24).

십자가를 지는 인생은 자기를 부인해야 한다고 예수님은 말씀하신다. 그런데 여기에 역설적인 진리가 있다. 바로 자기부인은 자기긍정이 된 사람만이 가능하다는 점이다. 내가 누구인지 확실해야 나 자신을 비울 수 있기 때문이다. 예수님은 당신이 하나님의 아들이라는 자기 확신이 분명하셨기에(마 16:16) 자신을 십자가 위에서 비우시는 자기 부인을 할 수 있었다. 능력도 채워 보지 않고 사랑도 충만케 해 보지 않고 비우는 것은 불가능하다. 비울 것이 없기 때문이다. 먼저 충만을 경험하라. 그리고 비움으로 나아가라. 이것이 인생과 신앙이 완성되는 과정이다.

절제, 성령의 열매

> "오직 성령의 열매는 사랑과 희락과 화평과 오래 참음과 자비와 양선과 충성과 온유와 절제니"(갈 5:22-23).

'절제'는 성령의 9가지 열매 중 마지막 항목에 등장한다. 절제가 앞의 모든 열매들을 완성해 주기 때문이다. 사실 우리가 얼마나 절제할 줄 모르는가. 음식도 감정도 언어도 절제하기가 쉽지 않다. 그러나 맛있는 음식도 과식하면 배탈 나고, 감정도 지나치면 거부감을 주고, 언어도 침묵해야 할 때를 분별하지 못하면 상처를 준다. 인간은 나쁜 것을 절제할 줄 몰라서도 문제지만, 좋은 것을 절제하지 못해서도 문제다.

세상에서 가장 어려운 말이 '적당하게'다. 어느 정도가 적정선일까? 그야말로 성령께서 부어 주시는 지혜가 아니고는 답할 수 없다. 사도 바울은 크레타 섬에서 목회하는 디도에게 성도의 삶을 이렇게 묘사한다.

> "경건하지 않은 것과 이 세상 정욕을 다 버리고 신중함과 의로움과 경건함으로 이 세상에 살고"(딛 2:12).

여기서 '신중함'이 '절제'다. 무슨 뜻인가? 세상에서 살지만 세상에 있는 것을 다 취하지 말고 절제하며 살라는 뜻이다. 뷔페식당에 음식이 많다고 다 취하지 말라. 건강하다고 과용하지 말라. 젊다고 남용하지 말라. 그러다가 이편의 모자란 자의 두려움이 아니라, 반대편의 지나친 자의 두려움이 엄습한다.

그렇다고 세상 즐거움을 다 내려놓으라는 뜻은 아니다. 즐거움, 즉 쾌락은 가치중립적인 개념이다. 적정선을 유지하면, 하나님께서 우리에게 다 복으로 주신 것들이다. 그러므로 사도 바울은 디모데에게 이렇게 권면했다.

> "혼인을 금하고 어떤 음식물은 먹지 말라고 할 터이나 음식물은 하나님이 지으신 바니 믿는 자들과 진리를 아는 자들이 감사함으로 받을 것이니라 하나님께서 지으신 모든 것이 선하매 감사함으로 받으면 버릴 것이 없나니 하나님의 말씀과 기도로 거룩하여짐이라"(딤전 4:3-5).

무슨 말인가? 말씀의 기준과 기도의 분별력이 있으면, 즉 영적인 중용의 미덕이 있으면, 모든 것이 선하고 감사한 것이다.

그래서 절제란 우리 내면이 성령의 내주하심으로 하늘의 분별과 평강을 누리는 상태다. 그러면 중독에 빠지거나 치우치지 않게 된다. 능력도 있고 사랑도 있는데 중독에 치우쳐 스스로 인생을 망치고 두려움에 빠져 사는 사람들이 간과하는 점이 한 가지 있다. 세상에서 가장 중요한 성취는 일도 아니요 관계도 아니요, 바로 자기 자신이라는 점이다.

특별히 크리스천 성공론에 빠진 신앙인들은 주의하라. 일도 얻고 사람도 얻었다고 과용을 부리다가 일도 잃고 사람도 잃으면 두려움에 빠진다.

> "사람이 만일 온 천하를 얻고도 자기를 잃든지 빼앗기든지 하면 무엇

이 유익하리요"(눅 9:25).

그러므로 삶의 성숙을 목표로 한다면, 이제 하나님의 뜻에 따라 절제하는 훈련을 시작해야 한다.

평안은 성령의 호흡이다

나는 어려서부터 늘 불안하고 어디에 있어도 부적응감에 시달렸다. 중학생 때는 성경보다 한강물을 묵상했다. 존재의 불안과 두려움을 해결할 방법이 그것밖에 없어 보였다. 그러던 중 성경을 읽다가 놀라운 하나님의 임재를 경험했다.

> "하나님 우리 아버지와 주 예수 그리스도로부터 은혜와 평강이 너희에게 있을지어다"(엡 1:2).

태어나서 제대로 평안한 적이 없던 내 영혼에 하늘의 평강이 임하는 순간이었다. 그것은 처음에는 파도와 같았지만 나중에는 거대한 해일처럼 나를 덮었다. 그분의 깊은 임재 안에 잠기는 체험이었다.

그러고는 놀라운 변화가 일어났다. 이전에는 학교에 가도 불안하고 집에 와도 불안했다. 학교에 가면 집에 오기 싫고 집에 있으면 학교에 가기 싫었다. 교회에 가도 불안하고 길을 걸을 때도 불안하고 그냥 존재하는 것 자체가 불안이었고 내가 내 자신이라는 것이 불안했다. 내가 얼마나 불안한 존재인지를 그 어린 나이에 너무나 절감하고 있었다. 그러나 성령의 임재 이후에 근원적인 불안이 사라졌다. 다음 날 등교하다가 깜짝 놀랐다. 왜냐하면 이전에는 세상이 온통 잿빛이었는데 갑자기 총천연색으로 보이는 것이 아닌가!

사실 인간은 상대적인 시공간 안에서 존재적인 불안을 피해 갈 수 없는 존재다. 이런 인간이 평안(평정심. 곧 절제의 근원적인 힘)을 누릴 수 있는 유일한 지점이 바로 절대자의 품 안이다. 나는 하나님의 임재 체험에서 바로 온갖 근심과 불안과 두려움이 사라지는 자리를 깨달은 것이다. 그 지점은 바깥 세상에 폭풍우가 몰아쳐도 내 영혼은 평안하다고 고백할 수 있는 자리였다. 그래서 두려움에 떨던 제자들에게 부활의 주님이 찾아와 말씀하셨다.

"너희에게 평강이 있을지어다"(눅 24:36).

그럼에도 제자들은 놀라고 무서워하며 예수님이 살아나신 것을 의심했다. 그러자 예수님이 말씀하셨다.

"어찌하여 두려워하며 어찌하여 마음에 의심이 일어나느냐"(눅 24:38).

왜 두려움과 의심에 갇혀서 혼자 숨 막혀 하고 있느냐는 말씀이다. 이 장면에서 사도 요한은 예수님의 중요한 대사를 첨언해 준다.

"이 날 곧 안식 후 첫날 저녁 때에 제자들이 유대인들을 두려워하여 모인 곳의 문들을 닫았더니 예수께서 오사 가운데 서서 이르시되 너희에게 평강이 있을지어다… 이 말씀을 하시고 그들을 향하사 숨을 내쉬며 이르시되 성령을 받으라"(요 20:19, 22).

평안과 두려움은 호흡과 밀접한 관계가 있다. 처음 하나님은 그분의 영적인 호흡을 사람에게 두셔서 사람이 생령이 되게 만드셨다(창 2:7). 하나님의 호흡을 받은 최초의 인간은 숨에 여유가 있었다. 하지만 죄를 짓고 나무 뒤로 숨던 아담과 하와의 호흡도, 동생을 죽이고 화를 내던 가인의 호흡도, 육체로 전락해 성령이 떠나신 노아 시대 사람들의 호흡도 가쁘고 불안했을 것이다.

왜냐하면 사람이 두려움에 빠지면 가장 먼저 신체적으로 곤란이 오는 것이 호흡이다. 그러나 성령께서 임하시면 내 영혼에 인공호흡을 해주셔서 호흡 곤란에서 건져 주신다. 그러므로 기도 가운데 내 영이 성령 안에서 호흡하고(요 20:22) 성령의 감동으로 기록된 말씀(벧후 1:21)을 먹으면 내 안에 영적인 산소가 공급되어, 두려움은 사라지고 평정심이 자리 잡게 된다. 평안은 성령 임재의 대표적인 특징이다. 재미있는 사실은, "모든 성경은 하나님의 감동으로 된 것"(딤후 3:16)이라는 말씀에서 '하나님의 감동'을 직역하면 '하나님의 호흡'(God-breathed, NIV)이다.

나는 오래도록 두려움의 문제와 씨름했다. 두려우면 숨이 가빠지고 짧아진다. 그러나 성령이 임하시면 숨이 차분해지고 평안해진다. 설교자로서 편한 자리가 있고 긴장되는 자리가 있다. 그래서 설교자는 어느 자리에 있든 성령의 충만함 가운데 서는 것이 중요함을 매번 깨닫는다. 왜냐하면 성령이 임하시면 언제나 그 호흡에 평안함이 임하기 때문이다. 성령의 감동하심을 따라 말하고 기도하기 때문이다.

나 같은 설교자나 면접을 봐야 하는 취업 준비생이나 사업 프레젠테이션을 해야 하는 회사원이나 비슷한 문제를 겪을 수 있다. 태평한 사람은 하나를 준비하고도 열을 발표하는데, 불안증과 두려움이 있는 사람은 열을 준비하고도 하나밖에 발표하지 못한다. 그러나 우리는 크리스천이 아닌가. 우리에게는 성령의 호흡이 임하여 있지 않은가. 육신의 호흡을 고르기 전에 영적인 호흡을 가다듬으라. 능력이 있어도, 관계가 좋아도, 성령 충만해야 평정심을 얻을 수 있다. 주의 음성을 상기하라.

"평강이 있을지어다. 성령을 받으라."

내 안에 절제할 영역들을 점검하라

절제란 자기 통제(self-control)다. 누구나 행복하고 싶어서 능력이나 사랑을 바란다. 지나친 능력이나 사랑 때문에 행복을 잃기를 원하지 않는다. 과도한 능력은 오히려 미다스 왕의 손처럼 불행을 자초하지 않는가. 때로 가속했다면 때로 감속할 줄 알아야 한다. 도로를 달리는 자동차가 자꾸 속도를 높인다. 목적지에 빨리 도착하고 싶기 때문이다. 그러다가 사고가 나면 그제야 깨닫는다. '빨리 가고 싶었을 뿐이지 죽고 싶었던 것은 아닌데….'

이제는 적절하게 인생의 감속 페달을 밟는 법을 배워야 한다. 능력을 절제하지 못하거나 사랑을 절제하지 못하면 사고 날 수 있다. 사람들마다 자꾸 과속하게 되는 영역이 있다. 그것이 무엇인지를 먼저 점검해야 한다. 그것이 당신 인생에 잠재적인 불안 요소들이기 때문이다.

가령, 아브라함은 아내 사라가 아름다운 것 때문에 주변 민족들이 자신을 해할까 봐 두려웠다. 두려우면 하나님께 요청해야 하는데 아내를 여동생이라고 거짓말했다. 일시적으로 문제가 해결된 것 같았다. 하지만 그러다 아내를 빼앗길 뻔한 더 큰 두려움에 휩싸이게 되었다.

엘리 제사장은 성소에서 죄를 짓는 아들들을 절제시켜야 할 필요를 느꼈다. 이대로 두었다간 하나님께 벌 받을 것이 두려웠다. 하지만 마음만 그랬지 절제시키지 못했다. 아들들에게 원망 들을 것이 더 두려웠기 때문이다. 결국 법궤를 잃어버리는 사고를 당했고 아들들을 잃게 되었다. 그 소식을 듣고 엘리 제사장은 더 큰 두려움으로 의자에서 쓰러져 목이 부러져 죽었다.

하나님의 마음에 합당했던 다윗에게도 절제가 필요했다. 그의 내면에는 상상할 수 없을 정도의 애정 결핍이 있었다. 그에게는 능력도 있었고 사랑도 충만했다. 하지만 이 한 가지 영역에서 절제할 수 없어서 밧세바를 취했고 범죄했다. 그 여파로 평생 얼마나 많은 고난을 당했던가. 결국 압살롬의 반역으로 더 큰 두려운 상황에 빠져야 했다.

구약의 선지자를 대변하는 엘리야도 갈멜 산에서 불로 하나님의 응답을 받는 놀라운 승리를 거두고도, 이세벨의 저주에 두려움을 느껴 광야 로뎀나무 아래에서 죽기를 구했다. 그는 능력의 종이었지만, 변하지 않는 현실에 대한 절망과 영적 외로움을 감당하지 못하여 죽고 싶어 했다. 엘리야도 자신을 통제하지 못하는 영역이 있었다.

믿음의 조상도, 제사장도, 예배자도, 대선지자도, 자기 통제는 어려운 문제였다. 당신에게는 어떤 영역에서 절제가 필요한가? 이 문제는 누구보다 자기가 잘 안다. 거의 모든 과목이 양호한데 한두 과목이 늘 평균점수를 깎아먹는 경우가 많다. 인생이 그렇다. 다 모범적이어도 당신이 절제하지 못한 한두 영역 때문에 무너지게 된다.

당신 자신을 절제하라

그래서 일이나 사람이 아니라, 우리에게 가장 두려운 존재는 우리 자신이다. 내 인생이 가장 취약한 길목에 들어섰을 때, 갑자기 나 자신이 어느 방향으로 튈지 모르기 때문이다. 주변에서도 그런 분들을 가끔 본다. 평생을 도덕적으로 살아온 교회 임직자가 한순간에 사업이 어려워지자 헌금을 도둑질하고, 평생을 가족과 화목하게 살던 아버지가 인생이 궁지에 몰리자 갑자기 칼을 들고 가족을 위협한다. 정말 인간은 어디로 튈지 모른다. 내 안에 신의 호흡이 있는가 하면 갑자기 악마의 불길이 솟기도 한다. 신의 성품에 동참할 자인데 짐승 같은 욕구에 빠지기도 한다. 내 안에 선과 악이 공존한다.

사도 바울의 말처럼 내 안에 두 가지 법이 있다. 우리가 원죄를 가진 죄인이라는 말은 교리적인 문구가 아니라 서슬 퍼런 진실이다. 그래서 때로 나 자신을 볼 때 낯설고 섬뜩하다. 그때 얼른 주님의 통제권 안으로 들어가야 한다.

1st. 능력을 절제하라

세상은 당신에게 능력을 보여 달라고 한다. 당신이 질주하는 모습이 멋지다고 부추긴다. 하지만 내공을 쌓지 못한 채 실적주의와 결과주의라는 노출증으로만 가면 인간은 일중독과 탈진의 악순환에 빠진다. 그렇게 달리다가는 건전지처럼 방전된다. 갖고 있는 재능을 소진하고 토사구팽(兎死狗烹)을 당한다. 그래서 재인박명(才人薄命)이다. 그러므로 능력의 완성은 더 많은 능력에 있는 것이 아니라 절제함에 있다. 그림의 완성은 색을 더 칠하는 것이 아니라 여백의 미에 있다.

인생도 마찬가지다. 다윗이 사울을 죽일 수 있었어도 죽이지 않은 것처럼, 우리에게도 절제가 필요하다. 각성제를 먹으며 밤을 새워 일할 수 있어도 밤이 오면 하던 일을 멈추고 쉬어야 한다.

목회사역과 설교사역도 마찬가지다. 바울은 헬라의 수사학을 연마했지만 미사여구로 복음을 전하지 않았다(고전 2:4). 설교자가 언어의 마술사가 되어 설교의 달인이 되면 절제되지 못한 언어는 정제되지 못한 내면을 드러내게 되어 있다. 완벽미가 아닌 여백미를 추구해야 한다. 나의 완벽보다 하나님의 은혜가 드러나야 한다. 인생이 자신의 최선 때문에 추락하는 것만큼 안타까운 일이 또 있을까.

얼마 전 미국에서 유학하던 한 대학생을 만났다. 어릴 때부터 영재 소리를 듣던 학생은 최고의 고등학교를 나와 최고의 대학교에 입학했고 성적은 늘 A였다. 그런데 어느 순간부터 불안강박장애가 나타나기 시작했다. 두통에 불안감에 인생이 무너질 것 같았다.

상담을 해 보니, 지금까지 늘 최고였는데 대학에 와 보니 전 세계 천재들이 모여 두각을 드러내니 불안해지기 시작한 것이다. 그리고 앞으로 자신이 원하는 분야에서 최고가 될 확률을 계산해 보니 절대 보장할 수 없다는 결론에 이르렀다. 그 생각만 하면 미칠 것 같았다. 피가 마르고 머리가 돌 것 같았다. 공부하고 생각하는 게 전부인 청년이다 보니 부정적인 생각에서 벗어날 수 없었다.

아무리 최고 성능의 컴퓨터라도 전원을 끄고 냉각하는 시간이 있어야 다시 작동할 수 있는 법이다.

우리는 능력만 채우면 그 끝 지점에서 자신감과 평안이 찾아올 줄로 착각한다. 그러나 상대성의 모순 때문에 더 많은 능력에 대한 집착과 강박이 생기고, 불안과 두려움이 자라게 된다. 그러므로 능력 부족으로 빠지는 두려움의 늪 반대편에는 능력 과다로 빠지는 더 큰 두려움의 늪이 버티고 있는 것이다.

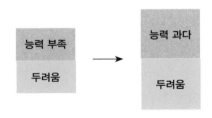

그러므로 어느 선에서는 멈춰야 한다. 주님이 멈추라는 신호를 보내실 때 빨리 반응해야 한다.

우리나라 최고 로펌에서 전무후무한 기록을 세우던 50대 초반의 변호사가 얼마 전 돌연사로 떠났다는 소식을 들었다. 이유는 과로였다. 한 청년이 일찍부터 회사를 창업해서 승승장구했다. 긴장감을 갖고 시작했던 사업은 끝없이 하늘로 비상했다. 그런데 어느 날 갑자기 그가 세상을 떠났다. 이유는 역시 과로였다. 요즘 주변에서 중장년은 물론 청년들까지 돌연사로 떠나는 안타까운 소식을 접하곤 한다.

인생의 여정을 가는 이들이여, 이제 속도를 좀 줄이라. 피곤하면 졸음 운전하지 말고 휴게소로 들어가라. 졸음 쉼터로 들어가라. 사무실에만 있지 말고 계절의 변화도 즐기고 좋아하는 사람들도 만나라. 과도함에 행복이 있는 것이 아니라 절제에 참된 행복이 있다.

2nd. 사랑을 절제하라

세상은 달콤한 사랑 노래를 끊임없이 틀어 주며 사랑에 빠지라고, 그래야 행복하다고 말한다. 미려한 유행가 가사와 멋진 드라마 대사를 묵상하고 있으면 어느새 사랑의 감성으로 충만해지는 것 같다. 하지만 사랑에는 낭만적인 연애만 있는 것이 아니라 지극히 현실적인 헌신도 있음을 세상은 잘 말해 주지 않는다. 사랑에는 넘치는 기쁨만 필요한 것이 아니라 절제된 안정감도 필요함을 사람들은 잘 알지 못한다. 그러고는 사랑에 속았다고, 배신당했다고 말한다. 사랑은 배신하지 않는다. 다만 성숙한 사랑에 이르지 못했을 뿐이다.

사랑에도 절제가 필요하다. 무절제한 사랑은 자기 통제력을 잃고 비틀거린다. 무절제한 사랑의 위험성은 언제나 우리 주변에 도사리고 있다. 사랑이라는 이름으로 집착하는 사람들이 그렇다. 지나친 소유욕으로 사람을 조종하려고 들면, 부부관계든 부모자녀 관계든 친구 관계든 불행해진다. 사람은 소유의 대상이 아니라 사랑의 대상이기 때문이다.

이런 문제에 빠지지 않을 것 같은 관계 전문가들도 이런 문제에 빠진다. 가령 전문 상담가도 동정하는 마음을 절제하지 못하고 내담자의 어두운 감정에 이입되면 병적인 감정에 빠진다. 그래서 상담가들도 그들의 내면을 상담해 주는 슈퍼바이저에게 정기적으로 진단받고 도움을 받는다. 또한 사회운

동가도 약자에 대한 사회정의를 회복하려는 열정을 절제하지 못하면, 분노 조절장애에 빠진다.

나섬공동체의 유해근 목사님도 지금은 행복하게 사역하시지만 한때 몽골인과 외국인 노동자들이 당하는 부당한 대우로 인해 분노와 슬픔과 절망이 북받쳐서 안압이 높아지고 결국 시력까지 잃은 경험이 있다. 병자를 치유하고 약자를 돕는 치유자는 자신이 사랑의 근원이 아니라 하나님이 사랑의 근원이심을 늘 고백해야 한다. 그렇지 않으면 부정적 감정 중독자가 되어 버린다.

얼마 전 주례를 서면서 마음이 참 훈훈했던 적이 있다. 신부는 실력과 미모, 신앙과 섬김을 겸비한 재원이었고, 신랑은 지성과 재능을 겸비한 동시에 신부에게 감동받아 신앙까지 갖게 되었다. 신랑과 신부는 함께 장애인 부서를 섬기고 있었다.

신랑은 처음에 자매가 이상한 사람이라고 생각했다고 한다. 노점에서 과일 파는 아저씨를 보면 과일을 다 사야 하고, 집 앞의 길고양이가 있으면 일일이 돌봐야 하니, 너무 대책이 없어 보였기 때문이다. 하지만 형제는 사랑과 긍휼이 깊은 자매의 진정성을 보고 감동했고 이제는 함께 섬기는 사람이 되었다. 나는 두 사람을 보며 이런 사람들만 있으면 세상이 온통 아름다워지겠다 싶었다.

그런데 어느 날부터 이 자매를 괴롭히는 남자가 나타났다. 아무 이유가 없었다. 그냥 집이고 회사고 쫓아다니면서 주변을 맴돌았다. 자매는 너무나 두려웠다. 연고를 물어보니, 처음에 길가 상점에서 모르는 남자가 말을 걸어서 친절하게 대꾸해 준 게 화근이었다. 그날 이후 그 사람이 자매가 가는 곳마다 나타나기 시작했다. 이사까지 갔지만 거기에도 나타났다. 잠을 이룰 수 없었고 집 밖에 나갈 수도 없었다. 남에게 베풀기만 하던 사람이 한계에 부딪혔다. 나는 자매에게 위축되지 말고 담대하고 단호해야 한다고 권면했다.

사랑에는 권위도 필요하고 거절도 필요하고 제한도 필요하다. 그래야 건강하고 균형 잡힌 사랑을 할 수 있다.

사랑에도 절제가 필요하다. 무조건 돕는다고 도움이 되지 않는다. 교회에서 긍휼사역을 할 때도 빈민이 자립할 수 있도록 절제하며 도와야 한다. 선교지에서도 현지 교회가 자립하도록 도와야 한다. 돕고 싶은 마음이 간절하다고 절제하지 못하면 오히려 해가 된다. 무절제한 자녀 사랑은 자녀를 망친다. 훈육과 자기 절제 훈련이 있어야 인격적 성숙이 가능해진다. 교회 교육도 마찬가지다. 교회는 은혜 설교만 하는 것이 아니라 체계적인 훈련과 사역적 헌신으로 인도하여 성도들을 성숙한 지도자와 군사로 양성해야 한다.

회사가 직원들에게 자율 근무를 권장하는 것도 좋지만 분명한 목표와 기준과 책임을 제시해야 한다. 자율은 목표에 대한 집중력과 팀워크를 위한 통제가 병행될 때 빛을 발하기 때문이다. 나라도 복지정책을 추진할 때 대중의 지지를 얻기 위한 물량 공세가 아니라 소외 계층이 자립할 수 있도록 신중하게 도와야 한다.

3rd. 종교도 절제하라

목사가 종교 활동을 절제하라고 말하면 이상하게 들릴지 모르겠다. 참된 영성은 끝없이 깊이를 추구할 수 있다. 동시에 참된 영성은 절제된 삶으로 표현되어야 한다. 종교에도 중독이 있다. 중독적 패턴의 종교 생활은 거짓된 영성을 만들어 내며 병든 신앙인을 양산한다. 그러므로 종교 활동도 절제의 미덕을 발휘해야 한다.

먼저 신비주의를 주의하라. 신비적 분위기와 현상에 강박적으로 집착하여 기도원과 예언기도와 신유집회와 성령사역만 쫓아다니면, 영적으로 노숙인과 다를 바가 없다. 집밥을 먹지 않고 여기저기 기웃거리며 끝없이 주림을 채우는 것이기 때문이다. 성자께서 하늘 보좌를 버리고 이 땅에 사람으로 오심 그 자체가 신비요, 나 같은 죄인이 하나님의 무한한 사랑을 받고 있음이 신비다. 기독교 신앙은 신비주의가 아니라 신비 자체이신 그분께 집중하는 것이다. 성령의 은사와 기적으로 영적 주림과 갈함을 해결하면 일시적으로는 충만해진 것 같다. 하지만 하나님과 인격적 교제를 하지 않으면 그 충만은 금세 바닥이 난다. 그러면 영적 비만에 빠져 더 허기지고 갈증이 나게 된다.

한국 기독교는 샤머니즘적 기독교라고 진단되곤 한다. 안타까운 일이다. 사람들이 산당을 너무 좋아한다. 개인 기도처에 가서 기도 받는 것을 좋아한다. 그렇다 보니 여러 가지 폐해가 일어난다. 점집에서 복채 내듯이 기도 받고 거액의 헌금을 하는가 하면, 심지어 집과 회사까지 다 날리는 사람들도 있다. 아예 집을 나와 가정이 파괴되는 경우도 있다.

마음이 급하면 치명적인 실수를 하게 마련이다. 아무리 급해도 갈 길과 가지 말아야 할 길이 있다. 아무리 급해도 빨간불 신호에서 사거리로 돌진해서는 안 된다. 두려움은 또 다른 두려움을 낳는다. 하나님은 두려움을 주시는 분이 아니라 절제의 영을 주시는 분이다.

그리고 율법주의를 주의하라. 거룩의 문제를 율법주의로 접근하지 말라. 영적인 결벽증에 빠지지 말라. 마치 손을 씻고도 또 씻어야만 청결을 유지할 것 같은 마음이다. 예배나 기도나 종교 행위를 반복하지 않으면 하나님께 벌받을 것 같은 강박적 집착에 빠지는 것이다. 이것은 일종의 종교적 완벽주의다. 완벽주의는 하나님이 기뻐하시지 않는다. 인간은 스스로 완벽해질 수 없기 때문이다.

거룩은 순결함에 대한 갈망이지만 종교적 완벽주의는 불결함에 대한 두려움이다. 이것은 갈망과 두려움의 오래된 테마곡이다. 율법주의는 행복한 추구가 아니라 공포스런 맹종이다. 하나님은 우리가 행복하고 자유하기를 원하신다.

부모가 율법주의에 빠져 있는 가정이 있다. 아버지도 어머니도 마치 자녀의 마음에 감시 카메라를 수백 대 설치해 놓은 사람들 같다. 자녀가 무슨 일을 하든 어떤 선택을 하든 부모가 종교적인 잣대를 가지고 조목조목 비판하고 정죄하는 것이다. 부모는 평생 열심히 신앙생활 했다고 자부하지만, 자녀들은 전혀 행복하지 않다. 자녀들의 마음에 하나님의 임재가 충만한 것이 아니라 부모에게 받은 정죄감만 가득하기 때문이다. 자녀들이 행복하지 않을 뿐 아니라 온갖 정신적인 문제들을 앓는다. 불면증, 조울증, 정신분열, 망상장애, 분노장애 등이다. 그러면 부모는 하나님께 온전히 의지하지 않아서 그렇다고 다시 자녀를 정죄한다. 자녀 역시 부모의 말에 설득당해 스스로 정죄한다. 하나님은 열심히 믿는데 가정이 천국이 아니라 지옥이다. 이런 가정이 의외로 적지 않다.

강박증(Obsessive-Compulsive Disorder)이란 특정한 행동이나 사고를 반복하게 되는 상태다. 손 씻기나 정리정돈, 물건 수집 같은 것을 반복한다든지 미세한 통증이 큰 병의 전조가 아닐까 하는 두려운 생각과 감정이 반복되는 증상이다. 영적으로 민감해서 하나님의 음성과 인도하심을 잘 느끼는 것과는 다른 현상이다.

조금만 무서운 말씀을 읽거나 들으면 하나님이 벌하실까 봐 두려움에 빠지고, 그런 하나님을 달래려고 온갖 헌신을 하는 교인들도 보았다. 그것이야말로 샤머니즘적인 발상이고 종교적인 불안장애다. 샤머니즘은 귀신들을 달래는 것이기 때문이다. 우리는 죄와 사망의 두려움에서 벗어나고자 주님께로 왔다. 그리고 십자가의 은혜가 우리를 두려움에서 자유케 하셨다. 그런데 우리는 종교적 강박증에 빠져 전혀 다른 두려움에 허덕이지 않는가.

온누리교회는 큐티를 영성의 근간으로 여긴다. 그런데 생전에 하용조 목사님이 큐티 이야기를 하시다가 "너무 율법적으로 하지 마세요. 저도 깜빡하고 안 할 때가 있어요" 하면서 웃으시는데 얼마나 위로가 됐는지 모른다. 또 온누리교회는 선교에 목숨을 건 교회다. 그런데 하 목사님이 설교자들에게 이런 말씀도 하셨다. "선교, 선교만 얘기하지 마세요. 교인들 부담스러워합니다. 그러지 않아도 은혜받으면 다 선교해요."

우리는 칭의는 전적으로 그리스도의 구속을 통해 받아 놓고 성화는 내 힘으로 만들어 보겠다고 하지 않는가. 은혜로 가라. 처음도 은혜요 지금도 은혜요 마지막까지 은혜다.

완벽이 아닌 은혜를 추구하라

능력을 무절제하게 추구하면 완벽주의에 빠지고 사랑을 무절제하게 추구하면 이상주의에 빠진다. 완벽주의는 완벽할 수 없다는 두려움에 빠지고, 이상주의는 이상적인 사랑이 존재하지 않는다는 절망에 빠진다. 좋은 것을 추구했지만 절제가 없기 때문에 결국 두려움과 절망을 초래한다. 인간에게는 한계가 있다. 그것도 하나님이 허락하신 것이다. 세상 모든 일을 감당할 만한 능력이나 행복만 넘치는 이상적인 사랑은 세상에 존재하지 않는다.

솔로몬과 같이 완벽하고 이상적인 삶을 살았던 사람도 두려움에 빠졌다. 아니 오히려 완벽해 보이고 이상적인 것을 추구할수록 그의 인생은 어그러져 갔다. 이 공든 탑이 언제 무너질지 모른다는 불안감 때문이었고, 무절제한 수많은 국책사업과 999명에 이르는 처첩들과 쉼 없는 학업과 저술에 그의 영혼이 탈진되어 버렸기 때문이다.

그러나 솔로몬이 잃어버린 가장 소중한 것은, 바로 하나님의 은혜였다. "나는 출입할 줄 알지 못하는 아이와 같으니 내게 백성을 치리할 분별의 지혜를 주소서"라고 기도하던 때만 해도 그의 인생에 하나님의 은혜가 충만했다. 하지만 그 은혜가 노년에는 완전히 실종되어서 이 전무후무한 지혜자가 불안해하며 우상숭배에 빠져 버렸다.

절대로 최선 이상을 넘지 말라. 완벽은 최선으로도 이를 수 없는 봉우리에 오르겠다는 뜻이다. 인생의 최대치는 최선이지 완벽이 아니다. 최선이 아닌 완벽을 추구하면 불행해진다. 완벽이란 절벽 너머로 날아가는 파랑새다.

우리가 최선을 다하는 것은 완벽이 아니라 은혜를 목표로 해야 한다. 날마다 최선을 다해 성실하게 사는 것은 그분의 은혜 안으로 진입하기 위한 도움 닫기에 불과하다. 우리가 그토록 바라는 완벽하고 이상적인 삶은 우리의 노력이 아닌 그분의 은혜로 완성되기 때문이다. 그렇다. 나의 최선이 하나님의 은혜 속으로 진입할 때 비로소 완성이 무엇인지를 맛보게 된다. 그리고 나의 최선조차도 그분의 은혜로 허락된 것임을 겸손히 고백하게 된다.

절제란 그분의 은혜를 초대하기 위한 준비요, 그분의 은혜로 살아가기 위한 과정이요, 그분의 은혜로 완성하기 위한 최후 관문이다. 무기력한 죄인을 구원해 주신 은혜, 무능력한 인생을 날마다 도우시는 은혜, 미완성의 인생을 멋지게 마무리하실 은혜까지, 절제의 그릇에 은혜의 내용을 담으라. 충만한 은혜가 두려움을 압도해 버리는 삶을 경험하게 될 것이다.

chapter 11

절제로 넘어서라

__ 초점

————

"하나님께서 우리에게 주신 것은… 절제의 영이다"

(딤후 1:7, 우리말성경)

큰아들이 어렸을 때 사고를 당했다. 두 살배기가 보도블록에서 뛰다가 엎어졌는데 혀가 끊어질 지경이 됐다. 부랴부랴 어린이 치과병원에 가서 수술을 했다. 의료진은 버둥거리는 아이를 그물로 붙잡아 두었고 내가 아이 머리를 잡고 의사가 낚시 바늘같이 생긴 도구로 끊어진 혓바닥을 꿰맸다. 이후로 아이에게 치과병원에 대한 트라우마가 생겼다. 초등학생 때 충치가 생겨서 치과에 갔는데 정말 병원이 떠나가라 울어댔다. 절대로 치료를 받지 않겠다고 고집을 피웠다. 어떻게든 그 두려운 상황을 모면하고 싶어 했다. 그러나 그대로 집에 가면 안 되잖는가. 충치는 더 심해질 것이고 더 고통스러울 것이다. 그날 아이는 병원 문이 닫힐 때까지 울어댔다. 너무 울어서 기진한 뒤에야 겨우 치료를 받을 수 있었다. 안타깝게도 그의 생각은 질병에서의 해방이 아니라 치료로 인한 고통에 초점이 맞춰져 있었다.

초점이 마음을 바꾼다

같은 계기에서 출발해 같은 과정을 지나더라도 초점의 차이가 마음의 차이를 가져온다. 건강한 마음은 치료로 인한 고통은 잠시 지나가는 과정일 뿐 평생 통증에서 자유해지고 건강해질 수 있다는 희망을 품는다. 하지만 상처 난 마음은 어떤 결과가 오는지는 생각할 겨를도 없이 당장의 고통에 죽을 것만 같은 공포심에 사로잡힌다.

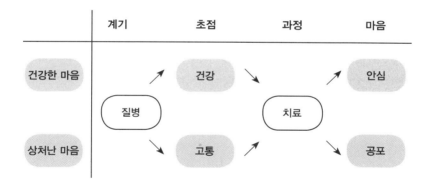

그러나 생각해 보라. 질병이 나에게 고통을 주는가? 치료가 나에게 고통을 주는가? 물론 양쪽 다 고통이 수반된다. 그러나 질병이 주는 고통은 그대로 두면 정말 더 큰 고통을 가져온다. 반면에 치료가 주는 잠시의 고통을 받아들이면 오래도록 상쾌한 결과를 얻게 된다.

인생의 고통에 대해서도 우리는 비슷한 양상의 반응을 보인다. 사탄이 우리에게 고통을 주는 것인가, 아니면 주님이 우리에게 고통을 주시는 것인가?

우리는 종종 하나님이 왜 이렇게 나를 힘들게 하시느냐고 원망한다. 거라사 광인도 주님께 그런 원망을 했다.

> "지극히 높으신 하나님의 아들 예수여 나와 당신이 무슨 상관이 있나이까 원하건대 하나님 앞에 맹세하고 나를 괴롭히지 마옵소서"(막 5:7).

지금 그를 괴롭히는 주범은 군대 귀신이었다. 물론 예수님이 오셔서 귀신을 내쫓으시는 과정이 그에게 고통스러울 수 있다. 그러나 그런 치료의 과정을 거치면 그는 평생 고통에서 해방될 수 있다. 그런데 마치 예수님이 그를 괴롭히러 오신 것처럼 이야기한다. 병원에 대한 트라우마가 있는 사람은 병원 가면 죽을 것 같고, 의사가 입은 흰색 가운만 봐도 패닉 상태가 된다. 그러나 사실은 정반대다.

초점이 마음의 색깔을 바꾼다. 무엇에 초점을 맞추느냐에 따라 평안이 오기도 하고 두려움이 오기도 한다. 이것은 관점의 차이가 경험의 차이를 가져오는 것과 같다. 동일한 사건을 겪어도 관점에 따라 사람마다 전혀 다른 경험을 한다. 그러므로 경험이란 객관적으로 일어난 사건에 대한 주관적인 해석의 산물이다. 왜 우리에게 신앙의 초점이 중요한가? 왜 우리에게 주님을 신뢰하는 믿음의 관점이 중요한가? 인생의 결과가 완전히 달라지기 때문이다.

통제 불능의 상황으로 보일 때

비행공포증(Fear of flying)에 대해서 말해 보겠다. 두려움과 초점의 상관관계를 잘 보여 주기 때문이다. 사람이 지상에서 2~4만 피트 상공에서 통제 불능이라고 생각되는 상황을 경험하면 재앙화 사고가 발동되는 경우가 많다. 극심한 난기류를 경험하거나 기체 결함 또는 연료 부족으로 인한 회항을 경험하는 경우들이다. 그러면 트라우마가 남아서 외상 후 스트레스 장애가 생기고 비행기에만 탑승하면 공포증이 유발된다. 그래서 비행기 공포증 환자는 처음 비행기를 타는 사람보다 유경험자가 85퍼센트로 압도적으로 많다.

이렇게 이미 불쾌한 비행 사고를 경험한 사람이 어떻게 공포증에서 자유할 수 있을까? 첫째, 인지 치료적인 방법이 필요하다. 난기류, 항공기, 비행 절차, 관제 시스템 등에 관련된 바른 인식을 갖도록 지속적으로 교육하는 것이다. 그리고 마지막 단계에는 비행기에 탑승해서 기장의 자세한 설명을 듣는다. 이렇게 왜곡된 생각에서 바른 인지로 돌이키게 되면 놀랍게도 치료율이 98퍼센트에 이른다.

가령 난기류에 비행기가 흔들리면 당연히 불안하다. 이때 불안을 느끼지 않으려면 난기류에도 비행기가 흔들리지 않으면 될까? 그것은 비현실적인 기대다. 왜냐하면 난기류에 비행기가 흔들리지 않으면 그 충격을 고스란히 받아서 날개가 부러지든지 어딘가가 고장 날 것이기 때문이다. 그러므로 난기류에는 적당하게 흔들리는 것이 안전한 법이다. 이렇게 바른 인식을 갖게 되면 잘못된 상상력으로 생긴 공포심에서 자유해질 수 있다.

또한 스스로 운전하는 자동차와 달리, 항공기 조종은 개인의 조절력이 기여하는 부분이 전무하기 때문에 환자에게 좌절감을 유발한다. 하지만 조절력(control)을 상실하는 것이 아니라 10년차 이상의 전문 기장에게 권한을 위임하는 것이고, 조종사가 환자보다 더 뛰어난 조절 능력을 지니고 있다는 인식의 전환이 일어나면 공포심이 사라진다.[6]

이것이 두려움을 극복할 때 초점이 중요한 이유다.

우리는 어떻게 손을 써 볼 수 없는 고난 가운데 있을 때, 마치 난기류 속의 비행기처럼 통제 불능의 불안감과 공포심에 빠진다. 하지만 이때 통제 불능 상태

---

6 이상민, '비행공포증의 치료'(대한의사협회 의학 강좌).

인 것은 비행기나 고난이 아니라 그로 인한 공포심이다. 사탄은 이런 거짓된 인지 오류와 두려움을 우리에게 심어서 우리를 공포심으로 옭아매려 한다.

인생에서 난기류를 만났는가? 그렇다면 이 항해를 이끄는 이가 누구인가? 주님이시다. 우리는 인생 최고의 전문가이신 주님께 이 항해를 맡기고 있다. 주님께 초점을 맞추면 그것은 결코 통제 불능의 상황이 아니다. 수술실에 들어갈 때는 최고의 전문가인 의사에게 초점을 맞추어야 하고, 난기류 속 비행기 안에서는 조종사에게 초점을 맞춰야 하듯이, 인생의 항해 가운데서는 주님께 초점을 맞춰야 한다.

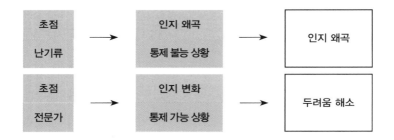

절제에 초점을 맞추라

절제는 일이나 사랑을 적당히 하라는 뜻이 아니라 인생의 본질이신 하나님께 초점을 맞추라는 뜻이다. 따라서 절제는 끊임없이 초점을 재조정하는 작업이다. 자동차도 타다 보면 차축이 한쪽으로 기운다. 그래서 계속 차체의 균형을 잡아 주어야 한다. 인생도 마찬가지다. 인생의 휠이 기울 때마다 우리는 초점을 재조정해야 한다.

25년 전 처음 운전하던 때가 기억난다. 핸들을 잡고 있었지만 모든 상황을 내가 파악하고 통제하는 수준에는 미치지 못했다. 그런 까닭에 운전할 때마다 긴장했다. 그러다 버스와 부딪치는 사고도 냈다. 하지만 운전 경력이 붙으면서 한동안은 사고가 없었다. 그러다 3~4년이 되자 실력이 없어서가 아니라 자만하고 안일해져서 사고가 났다. 그때 나는 인생은 부족해도 문제이고 넘쳐도 문제라는 걸 깨달았다.

능력이 부족해서 일을 하는 데 두려움이 있는가? 그러면 능력의 근원이신 하나님께 초점을 맞추라. 반대로 능력이 출중해서 교만에 빠져 자신을 무너뜨릴 위험이 있는가? 그때에도 내게 능력 주신 하나님께 다시 초점을 맞추라.

"하나님의 능하신 손 아래에서 겸손하라"(벧전 5:6).

능력을 주시는 분도 거두시는 분도 하나님이다. 하나님께 초점을 맞추는 순간 영혼의 균형추가 잡히면서 이쪽 편과 저쪽 편의 두려움을 다 극복할 수 있다. 그렇게 균형이 잡히면 일에 성공했다고 자만할 것도 없고 일에 실패했다고 절망할 것도 없다. 나의 초점은 능력이나 성과나 나 자신이 아니라 하나님이기 때문이다. 그러므로 절제의 미덕을 배운 사람은 일을 회피하지도 않고 일에 중독되지도 않는다. 오히려 하나님 안에서 일체 만족의 비결을 배우게 된다.

사람을 사랑하다 못해 집착해서 문제가 되는가? 하나님보다 사람을 사랑하면 사랑의 우선순위가 무너진다. 3부에서 사랑은 '하나님 → 나 → 이웃'의 순서로 흘러간다고 보았다. 이 흐름이 무너지면 초점을 재조정해야 한다. 자녀보다 하나님을 사랑하고, 배우자보다 하나님을 더 사랑해야 한다. 성도들은 목회자보다 하나님을 더 사랑하고, 목회자는 성도들보다 하나님을 더 사랑해야 한다. 우리 사랑의 초점은 하나님 최우선으로 맞춰져야 한다.

반대로 사람이 너무 밉거나 두려워서 문제인가? 하나님과 원수였던 나도 용납해 주신 하나님께 초점을 맞추라. 절제의 미덕을 배운 사람은 사람이 좋다고 의존증에 빠지지도 않고 사람이 밉다고 복수심에 불타지도 않는다. 인간관계에서도 일체 만족의 비결을 배우게 된다.

인생길을 가면서 지금 어느 위치에 있더라도 목표 지점만 알면 두려울 게 없다. 언제든지 초점을 재조정할 수 있기 때문이다. 능력은 일을 목표 지점으로 설정한다. 사랑은 사람을 목표 지점으로 설정한다. 그러나 절제는 하나님을 최종 목표 지점으로 설정한다. 일이 막혔을 때나 사랑이 난국에 빠졌을 때, 하나님을 원망하지 말라. 오히려 하나님께 초점을 맞추라. 미로의 어느 지점에서도 하나님께 좌표 설정을 하면 출구가 보이기 마련이다.

풍랑 이는 바다 위에서

신앙생활은 매 순간 하나님께 초점을 맞추는 훈련이다. 그것은 마치 군인들이 격전 중에도 본부의 작전 지시에 늘 귀를 기울이는 것과 같다. 또한 뉴스 진행자들이 미리 준비된 원고가 있어도 인이어(In-ear) 수신기를 꽂고 언제든지 지시를 기다리는 것과 같다. 인생의 어느 지점에 있더라도 초점은 항상 주님께 맞추라. 주님의 실시간 작전 지시에 집중하라. 그분이야말로 우리 인생의 항로를 가장 안전하게 이끌어 가실 선장이시다.

2천 년 전 갈릴리 바다로 가 보자. 갈릴리 바다에서 예수님과 제자들이 체험한 것은 오늘을 살아가는 우리에게 시사하는 바가 크다.

> "예수께서 즉시 제자들을 재촉하사 자기가 무리를 보내는 동안에 배를 타고 앞서 건너편으로 가게 하시고 무리를 보내신 후에 기도하러 따로 산에 올라가시니라 저물매 거기 혼자 계시더니 배가 이미 육지에서 수 리나 떠나서 바람이 거스르므로 물결로 말미암아 고난을 당하더라"(마 14:22-24).

이 사건은 언제 일어났는가? 오병이어 사건(마 14:15-21) 직후에 일어났다. 물고기 다섯 마리와 보리떡 두 개로 장정만 5천 명을 먹이는 놀라운 기적이었다. 이처럼 우리 인생이 차고 넘칠 때와 일이 잘 진행될 때 그리고 사람들이 지지할 때는 두렵지 않다. 그러나 주님은 우리가 누리는 평안을 의도적으로 흔들어 놓으신다. 제자들이 오병이어의 감격을 한껏 누리기도 전에 예수님은 그들을 재촉해서 배에 태우시고는 바다를 건너게 하셨다. 그리고 때 아닌 돌풍을 보내셔서 배에 오른 제자들의 평안을 흔드셨다. 왜인가? 그것이 참된 평안이라고 보지 않으셨기 때문이다.

풍랑 이는 바다 위에서 제자들은 당혹스러웠다. 상당수가 숙련된 뱃사공인데도 감당하기 어려운 풍랑이었다. 그 순간 그들의 능력도 무용지물이었다. 그들의 인간관계도 아무 도움이 되지 않았다. 어부로서의 능력도, 대중에게 받은 지지도 전혀 무의미했다. 그래서 능력을 키우고 관계지수를 높이면 인생이 다 평안할 줄 알지만 그렇지 않은 상황들이 있다.

그것은 어떤 상황인가? 어부조차도 물이 두려워질 때였다. 마치 육지인들이 강도 높은 지진으로 인해 땅 자체를 두려워하게 될 때와 같은 상황이다. 안전의 마지막 보루가 무너질 때다. 그렇게 우리 인생의 근간도 흔들릴 때가 있다. 가정이 흔들릴 때, 사업이 흔들릴 때, 교회가 흔들릴 때, 국가가 흔들릴 때, 그때 사람은 근본적인 두려움에 빠진다.

무엇 때문에 두려운가?

"밤 사경에 예수께서 바다 위로 걸어서 제자들에게 오시니 제자들이 그가 바다 위로 걸어오심을 보고 놀라 유령이라 하며 무서워하여 소리 지르거늘 예수께서 즉시 이르시되 안심하라 나니 두려워하지 말라"(마 14:25-27).

밤 사경, 즉 새벽 3~6시에 주님이 풍랑 이는 바다 위로 걸어오셨다. 그러자 제자들은 "유령이다!" 소리 지르며 두려워 어쩔 줄을 모른다. 아니 밤새 그들을 두렵게 만든 것은 풍랑이었다. 그런데 도우러 오시는 예수님을 보고 왜 두려워하는가? 제자들이 두려워한 대상은 이렇듯 엉뚱하게도 풍랑이 아니라 예수님이었다. 그런 점에서 제자들의 반응은 거라사 광인의 반응과 매우 유사하다. 풍랑이 두려워 벗어나려는 게 아니라 예수님이 두려워 멀리 하려 하고 있다.

우리도 동일한 두려움을 느낀다. 사건 사고보다 그 가운데 계시는 주님을 더 두려워한다. 왜 그런가? 도대체 저분이 무슨 의도로 이러시는가 의심스럽기 때문이다. 사실 이 모든 상황을 허용하신 분이 주님인데 그분이 지금 물 위에 서 계신다. 그러면 인간은 고난 자체보다 내 인생에 어려움을 주시는 주님의 의도에 더 벌벌 떨게 된다. 만약에 주님이 산 위에서 다 아시고 풍랑만 없애 주셨다면 제자들은 아주 평안해졌을 것이다. 그러나 주님이 직접 나타나시자 제자들은 전혀 반가워하지 않았다.

오랜 시간 사업체를 잘 키워 왔는데 하루아침에 사업이 망한다. 자녀를 애지중지 키웠는데 자녀가 갑자기 방황하기 시작한다. 주변의 지체들은 하나같이 "하나님이 쓰시려고 고난을 주신다"고 말하지만 전혀 위로가 되지 않는다.

"주님, 제 인생의 문제만 해결해 주고 가십시오. 왜 이렇게까지 제 인생에 깊이 개입하십니까?"

그렇게 다가오셔서 문제 하나 해결해 주시고는 극단적인 헌신을 요구할까 봐 두려운 것이다. 이러다 신학교 가라시는 것 아닌가? 이러다 선교사 되라고 하시는 것 아닌가? 평생 가난하게 헌신하며 살라는 것 아닌가? 자식을 바치라고 하시는 것 아닌가?

초점을 재조정하라

바로 이때가 인생의 기초와 초점을 재조정해야 할 때다. 물론 나는 그것을 원하지 않더라도, 주님이 재촉하실 때가 있다. 그러면 때가 되었음을 인정해야 한다.

나는 지금까지 사역하면서 개인 컴퓨터를 두 번 분실했고 두 번 다 찾지 못했다. 모든 자료와 설교와 사역 계획들을 컴퓨터에 보관하는 나로서는 풍랑을 만난 제자들처럼 몹시 당황스러웠다. 하지만 그때 인생의 진정한 기초가 무엇인지를 확인할 수 있었다.

'나는 그동안 무엇을 의지하며 살아왔고 사역해 왔는가? 컴퓨터인가, 자료들인가 아니면 주님인가?'

그때 주님은 모든 것을 새롭게 시작하라는 마음을 주셨다.

그러므로 내 인생에 영적인 감사(監査)가 들어오기 전에 스스로 자기 인생을 점검해 보라. 우리 아들딸이 평안하게 공부 잘하고 성공하고 있을 때, 주님을 의지하고 있는지 점검하라. 사업이 번창하고 있을 때, 정말 주님 나라를 위해서 헌신하고 있는지 점검하라. 전쟁은 전쟁이 나고서 준비하는 것이 아니라 평안할 때 준비해야 한다.

주님이 배에 오르자마자 말씀하셨다.

"안심하라 나니 두려워하지 말라"(마 14:27).

제자들과는 정반대 관점이다. 제자들은 주님을 보고 두려웠는데, 주님은 당신을 보고 두려워하지 말라고 하신다. 왜 그렇게 말씀하셨는가? 우리 인생의 평안의 기초를 기적과 능력과 인정이 아닌 예수님으로 바꾸어야 한다는 말씀이다. 주님만이 우리 인생의 근원적인 평안의 기초이기 때문이다. 물질, 인기, 능력, 건강 등 인생의 다른 평안의 기초들은 풍랑이 일면 한순간에 무용지물이 될 수 있다.

이제 매일같이 인생의 초점을 미세 조정하는 일이 얼마나 중요한지 깨달았을 것이다. 큐티(말씀 묵상), 성경 통독, 개인 기도를 통해서 분별의 훈련과 반추의 훈련을 매일 반복하라. 매일 주님께 초점을 맞추는 미세 조정을 해 나가지 않으면, 어느 날 초점이 너무 많이 빗나가서 인생 전체가 흔들려야만 재조정이 되기 때문이다.

나는 목회자로서 새벽기도를 권하고 싶다. 새벽을 깨운다는 것 자체가 인생의 우선순위를 하나님께 맞추겠다는 가장 강력한 결단이다. 바이올린 같은 악기를 연주하는 사람도 연주할 때마다 조율을 한다. 운동선수들도 경기에 나설 때마다 미세한 부분까지 몸을 푼다. 당신은 매일 영혼의 미세 조정을 하고 있는가, 아니면 어느날 갑자기 대형사고가 터져서야 구조조정에 들어가는가?

"물 위로 오라 하소서"

"베드로가 대답하여 이르되 주여 만일 주님이시거든 나를 명하사 물 위로 오라 하소서 하니 오라 하시니 베드로가 배에서 내려 물 위로 걸어서 예수께로 가되 바람을 보고 무서워 빠져 가는지라 소리 질러 이르되 주여 나를 구원하소서 하니 예수께서 즉시 손을 내밀어 그를 붙잡으시며 이르시되 믿음이 작은 자여 왜 의심하였느냐 하시고 배에 함께 오르매 바람이 그치는지라 배에 있는 사람들이 예수께 절하며 이르되 진실로 하나님의 아들이로소이다 하더라"(마 14:28-33).

베드로의 용감한 도전과 초라한 실패가 동시에 드러나는 장면이다. 모두가 유령이라고 두려워 떨 때 베드로는 주님을 부르며 자신도 물 위를 걷게 해 달라고 요청했다. 주님이 오라고 명하시자 베드로는 정말로 물 위를 걸었다! 그는 세상에서 물 위를 걸은 첫 번째 사람이자 유일한 사람이다. 모세도 홍해가 갈라져서 맨 바닥을 건넜지 물 위를 걷지는 못했다. 위대한 순간이었다. 하지만 이내 바람 한 줄기가 지나자 두려움이 일어났고 물에 빠져 들어갔다. 주님이 건져 주시지 않았다면 그날로 베드로는 순교할 뻔했다.

베드로같이 담대한 사람도 이렇게 두려움에 무너지다니 놀랍다. 왜 그랬을까? 안타깝게도 베드로의 초점이 예수님이 아니었기 때문이다.

첫째, 그가 물 위를 걷고 싶었던 이유가 예수님 때문이 아니라 기적에 대한 호기심 때문이었다. 둘째, 그가 물에 빠진 이유도 예수님을 바라보지 않고 풍랑을 바라보았기 때문이다. 그래서 주님이 그에게 "믿음이 적은 자여!"라며 책망하셨다.

믿음이 무엇인가? 주님을 향한 흔들리지 않는 초점이다. 하지만 두려움은 시선의 초점을 흔들리게 하고 마음의 초점을 흔들리게 한다. 그러나 어떤 두려운 상황에서도 그분을 향한 초점이 흔들리지 않는다면 평안할 수 있다.

눈을 주님께 돌려

그래서 호랑이 굴에 들어가도 정신만 차리면 살아 나온다는 말이 있다. 두려움은 생각을 무질서하게 만들고 초점을 뒤흔든다. 마음의 집중력을 현저하게 저하시킨다. 그러나 믿음은 하나님을 향한 초점을 견지하게 한다. 어떤 상황에서도 주님만 바라보는 것을 우리는 흔들리지 않는 믿음이라고 부른다. 그래서 딸이 방금 죽었다는 소식에 야이로의 초점이 흔들리자 주님이 그에게 "두려워하지 말고 믿기만 하라"고 하지 않으셨는가.

베드로는 원래 영적 집중력이 있는 사람이었다. 단순한 만큼 영적으로는 초점이 분명했다. 그래서 주님이 그를 제자로 부르실 때 만선을 이뤄 주셨지만 물고기와 배를 버려두고 주님을 따를 수 있었고, 가이사랴 빌립보에서 다른 제자들은 주님에 대한 소문만 말했지만 베드로는 주님이 그리스도시요 하나님의 아들이라고 고백할 수 있었다. 그런 베드로가 바람 한 점에 무너지다니, 너무 안타깝지 않은가.

그러면 주님은 불필요한 테스트로 그를 낙망케 하신 것인가? 아니다. 그가 앞으로 가장 크게 초점이 흔들릴 사건이 오고 있었기 때문이다. 바로 예수님이 체포되던 날 밤 세 번 주님을 부인한 사건이다. 절대로 주님을 부인하지 않겠다고 자신했던 베드로였기에 더 뼈아프고 회복하기 힘든 사건이었다. 하지만 절망하지 말라. 주님은 반드시 당신의 영적 초점을 회복하신다.

나는 지난 18년간 설교를 하다 보니 이제 어느 정도 안정감이 생겼다. 내게 주신 은사와 기질과 사명을 알겠다. 그런데 때로 이 안정감이 안일함이 될 때가 있다. 그러면 하나님이 여지없이 나를 깨우치신다. 말씀 준비를 할 때면 계시와 감동을 주시던 분이 전혀 말씀을 안 하시는 것이다. 그러면 설교자로서 단에 올라가기가 정말 죽을 맛이다. 어사는 어명을 전해야 하는데 어전에서 들은 게 없으니 할 말도 없지 않은가. 그렇게 설교하고 나면 내 마음은 한없이 겸손해진다.

"하나님, 저는 하나님께서 말씀해 주시지 않으면 아무 할 말이 없습니다."

그렇게 영혼의 폭풍우가 치고 나면 정말 겸손하게 눈을 주님께만 돌리게 된다.

"제자들이 마음에 심히 놀라니 이는 그들이 그 떡 떼시던 일을 깨닫지 못하고 도리어 그 마음이 둔하여졌음이러라"(막 6:51-52).

3년을 주님과 동행하며 동역하던 제자들도 한순간에 영적 집중력이 떨어졌다. 자동차 운전도 도로가 내 손안에 있다고 느껴지는 3년 차가 가장 사고 나기 쉬운 때라고들 한다. 제자들은 3년 차에 최대 관문을 통과하기 전, 폭풍우 속에서 영혼의 집중력 테스트를 받은 것이다.

주님은 당신을 괴롭히시는 것이 아니다. 회복을 위한 훈련 과정을 지나게 하시는 것이다. 고난 속에 주님을 더욱 신뢰하고 바라보라.

어느 해 영적으로 슬럼프가 온 적이 있다. 목회자가 영적인 슬럼프가 오면 누구에게도 하소연할 수가 없다. 집에서 아빠 엄마가 슬럼프에 빠졌다고 밥 못 해주겠다고, 직장 그만 다니겠다고, 몇 달간 사라졌다가 오겠다고 할 수 있겠는가? 그저 하나님 앞에 엎드릴 수밖에 없다. 그때 영혼의 눈을 들어 주님을 바라보게 해준 찬양이 있다.

네 마음에 근심 있느냐 어둠길로 행하느냐
우리 주 예수 바라봄으로 밝은 빛 찾아오리
눈을 주님께 돌려 그 놀라운 얼굴 보라
주님 은혜 영광의 빛 앞에 세상 근심은 사라지네

(가스펠송 '눈을 주님께 돌려')

이 찬양을 듣고 있으면 영혼 가운데 깊은 평안이 찾아온다. 무릎 꿇고 기타를 들고 노래하다 보면 굳어졌던 얼굴에 환한 웃음이 피어난다. 마치 겨우내 얼어붙은 몸이 봄날의 따스한 햇살을 받아 기지개를 늘어지게 하는 것 같다.

이렇듯 하나님을 주목하게 만드는 찬양, 하나님의 임재 가운데로 인도하는 찬양들이 있다. 이런 찬양들은 주님을 향한 초점을 분명하게 해주고, 우리 영혼을 불안과 두려움과 침체에서 벗어나도록 해준다.

물론 인생의 침체기가 없으면 좋겠지만, 그로 인해 주님을 다시 바라보게 되었다면 감사하라. 그래서 주님이 흔드시면 흔들려야 한다. 비행기 항해 원리에서도 언급했듯이, 난기류에서는 비행기도 함께 출렁여야 한다. 그것이 오히려 안전한 법이다. 자동차를 운전하고 굽이굽이 산길을 가 본 적이 있는가? 그때 희한한 현상이 일어난다. 차 안에 있는 승객들이 다 어지러워하는데 유독 운전자만 어지러워하지 않는다. 이유는 무엇인가? 차가 흔들리는 방향을 예상하고 몸을 같이 움직여 주기 때문이다. 배를 탈 때도, 승마를 할 때도, 인생을 살아갈 때도 마찬가지다. 흔들리는 대로 리듬을 타라. 그것은 나를 무너뜨리는 불안한 파격이 아니라 나를 새롭게 하시는 하나님의 리듬이기 때문이다.

초점을 놓치면 위기가 온다

운전자가 운전하면서 가장 위험한 순간은 전방을 주시하지 않고 초점을 놓칠 때다. 휴대폰을 확인하거나 가방에서 물건을 꺼내거나 또는 옆 사람과 이야기하다가, 심지어 깜박 졸다가 초점을 놓치는 것이다. 이렇게 초점을 놓치는 순간 핸들은 엉뚱한 방향으로 가고 차가 길 위에서 벗어나게 되면 위기가 닥친다.

인생도 마찬가지다. 초점이 흔들리면 위기의 순간이 온다. 반대로 위기의 상황에 빠지면 심리적 평정심을 잃고 삶의 초점이 흔들린다. 그러므로 어느 방향으로 일어난 문제이든 간에, 우리 영혼의 초점이 흔들리지 않도록 붙드는 것이 중요하다.

영적 집중력이 있는 인물로 신약시대에 베드로가 있다면 구약시대에는 다윗이 있다. 다윗은 부모에게 버림받고 왕에게 내침을 당해도 하나님만 바라보며 인생의 모든 환난과 위기를 이겨 낸 인물이다. 그런 다윗도 초점을 잃을 때가 있었다.

다윗이 처음 사울 왕에게서 도망쳐 아둘람 굴로 피신했을 때만 해도 그는 오직 하나님만 바라보았다. 이 위경에서 건지실 이는 하나님밖에 없다고 믿었기 때문이다. 그러나 부모를 안전한 곳에 모시고자 모압 땅으로 갔을 때 선지자 갓이 유다 땅으로 다시 돌아가라고 말한다(삼상 22:5). 왜 그런가? 지금의 위기는 사울 왕이 일으킨 것 같지만 하나님이 허락하신 것이기 때문이다. 하나님은 다윗이 상황을 모면해서 평안해지는 것이 아니라 하나님만 바라봄으로 평안해지는 법을 훈련하기 원하셨다.

다윗은 순종했다. 그리고 거의 10년을 유대 광야에서 버텼다. 기껏해야 충청도 크기밖에 안 되는 이스라엘 땅에서 극히 일부분에 해당하는 유대 광야에서 사울과 3천 명의 정예부대를 피해 도망 다닌다는 것 자체가 어불성설이다. 그럼에도 불구하고 하나님은 당신만을 의지하는 다윗을 생명싸개에 안아 주셨다.

그러나 어느덧 다윗의 마음에 두려움이 스멀스멀 올라온다. '이러다가 사울에게 잡히지'(삼상 27:1) 싶었던 것이다. 그래서 스스로 훈련소를 이탈하고 영적 탈영병이 된다. 생각해 보라. 실전 배치는 해주지 않고 훈련소에서만 10년을 훈련시키는 군대가 어디 있는가. 결국 다윗은 선지자의 명을 어기고 블레셋 가드 왕에게 망명한다. 다윗은 10년 만에 정말 편안하게 두 다리 뻗고 잔다. 왜냐하면 블레셋은 이스라엘의 최대 적국이기에 사울이 거기까지는 올 수 없기 때문이다.

그런데 아는가? 초점이 한 번 빗나가면 계속해서 빗나가는 일들이 생긴다.

그러고는 정말 두려운 지점에 이르게 된다.

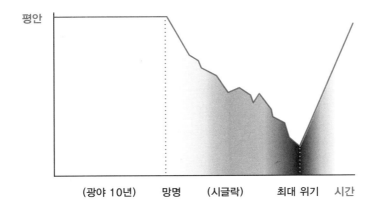

다윗이 육신적으로는 편안했지만, 그가 망명생활을 하던 사무엘상 27장에서 30장까지는 한 번도 하나님 앞에 기도했다는 내용이 없다. 그도 그럴 것이 엎드려야 할 만큼 절박한 상황에서 아예 벗어났기 때문이다. 대신 다윗은 이방인 왕의 호위무사가 되어 그의 비위를 맞추는 삶을 살게 된다. 하나님을 경외하던 사람이 왜 이렇게까지 되었는가. 더 나아가 타 민족을 치고 이스라엘 동족을 죽였다고 거짓말을 하지 않나, 블레셋과 이스라엘의 전쟁에 출전하겠다고 하지를 않나, 한 번 초점이 빗나가자 좀처럼 돌아오지 못한다.

그런데 이상하다. 유대 광야에서 사울을 피해 도망 다닐 때는 오히려 평안해 보였는데, 편안한 블레셋의 시글락 성에 머물 때는 그렇게 불안해 보일 수가 없다. 광야에서는 하나님이 보호해 주셨지만, 시글락 성에서는 사람과 성벽의 보호에 기대어 있었기 때문이다. 결국 하나님은 그의 평안을 흔드신다. 그들이 블레셋과 이스라엘 간의 전쟁에 참전하지 못하고 시글락으로 돌아오던 날, 아말렉이 그들 가족 모두를 포로로 사로잡아 간 것이다. 이 소식을 듣자 지난 10년간 다윗이 목숨 걸고 지켜 주었던 부하들이 돌변하여 다윗을 죽이려 든다. 리더가 초점을 잃으니 부하들도 초점을 잃었다. 그제야 다윗은 하나님께 엎드렸고, 그런 그를 하나님이 위기에서 건져 주셨다. 이 사건을 계기로 다윗은 잃어버린 영적 초점을 회복하게 되었다.

몸은 편안한데 영혼은 평안하지 않은가? 그렇다면 당신은 시글락 성 안에 있는 것이다. 그리고 계속 거기 그렇게 있으면 시글락의 위기가 찾아올 것이다. 하나님께서 당신에게 위기를 허락하신다고 원망하지 말라. "왜 하나님은 내가 안정될 만하면 흔드십니까?" 그렇지 않다. 삶의 평안을 대가로 하나님을 잃으면 진짜 위기가 온다. 사울 왕을 보라. 왕위 유지를 대가로 성령의 임재를 잃었을 때 그는 비참한 최후를 맞았다. 솔로몬을 보라. 세상 부귀영화를 대가로 하나님을 잃었을 때 그가 평생에 세운 나라는 둘로 갈라졌다. 온 천하를 얻고도 자신을 잃는 자의 불행한 결말이다.

정상적인 불안과 비정상적인 불안은 다르다. 위기를 감지하고 불안이라는 경고등이 켜지는 것은 정상적인 불안이다. 그러나 위기가 아닌데도 갑자기 경고등이 켜지고 불안 강박에 시달리면 비정상적인 불안이다.

다윗이 광야에서 10년을 버틴 것은 하나님의 보호 덕분이 아니었는가. 그런데 한순간에 비정상적인 불안이 그를 엄습했다. 그래서 인생이 평탄할 때는 정상적인 불안의 경고등만 사용하는 것이 중요하다. 그러나 정말 내가 아무런 힘을 쓸 수 없는 절대적인 위기 상황이 오면 그때는 공포에 빠지지 말고 하나님께 맡기라. 그때야말로 진정한 평안을 경험할 수 있는 절호의 기회다. 왜냐하면 내가 할 수 있는 일이 아무것도 없기 때문이다.

절대 위기에서는 주님만 바라보라

다윗이 밧세바를 범한 뒤 나단 선지자를 통해 하나님의 책망을 듣고 엎드려 회개한 일이 있다. 이후 밧세바가 낳은 아기가 이유 없이 시름시름 앓자,

다윗이 금식하며 기도한다. 신하들은 왕의 옥체를 보중하고자 음식을 권하지만 그는 아랑곳 않고 기도에만 열중한다. 하지만 결국 아기는 죽고 만다. 신하들은 감히 보고도 못 하고 있는데 다윗이 상황을 알아차리고는 일어나셨더니 식사까지 하는 게 아닌가. 다윗이 왜 그랬는가? 아기가 죽기 전에는 엎드려 간구할 수 있지만 아기가 떠나고 나면 내가 할 수 있는 일이 없기 때문이다. 내가 할 수 있는 게 아무것도 없는데 불안과 절망과 두려움에 빠진들 무슨 소용이 있는가. 그저 하나님께 맡겨야 하는 상황인 것이다.

> "아이가 살았을 때에 내가 금식하고 운 것은 혹시 여호와께서 나를 불쌍히 여기사 아이를 살려 주실는지 누가 알까 생각함이거니와 지금은 죽었으니 내가 어찌 금식하랴 내가 다시 돌아오게 할 수 있느냐 나는 그에게로 가려니와 그는 내게로 돌아오지 아니하리라"(삼하 12:22-23).

아직 평안할 때 기도하라. 자녀들이 평안할 때, 남편이 직장생활을 잘하고 있을 때, 교회가 평안할 때, 그때 새벽기도 하고 교회 봉사하고 최선을 다하라.

그러나 한순간에 초점을 잃고 위기가 왔는가? 자녀가 방황하고 사업이 어려워지고 교회가 휘청거리는가? 내가 할 수 있는 게 아무것도 없는가? 그렇다면 주님께 맡기라. 사람은 자신이 할 수 있는 것과 할 수 없는 것을 빨리 판단해야 한다. 평안할 때 정상적 불안을 작동시켜야 하고, 위기가 닥쳤을 때는 하나님께 전적으로 맡겨야 한다. 위기가 왔다고 비정상적 불안을 작동시켜 공포에 빠져선 안 된다.

다니엘이 모함을 받아 사자굴에 들어갔다. 어떻게 하겠는가? 내가 할 수 있는 것이 아무것도 없지 않은가. 그때는 불안해해도 두려워해도 아무 소용이 없다. 그저 하나님께 맡겨야 한다. 사도 바울을 태운 배가 유라굴로 광풍을 만나 좌초하게 되었을 때 선원들도 속수무책이고 군병들도 방법이 없었다. 모두 두려워 우왕좌왕하고 있을 때, 하나님께 자기 생명을 맡긴 사도 바울만이 홀로 평안했다. 인생의 폭풍우를 만났을 때 살고 죽는 문제는 내 손에 있지 않고 최고의 전문가이신 그분의 손에 있기 때문이다. 그분이 데려가시면 가는 것이고 그분이 사명 때문에 남으라 하시면 남는 것이다.

홍해 앞에서 바로의 군대가 쫓아오자 이스라엘 백성이 두려워 비명을 지르고 모세를 원망했다. 하나님이 홍해를 열어 주시면 사는 것이고 안 열어 주시면 순식간에 죽고 마는 순간이었다. 그러므로 두렵다고 비명을 질러 봐야 소용없다. 그저 조용히 하나님의 손에 맡겨야 한다. 그래야 두려움이 사라진다.

> "너희는 두려워하지 말고 가만히 서서 여호와께서 오늘 너희를 위하여 행하시는 구원을 보라"(출 14:13).

고난이 오기 전에 하나님 앞에 겸비하라. 그러나 고난이 오면 그저 하나님의 손에 맡기라. 고난이 오기 전 평화의 때에 영적으로 전쟁의 때를 준비하라. 그러나 전쟁이 오고 나면 그때는 더욱 주님만을 전적으로 의지하라. 이 전쟁에서 나를 도우시고 승리하게 하실 이는 오직 주님밖에 없다. 불안해서 벌벌 떨며 하등 도움도 안 되는 것들을 붙잡지 말라. 상황만 악화될 뿐이다. 그것은 비정상적인 불안이다.

무엇을 불안해하는가? 그냥 전문가이신 하나님의 손에 과감하게 맡기라. 아니 정직하게 맡기라. 상황이 내 손을 떠났다는 것을 인정하라. 자식도, 재물도, 기업도, 건강도 내 손에 있지 않다. 다 하나님의 손안에 있다. 그대로 정직하게 인정하면 하나님이 도우시고 건지신다.

chapter 12

절제로
넘어서라

__ 헌신

───────

"하나님께서 우리에게 주신 것은… 절제의 영이다"

(딤후 1:7, 우리말성경)

일을 그만두려는 청년이 있었다. 삶의 우선순위가 엉켜 버렸고 방향성을 잃었고 내면세계가 무너졌기 때문이다. 그래서 나는 잠시 쉼을 누리는 것이 좋겠다고 조언했다. 그러나 이 청년은 미래가 불안해서 일을 그만두기는커녕 또 다른 일에 자기를 묶어 두었다. 안 그래도 우선순위가 엉켜 버린 인생인데 새로운 일까지 시작했으니 날마다 허둥거렸다. 그러면서 '이건 아닌데…'만 되뇌었다. 심정적 절망 상태는 그를 날마다 벼랑 끝에 세우고 있었다. 실제로도 내면에 불안 증세들이 생기기 시작했다.

자유와 헌신

뭐가 그렇게 두려웠던 걸까? 일을 계속 하면 일에 파묻혀 죽을 것이 두렵고, 일을 그만두면 아예 일터에서 도태될 것이 두렵다. 그래서 죽지 못해 사는 사람처럼, 죽기 위해 사는 사람처럼 살게 된다. 세상의 시스템에 자기를 못 박고 살고 있으니 서서히 피를 흘리며 죽어 가는 상황이다. 많은 현대인들이 이렇게 살아가고 있다.

그런 우리를 보고 주님은 뭐라고 말씀하실까?

> "수고하고 무거운 짐 진 자들아 다 내게로 오라 내가 너희를 쉬게 하리라 나는 마음이 온유하고 겸손하니 나의 멍에를 메고 내게 배우라 그리하면 너희 마음이 쉼을 얻으리니 이는 내 멍에는 쉽고 내 짐은 가벼움이라"(마 11:28-30).

주께로 오면 무거운 짐을 내려놓고 쉼을 얻게 하신다니 정말 감사한 말씀이다. 그런데 그다음에 전혀 예상치 못한 말씀을 하신다.

> "나의 멍에를 메고 내게 배우라."

아니 짐을 벗으려고 왔더니 도리어 멍에를 메라 하신다. 짐보다 더 두려운 것이 멍에 아닌가. 멍에를 메는 순간 주인이 벗겨 주지 않으면 못 벗는 것 아닌가. 주님은 왜 이같이 말씀하셨을까? 주님께 완전히 헌신하지 않고는 세상에서 완전히 자유할 수 없기 때문이다. 또한 그 멍에는 주님이 함께 져 주시기에 가볍기 때문이다.

"너희는 먼저 그의 나라와 그의 의를 구하라 그리하면 이 모든 것을 너희에게 더하시리라"(마 6:33).

동일한 맥락의 말씀이다. 먼저 하나님 나라와 의에 헌신하라. 그러면 세상 물질에 대한 두려움에서 자유케 해주신다. 그러나 하나님 나라에 헌신하는 것이 두려워서 차라리 세상 물질에 대한 두려움으로 살겠다고 하는 사람들이 많다. 하나님께 헌신하면 하나님이 상황을 통제하신다. 하나님께 헌신하면 하나님이 필요를 공급하신다. 하나님께 헌신하면 하나님께서 난국을 타개해 주신다. 온전한 헌신이 두려움에서 우리를 자유케 한다. 우리가 늘 불안한 것은 헌신하지 않기 때문이다. 부부가 함께 살아도 서로에게 헌신하지 않으면 늘 불안하다. 모태신앙으로 평생 신앙생활 하고 있어도 헌신하지 않으면 늘 불안하다.

절제는 헌신이다

절제가 중용지도를 의미한다면 매사를 적당히 하라는 의미일까? 이쪽에도 치우치지 않고 저쪽에도 치우치지 않으려면 말이다. 그러나 절제한다는 것은 적당히 하라는 의미가 아니다. 절제는 헌신을 의미한다. 그리고 절제와 헌신은 선택과 집중을 의미한다. 왜 내 삶을 절제하는가? 헌신할 것에 집중하기 위해서다. 왜 운동선수들이 시간과 음식과 생활을 절제하는가? 훈련과 경기에 집중하기 위해서다. 두려움은 무엇인가를 피하는 것이지만 헌신은 무엇인가에 매진하는 것이다. 말하자면 분명히 달려갈 길을 정하고 그 외의 것을 절제함으로 목표만을 향해 돌진하는 것이다. 주께서 주신 능력으로, 주께서 맡기신 사람들을 향해, 주님의 손에 붙들려 목숨을 걸고 살아가는 것이다.

그래서 절제는 자기통제(self-control)가 아니라 하나님 통제(God-control)다. 내가 나를 통제하는 것(self controlled by self)이 아니라 하나님이 나를 통제하시는 것(self controlled by God)이다. 하나님의 손에 붙들리는 것이다. 절제는 정도의 문제가 아니라 주체의 문제이기 때문이다. 인간이 주인 되어서는 적정선을 유지할 수가 없다. 인간은 절대적 기준점이 될 수 없는 가변적인 존재이기 때문이다.

그러나 하나님이 주인 되시는 인생을 살면, 불가능할 것만 같던 인생의 적정선을 유지하게 된다. 하나님은 절대적 안정의 기준이기 때문이다. 하나님은 내 안의 능력과 사랑을 지나치지도 않고 부족하지도 않게 딱 안정감 있게 만드신다. 그래서 절제는 대충 하거나 적당히 한다는 뜻이 아니라 내 인생의 통제권을 하나님께 맡긴다는 뜻이다. 그때 놀라운 평안이 찾아온다. 그리고 두려움은 장악력을 상실한다.

그러므로 절제는 헌신이다. 크리스천의 절제는 두려움에 주춤거리는 소극적인 태도가 아니라 완전히 하나님께 맡김으로 두려움 없이 살아가는 적극적인 태도다. 두려움을 비우려는 노력만으로는 완전한 심리적 해방이 있을 수 없다. 하나님으로 내 전 존재를 채우는 헌신이 있어야만 완전한 자유를 얻을 수 있다.

왕 앞에 나선 에스더도, 골리앗 앞에 선 다윗도, 황제 앞에 선 바울도, "죽으면 죽으리라!"는 헌신이 있었기에 가장 두려운 상황에서 완벽한 평안을 누렸다. 어떻게 그럴 수 있는가? 목숨까지 하나님께 맡긴 사람은 세상에 두려울 것이 없기 때문이다. 이것이 두려움을 완전 정복할 수 있는 길이다.

최고의 수비는 공격이라 했던가? 신앙도 마찬가지다. 최고의 절제는 헌신이다. 그리고 하나님은 그렇게 헌신하는 사람에게 유독 약하시다. 그런 사람의 인생은 책임져 주시지 않을 수 없다. 헌신을 통해 그는 이미 하나님의 영역 안으로 들어갔기 때문이다.

인생을 하나님께 헌신한 사람은 그의 기질도 하나님의 통제 아래 들어간다. 그러면 더 이상 타고난 기질 때문에 고민하지 않는다. 하나님께 기질을 바꿔 달라고 요구하지도 않는다. 왜냐하면 당신이 내향적이든 외향적이든, 사교적이든 사색적이든, 논리적이든 감성적이든, 하나님이 최선으로 쓰실 것이기 때문이다. 결정적인 차이점은 자기 맘대로 쓰면 독이 되고, 하나님의 손에 붙들리면 약이 된다는 사실이다.

그러므로 나를 만드신 하나님께 나를 내어 드리라. 다혈질의 베드로든, 내향적인 디모데든, 관계 중심의 바나바든 성령님께 사로잡힌 사람은 두려움을 극복할 뿐 아니라, 세상을 두렵게 만드는 사람이 될 것이다. 이것이 헌신의 위력이다.

헌신에는 두려움이 없다

헌신하는 사람은 두려워하지 않는다. 내 인생이 잘못될까 봐 걱정하지 않는다. 이미 하나님께 드렸기 때문에 내 인생은 내 것이 아니라 하나님의 것이다. 그러므로 하나님의 것이 잘못되면 하나님의 손해지 내가 걱정할 것이 못된다. 그렇게 하나님께 내어 드리면 하나님이 채워서 쓰신다. 하나님의 영광을 위해 마음껏 쓰신다. 하나님의 영광을 위해 사는데 하나님이 그 필요를 채우시지 않겠는가. 하나님께서 친히 공급해 주시게 되어 있다(마 6:33).

그간의 목회 사역을 돌이켜 보면 참 감사하다. 목회 사역은 영적 전쟁도 심하고 비본질에 대한 유혹도 많고 매너리즘과 거짓 영광에 빠질 위험도 크다. 그러나 그 무엇보다도 턱없이 부족하고 연약한 나 자신을 보면 이 거대한 전쟁터 앞에서 숨이 막히고 한 걸음도 전진하기 어렵다. 그럼에도 나 자신을 주님께 맡길 수 있었던 것은, 청소년 시절 죽음을 묵상하던 때에 나를 건져 주신 하나님의 은혜 때문이다. 깊은 우울에 나 자신을 폐기처분하고 싶었을 때 주님이 나를 살려 주셨기에, 나는 내가 뭘 하겠다는 주장이 없다. "그저 하나님이 원하시면 가져다 쓰십시오" 한다.

그런데 우리 하나님은 취향이 참 독특하시다. 버린 인생을 재활용하시는 데 선수이시다. 아무것도 아닌 것을 있는 것으로 만드시고 무지한 자를 지혜롭게 하시고 무능한 자를 능력 있게 하시고 약할 때 강함 되시고 가난할 때 부요케 하신다. 지난 18년간 사역할 수 있었던 것은, 정말이지 온전한 하나님의 은혜였다.

지금도 돌이켜 볼 때, 내가 하나님께 헌신하지 않았다면, 이 풍랑 이는 세상에서 어떻게 무게중심을 잡고 흔들리지 않을 수 있을까 싶다. 나는 타고난 우울질 기질에, 완벽주의자적인 성격에, 마음과 생각과 에너지가 다 분산되고 고갈될 수밖에 없는 유형의 사람이다. 그래서 스스로는 도저히 안 되겠다 싶어서 주님께 완전히 넘겨 드린 것이다. 그래서 헌신이라고 말씀드리기조차 죄송하다. 그런데 하나님은 그런 헌신조차 기뻐 받으셔서 하나님의 교회를 섬기게 하셨고 진리의 말씀을 대언하게 하셨고 하나님 나라의 동역자로 삼아 주셨다. 주님께 드린 인생이기에 내가 그다음 무슨 사역을 할지 고민하거나 걱정해 본 적이 없다. 그저 주님이 명령하시면 어디든 가서 무엇이든 하겠다는 마음이다.

헌신자는 이미 그 소유권이 하나님께로 넘어간 사람이다. 어떤 문제를 만나도 내가 걱정할 일이 없다. 가라, 멈춰라, 떠나라, 머물러라. 모든 것은 하나님이 결정하신다. 나는 말씀하시면 그저 순종하기만 하면 된다. 그래서 헌신자는 결정장애를 일으키지 않는다. 하나님의 결정에 대한 순종만이 있을 뿐이다. 물론 순종의 결과도 걱정하지 않는다. 결과도 하나님이 책임지신다.

"하나님의 뜻대로 하는 근심은 후회할 것이 없는 구원에 이르게 하는 회개를 이루는 것이요 세상 근심은 사망을 이루는 것이니라"(고후 7:10).

믿음이 두려움을 이긴다

자기 절제가 하나님에 대한 헌신으로 이어지는 것은, 결국 통제력 없는 자신을 믿지 않고 통제력을 가지신 하나님을 믿는 믿음 때문에 가능하다. 그리고 믿음으로 헌신하는 순간 두려움을 극복하게 된다.

가령 이런 상황을 고려해 보자. 화재가 난 빌딩의 고층에 사람이 갇혀 있다. 구조대원이 헬기를 타고 고층까지 다가가서 그에게 "내 손을 잡으세요!" 한다. 그런데 문제는 이 사람이 고소공포가 있다. 고층에서 불이 난 상황도 가뜩이나 두려운데 그 높은 위치에서 소방대원의 손을 잡고 허공에 떠 있어야 한다는 것은 그에게는 상상할 수 없는 두려움이다. 만약 그 순간 그를 믿지 못해서 손을 잡지 않는다면 어떻게 되겠는가? 결국 그는 불타는 건물 속에서 죽을 수밖에 없다. 그러면 고소공포 때문에 더 두려운 죽음을 선택하겠는가? 아무리 두려워도 살 길을 선택해야 하지 않겠는가! 그러나 원수는 우리가 두려움 때문에 죽음을 선택하도록 유도한다. 그러나 하나님은 두려움을 극복하고 생명을 선택하도록 도우신다.

11장에서 비행기 공포증을 설명하면서 다룬 내용이다. 사탄은 우리에게 인지 왜곡을 일으켜서 스스로 죽음을 선택하게 만든다. 그러나 하나님은 우리에게 바른 인식을 주셔서 두려움을 극복하고 생명을 선택하게 하신다. 화재가 난 건물에서 고소공포에 집중하겠는가, 아니면 살겠다는 비전에 집중하겠는가? 당신이 정말 원하는 것은 무엇인가?

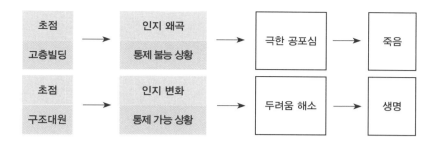

"도둑이 오는 것은 도둑질하고 죽이고 멸망시키려는 것뿐이요 내가 온 것은 양으로 생명을 얻게 하고 더 풍성히 얻게 하려는 것이라"(요 10:10).

그래서 성경의 진리는 우리의 잘못된 인지를 치료해 주는 놀라운 해법이 된다. 무엇이 거짓이고 무엇이 사실인지를 명확하게 짚어 주기 때문이다. 오늘날 인지적 변화를 통한 행동의 변화를 유도하는 인지행동치료가 정신과적 치료에서 가장 광범위하고 탁월하게 사용되고 있다. 원수는 거짓말로 우리의 인지를 왜곡시켜서 비정상적인 행동을 하게 만들지만, 하나님은 우리에게 진리를 깨우치셔서 부정적 인지를 정상으로 바꾸시고 건강한 삶을 살도록 인도해 주신다. 그래서 진리의 말씀은 우리의 정신을 치료하는 최고의 약이요, 거짓에서 우리를 해방시켜 주는 놀라운 치료법이다.

인지치료는 1963년에 출현했지만 진리로 거짓을 이기는 성경적 방법론은 창세기부터 등장하고 있다. 크리스천들에게는 가장 고전적이고 근본적인 방법이며 심리 정서적 병리 현상을 치료할 수 있는 가장 분명한 방법이다.

"진리를 알지니 진리가 너희를 자유롭게 하리라"(요 8:32).

진리를 알고 인지 왜곡에서 벗어나면 인간의 정신과 영혼은 거짓에서 자유롭게 된다. 거짓된 생각이 우리를 두려움으로 몰아넣었다면, 바른 생각은 우리를 안정감 위에 세운다. 그래서 말씀을 반복해서 묵상하고 암송하고 선포하는 것이 중요하다. 마치 오염된 공기 속에서 활동하는 사람들이 매일 세수를 하고 샤워를 하듯이, 공중 권세 잡은 자의 거짓 메시지에 포위되어 사는 우리는 매일 말씀으로 영혼의 샤워를 해야 한다.

하나님의 자녀들이여, 하나님께 헌신하는 것을 두려워하지 말라. 마치 헌신적인 신앙생활을 하면 세상을 다 포기해야 할 것처럼 사탄은 거짓말을 한다. 그러나 전혀 그렇지 않다. 하나님은 헌신하는 사람에게 온 세상의 필요한 것을 다 채워 주신다고 약속하셨다(마 6:33). 오히려 헌신적인 신앙생활을 하면 세상을 이끌어 갈 수 있는 리더십과 포용력, 지혜와 통찰력을 주신다. 원수의 거짓말에 속지 말고 하나님의 말씀을 수용하라.

하나님은 우리에게 죽으라고 이 길을 가라고 말씀하시는 게 아니다. 의사가 날카로운 메스를 들고 환자에게 다가오는 이유가 무엇인가? 수술해서 살려 내기 위함이 아닌가. 환자를 죽이려는 것이 아니다. 그런데도 대적은 우리 영혼의 의사 되신 주님을 만나지 못하게 하려고 헌신을 두렵게 만든다. 왜 그러는가? 우리가 주님을 만나면 치료되니까 어떻게든 막으려는 것이다.

이것은 사탄의 고전적인 수법이다. 첫 사람을 이 수법으로 속여서 넘어뜨리더니 그 낡은 수법을 아직까지 우려먹고 있다. 마치 사람이 하나님 말씀만 고분고분 듣고 있으면 손해 보며 살아야 하는 것처럼 거짓말을 한다. 오늘날 우리에게도 동일한 두려움을 심어 놓는다. 하나님께 헌신하면 세상 유익 다 놓치고 살 것 같은 것이다. 과연 우리는 편하게 살 수 있는데 괜히 헌신해서 고생하고 있는 것인가?

모세가 미디안 광야에서 아무 걱정 없이 목자 생활하고 있는데 출애굽의

지도자로 헌신해서 고생한 것인가? 결코 그렇지 않다. 미디안 광야에서 모세는 편안한 삶이 아니라 절망적인 삶을 살았다. 물론 모세는 40년 동안 멈춰 있던 차에 시동을 걸고 싶은 마음이 없었다. 아니 이제는 이 차가 굴러갈 거라고 믿지 않았다. 그러나 하나님은 그 차를 타시겠다고 시동을 걸라고 재촉하신다. 모세가 볼 때는 어불성설이다. 그러나 하나님이 쓰시겠다면 대책은 하나님이 마련하신다. 시동만 내가 거는 것이지, 차가 굴러가게 하시는 분은 하나님이다.

이미 버린 차라면, 굳이 내어 드리지 않을 이유도 없다. 우리는 우리 역할만 하면 된다. 하나님의 역할을 걱정할 필요가 없다. 하나님이 걱정돼서 역할 잘하시라고 당부하는 그런 이상한 기도는 이제 그만해도 된다. 이제 나의 역할에만 집중하라. 내가 할 수 있는 최선의 역할이 무엇인가? 헌신이다.

인생에 두려움이 왜 오는가? 인생이 내 것이라고 생각하기 때문이다. 40년 차고에 버려두었던 차도 내 것이라고 생각한다. 그냥 하나님께 기부하라. 지난 40년 동안 내 뜻대로 해 봤지만 안 됐다면 이제는 하나님께 맡기라. 버릴 바에는 기부하라. 그분은 버려진 인생으로 세계 최고의 작품을 만드시는 장인이다.

나 같은 목회자는 이미 하나님께 드려진 인생이다. 그런데도 자주 착각한다. 내가 이 설교를 잘할 수 있을까, 내가 이 사역을 잘할 수 있을까, 내가 이 교회를 잘 이끌 수 있을까 생각한다. 그래서 목회가 잘되면 자만에 빠지고 목회가 잘 안 되면 두려움에 빠진다. 왜냐하면 설교와 사역, 목회와 교회가 내 것이라고 생각하기 때문이다.

2008년 블레싱 캐나다 예배 컨퍼런스를 준비할 때였다. 일정은 다가오는데 수만 불의 재정이 부족했다. 하나님 앞에 엎드려 기도하는데 마치 목이 조여 오는 것처럼 답답하고 두려웠다. 하나님이 시키셔서 시작한 일이지만 재정이 턱없이 부족하니 모든 것이 막막했다. 사업체가 부도나면 죽고 싶은 심정이 이런 것이겠구나 하는 생각까지 들었다. 참 인간은 어리석다. 사탄에게 너무 쉽게 속아 넘어간다. 그 순간에 인지 왜곡이 일어났던 것이다. 하나님이 시작하신 일이니, 사람도 재정도 하나님이 채우실 것이다. 결국 내가 두려움에 빠졌을 때는 전혀 채워지지 않았다. 그러나 기도하며 하나님께 맡기자 평안이 임했고, 해결할 길이 보이더니 부족한 재정이 넘치도록 채워지는 체험을 했다.

말씀의 인지치료

이렇듯 하나님의 진리는 우리 내면에 인지적 치료를 일으켜서 두려움에서 벗어나게 한다. 갈수록 많은 사람들이 인지 왜곡에 빠져 부정적 정신적 리허설을 반복하다가 재앙화 사고에 빠지고 두려움에서 헤어 나오지 못한다. 그러나 이제 우리는 그런 사람들을 진리로 해방시켜야 한다. 그것은 진리의 언어로 탈재앙화 사고를 일으키는 방법이다.

'망치면 어떻게 하지?' 생각하는 사람에게 '망치면 어때? 이미 하나님께 드렸는데. 나는 최선을 다할 뿐, 결과는 하나님께서 책임지실 거야' 하는 생각을 심어 주는 것이다. 그러면 각종 불안 지표가 현격하게 떨어진다. 이것을 표로 정리해 보면 다음과 같다.

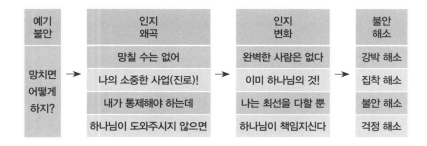

예기 불안		인지 왜곡		인지 변화		불안 해소
망치면 어떻게 하지?	→	망칠 수는 없어	→	완벽한 사람은 없다	→	강박 해소
		나의 소중한 사업(진로)!		이미 하나님의 것!		집착 해소
		내가 통제해야 하는데		나는 최선을 다할 뿐		불안 해소
		하나님이 도와주지 않으면		하나님이 책임지신다		걱정 해소

'이러다 죽을 것 같아'라고 생각하는 사람에게 '죽으면 어때? 천국 가는 거지 뭐. 하나님께 맡겼으니까 하나님이 책임지실 거야'라는 생각을 스스로 선포하는 것이다. 그러면 바른 생각으로 인해서 불안과 근심이 해소된다.

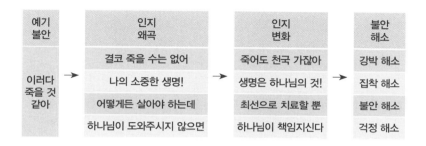

예기 불안	인지 왜곡	인지 변화	불안 해소
이러다 죽을 것 같아	결코 죽을 수는 없어 나의 소중한 생명! 어떻게든 살아야 하는데 하나님이 도와주시지 않으면	죽어도 천국 가잖아 생명은 하나님의 것! 최선으로 치료할 뿐 하나님이 책임지신다	강박 해소 집착 해소 불안 해소 걱정 해소

주로 부정적 경험 때문에 트라우마가 남으면 왜곡된 인지 도식이 내면에 자리 잡고 비정상적인 불안을 일으키고 인지 왜곡을 유발한다. 그러면 이것은 빠져나갈 수 없는 악순환의 고리가 된다. 이 부정적 경험과 감정과 인식의 고리는 마치 회오리처럼 모든 것을 빨아들인다. 그리고 사람을 공포에 몰아넣는다. 그러나 사람이 이런 회오리에 빠져들지 않도록 하나님의 진리가 내적인 무게중심을 잡아 준다. 그 진리에 근거해서 인지적인 변화를 주면 도저히 빠져나올 수 없을 것 같던 악순환의 고리가 끊어진다. 그리고 회오리는 태풍이 지나가듯 지나가게 된다. 마치 불을 켜면 어둠이 사라지는 것과 같다. 법정의 거짓 증인들이 참 증인이 나타나면 무용지물이 되는 것과 같다.

원수가 거짓된 논리, 세상적인 논리, 단편적인 논리로 어리숙한 우리를 속여서 인지적 불안장애를 일으켰던 요소들을 진리를 통해서 제거하고 나면 따스한 아침 햇살 같은 평안이 찾아온다. 우리 내면에 평정심을 되찾게 된다. 나도 내가 어디로 튈지 몰라 두렵고 불안하고 걱정스러웠던 것은 그동안 사탄의 거짓에 매여 있었기 때문이다. 그러나 이제 진리 안에 거하게 되면 진리에 기초해서 지식과 감정과 의지를 건강하고 견고하게 세워 가게 된다.

몇 년 전 휴가를 갔다가 강에서 모터보트를 탄 적이 있다. 그런데 수심이 낮은 곳에서 주의 표지판을 무시하고 모터를 돌렸다가 모터가 강바닥에 부딪쳐 망가졌다. 그러자 그 멋진 모터보트가 아무런 기능을 못하게 됐다. 하지만 모터만 고치면 모터보트는 언제든지 제 기능을 발휘할 수 있다.

우리의 인생도 마찬가지다. 이렇게 멀쩡한 성인이, 공부도 다 했고 교회도 잘 다니고 가정생활도 열심히 하는 사람이, 인지 왜곡에만 빠지면 모터가 고장 난 보트처럼 아무 기능을 못한다. 그러나 인간 존재의 핵심 기능인 지성과 감성과 의지만 회복되면 정상적으로 기능할 수 있다.

에덴동산에서 인간이 하나님께서 금하신 선악과를 따먹는 바람에 인간의 생각과 감정과 의지의 전 인격이 완전히 망가졌다. 사탄의 거짓말이 인간의 인격이라는 기능을 망가뜨렸다. 그러나 예수님이 오셔서 우리를 진리 안에 초대하셨고 이제 우리는 새로운 피조물이 되었다. 진리 안에 거하면 우리의 내면은 날마다 거룩하게 회복될 수 있다. 이제는 어디로 튈지 모르는 불안한 존재가 아니라 진리에 기초하는 온전한 존재가 되는 것이다.

딘 셔만(Dean Sherman)은 《영적 전쟁》에서 영적인 전쟁은 바깥세상에서 일어나는 것이 아니라 인간 내면에서도 일어난다고 역설한다. 하나님은 인간 내면에 진리의 말씀을 심고 자라게 하시는 반면, 원수는 거짓의 가라지를 뿌려서 말씀이 자라는 걸 훼방 놓는 것이다.

인지행동치료에서도 '자동적 사고'라는 개념이 있다. 부정적 경험이 트라우마로 남아 있는 상태에서 일어나는 '자동적 사고'는 나조차도 인식하지 못하는 순간에 '스쳐 가는 생각'이다. 그런데 이런 생각이 사람의 내면에 똬리를 틀고 부정적인 감정-생각-행동의 악순환을 일으킨다. 말하자면, 원수가 몰래 숲에 숨어서 쏘아대는 불화살이요 가라지다. 그런데 사람은 하나님의

진리의 말씀을 묵상하기보다 이런 자동적 사고를 깊이 묵상한다. 그러고는
영혼의 열병을 앓으며 내면이 죽어 가는 것이다.

말씀으로 충만히 채우라

이것을 분별하고 걸러 내려면 내 안에 말씀으로 충만히 채우는 훈련이 필
요하다. 영혼의 기초 체력을 다지는 것이다. 우리의 영혼은 진리의 말씀이 계
속해서 채워져야만 정결해진다. 우리의 내면이 거룩해서 우리가 거룩해지
는 것이 아니라, 하나님의 임재와 진리의 말씀이 우리 안에 들어와야 비로소
우리가 거룩해지는 것이다.

그러므로 성경은 언제나 한 쌍의 대조적인 메시지를 함께 우리에게 선포
하고 있다. 거짓, 마귀, 육체의 욕심, 악인들의 꾀를 멀리하라고 말씀하시는
동시에 진리, 하나님, 성령, 말씀을 가까이하라고 명하신다. 전자를 하려면
후자가 선행되어야 한다는 뜻이다. 죄악의 문제를 인간 스스로 해결하라는
것이 아니라 하나님을 뜨겁게 만나야 해결된다는 말씀이다. 기독교는 윤리
를 가르치는 것이 아니라 영적 헌신을 가르치는 것이다.

진리(긍정적 인지)를 수용하라	거짓(부정적 인지)을 거부하라	말씀
진리를 알지니	진리가 너희를 (거짓에서) 자유롭게 하리라	요 8:32
하나님께 복종할지어다	마귀를 대적하라 그리하면 너희를 피하리라	약 4:7
너희는 성령을 따라 행하라	그리하면 육체의 욕심을 이루지 아니하리라	갈 5:16
오직 여호와의 율법을 즐거워하여 그의 율법을 주야로 묵상하는도다	악인들의 꾀를 따르지 아니하며	시 1:1-2

인류 역사는 사탄의 거짓에 속아서 시작되었다. 누가 이 소용돌이에서 벗어나겠는가. 하지만 진리의 본체이신 주님이 오셔서 진리로 우리를 자유케 하셨다. 사실 우리 자신은 아무리 거짓과 싸워도 이겨 낼 수 없다. 하지만 우리가 할 수 있는 것은 진리에의 헌신이다. 마귀를 대적해서 혼자 힘겹게 싸우려 하지 말고, 적극적으로 하나님께 순복하라. 내가 하나님의 사랑받는 자녀요 빛의 자녀라는 영적 소속을 분명하게 하라. 그것이 가장 강력한 영적 전쟁의 선포다. 왜냐하면 하나님의 소유를 원수가 함부로 건드릴 수 없기 때문이다.

"만일 하나님이 우리를 위하시면 누가 우리를 대적하리요"(롬 8:31).

우리의 역할	하나님의 역할
진리를 선택하면	두려움에서 벗어나게 하신다
성령 충만하면	육체의 소욕을 제거해 주신다
하나님께 순복하면	하나님께서 지켜 주신다

성경은 절대로 우리에게 스스로 두려움에서 벗어나라 말씀하지 않는다. 자기 수련이나 명상을 통해서 내면의 문제를 해결하라고 하지 않는다. 그 대신 우리에게 긍정적 인지를 일으킬 수 있는 진리를 제시해 준다. 그리고 그 진리를 선택하면 부정적 인지를 심어 주는 거짓에게서 자동으로 자유케 된다. 성령으로 충만해지면 육적인 유혹의 덫은 자동으로 힘을 잃는다. 말씀을 묵상하여 충만해진 내면은 악인의 속삭임을 쉽게 분별할 내면의 힘을 갖는다.

그러므로 이 진리의 말씀, 성경이 우리 품에 있다는 것이 얼마나 감사한

가. 그야말로 구약과 신약은 우리 영혼을 치료하는 최고의 명약이 아닐 수 없다.

> "그런즉 거짓을 버리고 각각 그 이웃과 더불어 참된 것을 말하라 이는 우리가 서로 지체가 됨이라 분을 내어도 죄를 짓지 말며 해가 지도록 분을 품지 말고 마귀에게 틈을 주지 말라"(엡 4:25-27).

크리스천의 마음속에 거짓된 생각이나 감정이 자동적 사고로 일어날 때 그것을 품으면 마귀에게 어서 들어오라고 대문을 열어 주는 격이다. 그러나 그것을 품지 않으면 마귀가 들어올 틈이 없어진다. 그러므로 당신의 마음을 하나님께 헌신하라. 두려움을 벗어나는 문제는 임시방편이나 적당한 처세술로 해결되지 않는다. 이것은 나라는 존재가 하나님의 사람으로 살 것인가, 사탄에게 종노릇 하며 살 것인가 하는 근본적인 문제다. 이것은 한두 가지 증상을 무마시키기 위한 국지전이 아니라 하나님의 백성 안에서 하나님의 주권을 지켜 내기 위한 전면전이다. 그러므로 세상과 하나님 사이의 모호한 중간지대에 서지 말라. 전면적으로 하나님께 헌신하여 살라.

먼저 생각의 영역을 전면적으로 하나님께 헌신하라.

두려움인가?	헌신인가?	말씀
땅의 것을 생각하지 말라	위의 것을 생각하라	골 3:2
하나님 아는 것을 대적하여 높아진 것을 다 무너뜨리라	모든 생각을 사로잡아 그리스도에게 복종하게 하라	고후 10:5
사람의 일을 생각하지 말라	하나님의 일을 생각하라	마 16:23

생각의 영역에 진리의 파수꾼을 세우라. 그러면 크리스천이면서도 인간적인 생각으로 원수에게 속고 유린당하는 일을 막을 수 있다. 베드로가 놀라운 신앙 고백을 한 이후에도 하나님의 생각을 차단하고 사람의 생각으로 말했다가 사탄의 앞잡이 역할을 했다고 예수님께 꾸중을 듣지 않았던가.

> "사탄아 내 뒤로 물러가라 너는 나를 넘어지게 하는 자로다 네가 하나님의 일을 생각하지 아니하고 도리어 사람의 일을 생각하는도다"(마 16:23).

> "모든 지킬 만한 것 중에 더욱 네 마음을 지키라 생명의 근원이 이에서 남이니라"(잠 4:23).

우리가 크리스천이라는 이름, 하나님의 자녀라는 신분만 갖고 있다고 해서 갑자기 능력 있는 삶을 살 수 있는 게 아니다. 먼저 그 신분에 걸맞은 삶을 살겠다는 헌신의 결단이 필요하다. 하나님의 자녀는 하나님이 지키신다. 그러나 진리의 울타리를 스스로 넘어서 도망가면 자꾸 적의 불화살에 노출된다. 헌신자는 아버지께서 다스리시는 진리의 영토 밖으로 나가지 않는다. 그것은 좁은 울타리 안에 숨는 소극적인 삶이 아니라 두려움을 넘어서는 가장 적극적인 삶의 태도다. 그리고 진리의 영역 안에 머물면서 하나님의 전신갑주를 입고 사탄의 거짓에 빼앗긴 영토들로 진격해 되찾아오는 일들을 하게 된다.

지금 두려움과 공포감의 문제로 고통스러워하는 당신이 반드시 회복되어 강건해져야 할 이유가 있다. 그날 당신은 그리스도의 군사가 되어 원수의 속임수로 당하고 있는 사람들을 회복시키는 해방군이 될 것이기 때문이다!

> "마귀의 간계를 능히 대적하기 위하여 하나님의 전신갑주를 입으라"(엡 6:11)

마귀의 거짓된 계획을 사람이 어찌 능히 대적하겠는가. 귀신도 거짓 신이지만 신은 신이다. 인간의 힘으로 영계를 감당할 수 없다. 그러나 일차적으로 우리는 자녀됨의 권세로 감당하고 이차적으로 하나님의 전신갑주로 감당한다. 진리의 허리띠를 띠면 원수에게 수치를 당하지 않게 된다. 성령의 검 곧 하나님의 말씀으로 무장하면 원수들을 무너뜨릴 수 있다. 하나님의 사람들이여, 성령과 말씀으로 충만하라. 그것이 최선의 방어요 공격이다.

묵은 땅을 기경하라

두려움을 극복하는 마지막 해법인 절제는 결국 나 자신을 하나님께 완전히 드리는 것이다. 나의 마음밭이 옥토가 되도록 헌신하는 것이며, 나의 마음밭에 뿌리는 씨앗이 전부 진리의 말씀이 되도록 헌신하는 것이다. 그렇게 하면 내 마음과 인생에서 맺히는 열매들은 전부 의의 열매를 맺게 된다. 그러나 반대로 크리스천이지만 나의 마음밭을 관리하지 않아 육체의 욕심에 장악된 길가와 돌밭과 가시밭이 되도록 버려두면, 하나님의 말씀의 씨앗은 다 죽고 원수가 뿌린 가라지만 무성하게 자라서 결국 수치스런 사망의 열매만 맺게 된다.

본문	마음밭(내면)	씨앗(외부)		열매(결과)
갈 5:16-23	육체의 소욕	사탄의 유혹 (충동)	▶	육체의 15가지 열매
마 13:18-30 롬 6:20-23	길가 돌밭 가시밭	+ 가라지 (거짓)		사망의 열매 (수치)
갈 5:16-23	성령의 소욕	성령의 인도 (감동)	▶	성령의 9가지 열매
마 13:18-30	좋은 땅	+ 말씀(진리)		생명의 열매 (거룩)

옥토는 한순간에 만들어지지 않는다. 한 번 은혜 받아서, 한 번 성령 체험해서 유지되지 않는다. 마음밭이 옥토로 변화되는 것은 매일 매 순간 나 자신을 하나님께 의탁하는 헌신과 재헌신의 과정을 통해서 이루어진다. 그런 마음 자세로 말씀을 대하고 성령의 음성을 따르면, 진리의 영이 내 안에 계시고 진리의 말씀이 내 삶을 인도하여 생명길로 간다. 그리고 성령의 열매를 맺으며 평탄하고 두려움 없는 인생길을 걷게 된다.

그러나 마음밭을 방치해 두고 육체의 욕심만 채우면 주인 없는 길가처럼 되거나 메마른 돌밭이 되거나 세속으로 가득한 가시밭이 된다. 그러면 아무리 진리의 말씀이 뿌려져도 원수가 쪼아 먹거나 말씀이 시들어서 자라지 못한다. 그런데도 계속해서 방치하면 원수의 가라지와 잡초만 무성해져서 수치스런 열매만 맺고 육체의 현저한 일들만 드러나고 하나님의 영광을 가리게 된다. 그럴 때는 속히 결단하고 회개해야 한다. 마음밭을 확 갈아엎어야 한다.

"너희 묵은 땅을 기경하라 지금이 곧 여호와를 찾을 때니… 너희는 악을 밭 갈아 죄를 거두고 거짓 열매를 먹었나니 이는 네가 네 길과 네 용사의 많음을 의뢰하였음이라"(호 10:12-13).

이제 묵은 땅을 기경하자. 나쁜 밭에 죄를 뿌려 거짓 열매를 먹었다면 이제는 좋은 밭에 의의 말씀을 뿌려 생명의 열매를 거두며 살자. 인생의 두려움의 문제를 건건이 해결하려고 애쓰지 말고, 마음밭의 본바탕을 건강하게 세우자. 그러면 인생에 반드시 밝은 날이 올 것이다.

우리는 열두 장에 걸쳐서 두려움을 극복하는 길을 보았다. 하나님은 우리에게 두 갈래 길을 제시하신다. 그리고 우리가 생명의 길, 회복의 길을 선택하기 원하신다. 당신은 앞으로도 계속 두려움에 사로잡혀 살겠는가, 아니면 하나님께 사로잡혀 살겠는가?

두려움의 파도 위로

영화 〈소울 서퍼〉는 세계적인 서퍼 베서니 해밀턴(Bethany Hamilton)의 실화다. 그녀는 하와이 카우아이 출신으로 열세 살에 주예선 서핑대회를 1등으로 통과할 정도로 장래가 촉망받는 파도타기 선수였다. 그러던 어느날 그녀는 바다에서 연습을 하다가 상어에게 팔을 물려 한쪽 팔을 잃어버렸다. 더 이상 서핑보드 위에서 평형을 유지할 수 없게 되자 그녀는 '이제 내 인생은 끝났구나!' 생각하고 방황하기 시작했다. 그러던 중 쓰나미로 폐허가 된 태국에 단기선교를 갔다가 그곳에서 만난 난민 아이들을 위로하다가 용기를 얻어 다시 서퍼로 도전하기에 이른다. 결국 그녀는 세계 유일의 외팔이 서퍼로 우뚝 서게 된다. 그녀는 찬양한다.

> 주님은 주시며 주님은 찾으시네
>
> (You give and take away)
>
> 내 안에 하는 말 주 찬양합니다!
>
> (My heart will choose to say, Blessed be Your name!)[7]

그렇다. 우리의 내면 가운데 찬양을 선포해야 한다. 사탄의 거짓말을 묵상하면 안 된다. "넌 끝났어. 넌 이제 서핑을 할 수 없어. 너의 선수 생명은 끝났어. 하나님이 널 버리셨어"라는 속삭임을 묵상하고 있으면 재앙화 사고에 사

---

7 "주신 이도 여호와시요 거두신 이도 여호와시오니 여호와의 이름이 찬송을 받으실지니이다"(욥 1:21). "Blessed be Your name" words and music by Matt Redman.

로잡혀 두려움의 감옥에 끌려 들어가게 된다. 그러나 이 모든 말은 거짓이다. 우리는 그녀가 찬양한 것처럼 선포해야 한다.

"고난이 있지만 끝난 것은 아니야. 하나님이 가져가셨지만 하나님이 주신 것들이 있잖아. 아직 끝나지 않았어. 다시 일어설 수 있어. 하나님은 결코 날 버리지 않으셔!"

사탄이 주는 자동적 사고에 대해 정면에서 진리로 반박하라. 그러면 고난이 나를 가라앉게 만들지 못한다. 두려움이 나를 포기하게 만들지 못한다. 이제 두려움의 파도 위로 다시 믿음의 보드를 들고 나가야 한다.

이것이 두려움 너머의 삶이다. 두려움이 없어서도 아니고 고난이 없어서도 아니다. 두려움이 여전히 있지만 그 파도 위를 넘어서는 삶도 있음을 보여주어야 한다. 언제나 진리의 보드가 거짓의 파도보다 우위에 있으며, 믿음의 보드가 두려움의 파도보다 우위에 있음을 확신하라. 진리 편에 서는 자가 최후 승자가 될 것이요, 거짓 편에 서는 자는 패자가 될 것이다. 궁극적으로 천국은 영원한 자유의 나라요 지옥은 영원한 두려움의 나라가 될 것이다. 우리의 길은 정해져 있다. 우리는 지상에서 천상까지 자유의 나라로 가리라.

◆

무기력한 죄인을 구원해 주신 은혜,

무능력한 인생을 날마다 도우시는 은혜,

절제의 그릇에 은혜의 내용을 담으라.

충만한 은혜가 두려움을 압도해 버리는 삶을

경험하게 될 것이다.

두려움
너머의 삶

"하나님이 우리에게 주신 것은 두려워하는 마음이 아니요
오직 능력과 사랑과 절제하는 마음이니"(딤후 1:7)

마틴 스코세이지 감독의 2004년작 〈에비에이터〉(Aviator)는 하워드 휴스 (Howard Hughes, 1905~1976)의 일대기를 그린 영화다. 휴스는 미국 항공 역사 상 미 대륙을 최고 속도로 횡단한 도전적인 비행사이자 천재적인 항공 공 학자였고, 〈지옥의 천사들〉을 비롯하여 다수의 영화를 만든 열정적인 영화 제작자였으며, TWA라는 작은 항공사를 인수하여 국제적인 항공사로 키워 낸 굴지의 사업가이자 탁월한 재능과 사업 수완으로 억만장자가 된 인물이 다. 그러나 1976년 4월 5일 그의 시신이 병원에 도착했을 때 온 세상은 경악 했다. 사망 당시 그는 영양실조와 탈수증으로 키 188cm에 몸무게는 42kg 밖에 되지 않았기 때문이다.

그에게는 세균공포증이라는 평생에 떨칠 수 없는 두려움이 있었다. 그의

아버지는 성공적인 사업가였지만, 어머니는 불결함에 대해 극도의 공포를 가진 중증 세균공포증 환자였다. 휴스는 18세에 아버지와 어머니를 다 잃은 뒤 막대한 재산의 상속자가 되었고 수많은 도전으로 성공적인 인생을 살았다. 하지만 세월이 갈수록 그에게도 세균 감염에 대한 강박증이 심해졌다. 그래서 감염 방지를 위해 문고리를 잡을 때도 크리넥스 티슈 10장씩을 사용하는 등 기괴한 증상을 보였다. 자신의 측근들도 만나지 않았고 전화와 메모로만 의사전달을 했으며, 호텔에 칩거하며 진공 유리관 안에 갇혀 살다가 생을 마감했다. 두려움이 한 영혼을 정신적인 감옥 안에 가둬 버린 경우였다. 두려움이라는 창살 없는 감옥은 최고의 천재를 불행한 인생으로 전락시켰다.

존재의 경향

하나님의 진리로 우리 내면을 인지치료 하지 않으면, 우리는 인지 왜곡에 빠져서 거짓된 인지로 인해 두려움에 사로잡히고 결국에는 두려움에 종노릇하게 된다. 왜냐하면 한 가지 두려움을 피해도 두려움은 증식되는 경향이 있어서 점점 더 인생의 영역들을 침식해 들어오기 때문이다. 결국 인간은 다양한 공포증뿐만 아니라 공포 자체에 대한 공포증까지 시달리게 된다. 두려움을 느끼는 게 두려운 상태에 빠지는 것이다.

이것은 두려움의 수용소 안에 포로로 감금되어 살아가는 삶이다. 우리 영혼에 햇빛도 들지 않고 산소도 희박해지고 물도 공급되지 않는 완전 결핍의 상태에 떨어지는 삶이다.

공포에 대한 테스트에서 보았듯이, 공포(phobia)의 종류가 얼마나 많고 그 대상이 얼마나 다양한지 모른다. 이런 공포증이 있을까 싶은 항목들도 있고, 조금이라도 느껴 본 공포감의 항목들도 있었을 것이다. 목록만 놓고 보면 공포라는 바이러스로 온 세상이 뒤덮인 듯하다.

그러나 심리학자 어니 젤린스키(Ernie Zelinski)의 연구에 따르면, 우리의 걱정거리 중 40퍼센트는 절대 일어나지 않을 일들이고, 30퍼센트는 이미 지나간 과거의 일들이며, 22퍼센트는 일어나 봤자 별 영향이 없는 사소한 일들이고, 4퍼센트는 천재지변과 같이 개인이 어찌할 수 없는 일들이고, 단 4퍼센트만이 이유 있는 걱정거리라고 한다.

결국 평안과 두려움은 존재의 경향이다. 원수의 거짓에 내몰려 두려움의 방향으로 기울 것인지 아니면 하나님의 진리에 거하며 평안의 중심을 잡을 것인지의 문제다. 하나님은 당신의 인생에 재앙이 아니라 평안과 미래와 희망을 주기 원하신다(렘 29:11).

지금까지 우리는 원수의 전략과 하나님의 해법을 다 보았다. 이제는 건강한 삶의 길을 가라. 질병은 한순간에 생기는 것이 아니다. 오히려 건강하지 않은 삶의 길을 가다가 생긴다. 현재 드러난 두려움의 증상을 고치는 것도 중요하지만, 이후 지속적으로 건강한 삶의 길을 가는 것이 중요하다. 그러면 승리의 고지에 서서 사는 삶의 기쁨을 맛보게 될 것이다.

하나님을 믿는다면

장 크레이그 조지의 〈클리프 행어〉라는 이야기가 있다. 한 유명 산악인이 있었다. 그는 아무도 오르지 못한 높은 산 정상에 오르기로 결심했다. 몇 년간 만반의 준비를 한 그는 정상 탈환의 영광을 독차지하기 위해 홀로 등반길에 오른다. 종일 등반을 하다 보니 어느새 해가 지고 저녁이 되었다. 하지만 그는 계속해서 올라갔다. 그때 먹구름이 몰려오더니 달빛도 보이지 않는 칠흑 같은 어둠이 덮였다. 그는 정상을 코앞에 두고 미끄러져 절벽에서 떨어졌다. 무서운 속도로 추락했다. 그러나 허리에 묶여 있던 로프가 그를 붙잡아 주었다. 그는 어둠과 추위 속에서 떨며 공중에 매달린 채, 절박하게 허공을 향해 외쳤다.

"하나님, 저를 좀 도와주세요!"

그때 하늘에서 음성이 들려왔다.

"내가 뭘 도와주면 좋겠니?"

"저를 살려 주세요!"

"내가 널 살려 줄 수 있다고 믿니?"

"물론이죠!"

"그럼 내 말에 순종할 수 있겠니?"

"네 그럼요."

"그러면 로프를 끊어라!"

순간 침묵이 흘렀다. 사나이는 허리에 두른 로프를 더 단단히 조였다. 다음 날 산악 구조팀이 산에 올라와 보니 한 남자가 로프에 매달려 얼어 죽어 있었다. 불과 땅에서 1미터 위에 매달린 채.

당신의 로프는 무엇인가? 왜 그것을 과감하게 끊지 못하는가? 그나마 나를 붙잡아 주고 있는 것이 그것이라서 그런가? 그러나 그대로 있으면 서서히 얼어 죽는다. 얼어서 죽든 떨어져서 죽든 매한가지라면, 이제 하나님께 맡겨야 할 때가 아닌가. 죽을 것만 같다고 말하지 말고 죽더라도 주님께 맡기는 길을 선택하라. 그래야 산다. 우리는 열두 장에 걸쳐 두려움을 극복하는 방법들을 모색해 보았다. 그러나 지식으로 되지 않는다. 이제는 실천이 있어야 한다. 로프를 끊는 결단이 있어야 한다.

나의 최선과 하나님의 은혜

매년 수능 시험일이 되면 학부모들을 위한 기도회가 교회에서 열린다. 자녀들을 입시장에 들여보내 놓고 불안해하는 부모들이 모여서 종일 기도하는 것이다. 그런데 때로 당황스러운 장면들이 연출된다.

"아는 것 다 맞게 해주시고!"

"아멘!"

"모르는 것 찍어도 맞게 해주시고!"

"아멘!"

물론 자녀가 잘되라고 기도하는 자리인 것은 맞다. 그러나 그렇게 기도하면 과연 그 자녀들은 전부 만점을 받는가? 우리는 좀 더 정직한 기도를 할 필요가 있다. 그것은 나의 최선 위에 하나님의 은혜를 구하는 기도다.

12년 전 어느 음대 입시생이 수능 한 달 전에 월요큐티집회를 찾아왔다. 예배를 드리고 나서도 여전히 두려움에 떨고 있었다. 그는 어려서부터 클래식 음악을 했는데 자기 악기에서 한 번도 1등을 놓친 적도 없고 떨어 본 적도 없다고 했다. 가르친 선생님들마다 이 아이의 대학 입시는 아무 걱정이 없다고 했다. 그런데 일이 벌어졌다. 대입 실기 시험장에서 처음으로 떨었다. 머릿속이 하얘져 악보가 보이지 않았다. 그는 낙방하고 말았다. 그는 1년이 지나 다시 그 실기 시험장으로 들어가야 한다는 사실이 너무나 두려웠다.

그래서 학생에게 말씀의 처방전을 주었다.

> "여호와께서 집을 세우지 아니하시면 세우는 자의 수고가 헛되며 여호와께서 성을 지키지 아니하시면 파수꾼의 깨어 있음이 헛되도다 너희가 일찍이 일어나고 늦게 누우며 수고의 떡을 먹음이 헛되도다 그러므로 여호와께서 그의 사랑하시는 자에게는 잠을 주시는도다"(시 127:1-2).

이 말씀은 입시를 앞두고 불안해하는 학생에게는 특효약이다. 왜인가? 건축가가 집을 멋지게 세워도 태풍이 불어닥치면 한순간에 무너진다. 그렇기에 건축가는 자신의 최선 위에 하나님의 은혜를 구해야 한다. 또 파수꾼이 밤을 새워 성실하게 성을 지켜도 복병이 숨어 있다가 밀고 들어오면 한순간에 성이 무너진다. 그렇기에 파수꾼도 자신의 최선 위에 하나님의 은혜를 구해야 한다.

인간의 최선은 하나님의 은혜 없이는 완성될 수 없다. 그러므로 사람이 일찍 일어나고 늦게 누우며 고생고생을 해도 하나님을 의지하지 않으면 헛수고를 하는 것이다. 이제 은혜의 영역은 하나님께 맡기라. 그리고 당신은 그저 최선을 다하기만 하면 된다. 그렇게 하나님을 의지하는 사람, 하나님께서 인정해 주시는 사람은 맘 편하게 잠을 잘 수 있다. 그의 영혼에 평안이 임하기 때문이다.

그래서 운동선수들도 평소에 그렇게 근력, 지구력, 스피드를 키우기 위해 구슬땀을 흘리며 최선을 다해 훈련하다가도, 정작 경기장에 들어갈 때는 몸을 푼다. 왜 그러는가? 경기를 잘해야 한다고 긴장할수록 경기를 망치기 때문이다. 그러므로 여기서도 최선과 은혜의 조화가 필요하다. 최선을 다해 준비해 왔다면 심신에 평안이 있어야 좋은 결과를 얻는다. 그러므로 최선을 다한 당신에게 주님의 은혜를 구하라. 사탄은 최선을 다한 인생에게도 여유를 주지 못하게 만든다. 그것이 두려움이다. 하지만 하나님은 최선을 다하면서도 하나님을 의지하는 사람에게 은혜 베풀기를 기뻐하시는 분이다.

나는 학생에게 이 시편 127편 1-2절 말씀을 매일 밤 묵상하고 자라고 말해 줬다. 그리고 시험 보는 당일에도 이 말씀을 읽고 가라고 했다.

"너는 그냥 최선을 다할 뿐 결과까지 책임질 생각은 하지 마. 그냥 하나님께 맡겨."

긴장된 마음에 이렇듯 심리적인 이완(relaxation)을 날마다 주면 분명히 효과가 있다. 어떻게 되었겠는가? 한 달 동안 매일 마음의 긴장을 풀고 편안하게 잠을 잤다. 덕분에 실기시험도 편하게 봤다. 그리고 합격했다!

이 학생에게 합격보다 중요한 것은 두려운 상황을 피하지 않고 넘어섰다는 사실이다. 인생을 살면서 두려움의 파고는 언제든지 높게 다가올 수 있다. 다만 하나님을 의지하여 두려움의 파도를 넘어 본 경험이 있는 사람은 언제든지 그 파도를 탈 수 있다. 내 영혼이 그 느낌을 정확히 기억하기 때문이다.

포기하지 않고 이 길을 가리라

액션 영화를 보면, 주인공이 혈혈단신으로 갱들과 싸우다가 잡혀서 그들의 아지트로 끌려간다. 그리고 어딘지도 모르는 지하 감방에서 의자에 묶여 모진 고문을 당한다. 퉁퉁 부은 얼굴로 고개를 든 주인공이 뭐라고 말하는가?

"너는 반드시 내 손에 죽는다!"

아니, 지금 그런 말을 할 상황이 아니잖은가? 그런데 영화는 어떻게 끝나는가? 정말 그의 말대로 된다. 그가 얼마나 대단한 인물인지 모르고 악당들이 사람을 잘못 건드린 것이다.

2천 년 전 예수님이 자신의 증인으로 삼은 한 사람이 있었다. 그는 외모도 초라하고 그다지 강렬한 인상을 주는 사람도 아니었다. 그러나 그는 예수의 증인으로서 최선을 다했고 하나님은 놀라운 은혜를 주셨다. 그를 통해서 로마제국 전역에 복음이 전파되었다. 사탄이 그를 가만 둘 리 없었다. 원수는 그를 포로로 잡아 감옥에 넣었다. 그러면 끝날 줄 알았다. 하지만 원수는 바울이 얼마나 강력한 하나님의 용사인지 몰랐다. 그는 로마에 도착하자 로마 군인, 고관, 유대인, 이방인 등 만나는 누구든 전도했고 그들을 변화시켰다.

뿐만 아니라 황제의 가족들마저 변화시켰다(빌 4:22). 사람을 잘못 건드렸다. 결국 바울은 순교했지만 민들레 홀씨를 건드린 것처럼 오히려 복음은 제국 전역으로 퍼져 마침내 로마는 313년에 기독교 국가가 되었다!

지상에서 천상까지 가는 길은 단연코 험난한 역경의 연속이다. 하지만 이 길의 끝은 우리의 최후 승리로 끝나게 되어 있다. 그렇게 시나리오가 예비되어 있다. 마지막 승자는 당신이 될 것이다.

영화 〈뷰티풀 마인드〉를 보면, 천재 수학자 존 내시의 이야기가 나온다. 그는 젊은 날 겪은 충격적인 사건들로 인해 일찍부터 조현병과 정신분열증을 앓는다. 그러나 온갖 증상에도 불구하고 그는 "나는 내 길을 간다"고 선포하고 역경을 이겨 냈다. 그리고 마침내 노벨경제학상을 수상하기까지 감동적인 인생 여정을 이루어 냈다.

바울은 안질과 간질이 있었다. 하지만 그는 자기에게 주어진 길을 포기하지 않았다. 요셉은 13년간 종살이, 옥살이를 했다. 하지만 그는 자기의 꿈을 포기하지 않았다. 다윗은 10년을 떠돌이 방랑자로 살았다. 하지만 그는 자신에게 주어진 사명을 포기하지 않았다. 하나님의 아들도 멸시천대와 십자가의 죽음을 당하셨지만 오히려 살아나서 사탄을 이기셨다!

당신이 어떤 두려움에 빠져 있더라도, 그리고 그 두려움 때문에 날마다 혈전을 치를지라도, 아직 역전의 기회는 충분히 있다. 최후 승리를 얻기까지 하나님께서 당신을 도우실 것이다. 그리고 우리는 두려움의 파고 위에 서는 그날까지 전진할 것이다.

공포증 목록 *

각 목록을 보고 내가 평소에 자주 또는 간혹 느끼는 공포감을 항목에 체크해 보라. (○)
또한 공포감까지는 아니어도 거부감 혹은 불편감이 있는 항목도 체크해 보라. (△)

공포증	체크
목욕 공포증(Ablutophobia)	
고소 공포증(Acrophobia)	
닭 공포증(Alektorophobia)	
의견 공포증(Allodoxaphobia)	
째려봄 공포증(Anablephobia)	
남성 공포증(Androphobia)	
고독 공포증(Anuptaphobia)	
물 공포증(Aquaphobia)	
숫자 공포증(Arithmophobia)	
별 공포증(Astrophobia)	
불완전 공포증(Atelophobia)	
비행 공포증(Fear of flying)	
계단 공포증(Bathmophobia)	
책 공포증(Bibliophobia)	
미인 공포증(Caligynephobia, Venustraphobia)	
춤 공포증(Chorophobia)	
시간 공포증(Chronophobia)	
폐소 공포증(Claustrophobia)	
갈등 공포증(Conflict phobia)	
결단 공포증(Decidophobia)	
회식 공포증(Deipnophobia)	
군중/광장 공포증(Demophobia, Agoraphobia)	
등교 공포증(Didaskaleinophobia)	
종말 공포증(Doomsday phobia)	
칭찬 공포증(Doxophobia)	
적면 공포증(Erythrophobial, Erythophobia)	
결혼 공포증(Gamophobia)	
웃음 공포증(Geliophobia)	
노화 공포증(Gerontophobia)	
여성 공포증(Gynephobia)	
지옥 공포증(Hadephobia)	

---

* http://www.paforge.com/files/resources/list_of_phobias.pdf, http://www.seehint.com/word.asp?no=13074 참고

즐거움 공포증(Hedonophobia)

피 공포증(Hemophobia)

성직자 공포증(Hierophobia)

긴 단어 공포증
(Hippopotomonstrosesquippedaliophobia)

운동 공포증(Kinetophobia)

피로 공포증(Kopophobia)

장시간 기다림 공포증(Macrophobia)

기억 공포증(Mnemophobia)

버섯 공포증(Mycophobia)

끈적임 공포증(Myxophobia, Blennophobia)

숫자8 공포증(Octophobia)

눈뜨기 공포증(Optophobia)

천국 공포증(Ouranophobia)

모든 것에 대한 공포증(Pantophobia)

인형 공포증(Pediophobia)

가난 공포증(Peniaphobia)

사랑 공포증(Philophobia)

공포증에 대한 공포증(Phobophobia)

빛 공포증(Photophobia)

체중증가 공포증(Pocrescophobia, Obesophobia)

자색(보라색) 공포증(Porphyrophobia)

말더듬 공포증(Psellismophobia)

주름 공포증(Rhytiphobia)

그림자 공포증(Sciophobia, Sciaphobia)

학교 공포증(Scolionophobia)

시선 공포증(Scopophobia, Scoptophobia)

왼쪽 공포증(Sinistrophobia)

시부모 공포증(Soceraphobia)

사회/대인 공포증(Sociophobia)

전화 공포증(Telephonophobia)

환 공포증(Trypophobia)

옷 공포증(Vestiphobia)

황색 공포증(Xanthophobia)

동물 공포증(Zoophobia)

색인